水明楼论稿

徐世槐 著

东南大学出版社
SOUTHEAST UNIVERSITY PRESS
·南京·

图书在版编目（CIP）数据

水明楼论稿 / 徐世槐著. -- 南京：东南大学出版社，2024.3

ISBN 978-7-5766-1347-6

Ⅰ.①水… Ⅱ.①徐… Ⅲ.①中学教育－教学研究－文集 Ⅳ.① G632.0-53

中国国家版本馆 CIP 数据核字 (2024) 第 036451 号

责任编辑：胡 炼　　责任校对：子雪莲　　封面设计：毕 真　　责任印制：周荣虎

水明楼论稿
ShuiMingLou Lungao

著　　者	徐世槐
出版发行	东南大学出版社
出 版 人	白云飞
社　　址	南京四牌楼 2 号　邮编：210096　电话：025-83793330
网　　址	http://www.seupress.com
经　　销	全国各地新华书店
排　　版	南京私书坊文化传播有限公司
印　　刷	苏州市古得堡数码印刷有限公司
开　　本	700 毫米 × 1000 毫米　1/16
印　　张	18.5　彩插 4 面
字　　数	280 千
版　　次	2024 年 3 月第 1 版
印　　次	2024 年 3 月第 1 次印刷
书　　号	ISBN 978-7-5766-1347-6
定　　价	72.00 元

本社图书若有印装质量问题，请直接与营销部调换。电话（传真）：025-83791830

序

张宏敏

  浙南文成县资深教育工作者、散文学家、文史学者徐世槐先生的学术论文集——《水明楼论稿》，即将在东南大学出版社付梓，希望我做个序。为书作序，不是我的特长，盛情难却，勉为其难，予以应承。

  初识徐世槐先生是2008年秋天在浙江工贸职业技术学院刘基文化研究所，当时我主要从事刘基哲学思想研究；徐世槐先生则兼任文成县刘基文化研究会副会长，并在撰写书稿《刘基故里楹联评注》。因为有着研究刘基文化的共同兴趣，我们结识了，至今一直保持着密切的联系。我帮他校对过书稿，他为我的第一部学术著作《刘基思想研究》撰写书评，我们也合作点校整理了刘基第二十世裔孙刘耀东的《疢瘨日记》手稿。

  刚开始，我以为徐世槐先生只是一位地方文史学者，因为他曾荣获过"温州市最美史志人""浙江省史志优秀工作者"。尔后的交往过程中，逐渐知道他的真实职业是中学语文教师与教育工作者，曾荣获"浙江省第十届春蚕奖"。徐世槐在教书育人的同时，热爱文学创作，是一位小有名气的散文学家，曾获评文成县"德艺双馨文艺家"，更是浙江省作家协会会员、中国散文诗学会会员、中国报告文学学会会员。这从他公开出版的达66万字的散文集《绿色长廊》《最后的握手》及报告文学集《太阳下的拼搏》，就可明了。

  明白了徐世槐先生的作为教育工作者、文学创作家、文史工作者的三重身份，我们就可拜读这部《水明楼论稿》（以下简称《论稿》）。《论稿》共分四大模块：教育论谈、文学评论、史志研究、市井漫笔。

"师者，所以传道、授业、解惑也。"认识作为教育工作者的徐世槐先生，通读"教育论谈"模块即可。"教育论谈"收录文稿26篇，在《论稿》中是分量最重的。时间跨度是1981年5月到2010年3月。作者是一位长期从事语文一线教学、中小学基础教育管理的"老兵"，"教育论谈"中收录的文稿是我国社会主义教育事业蓬勃发展的一个缩影。《我县幼儿教育的现状和对策》是为解决20世纪90年代初期的山区县幼儿教育难题，提出的"转变观念""增加投入""改善管理""加强科研"的应对之策；《针对学生实际 促其全面发展》是作者针对当时文成县山区中学生的实际而提出的解决方案；《欠发达地区学校图书馆应需"六发展"》是作者在21世纪初期实地调研走访文成县域图书馆存在的问题，针对馆藏图书、管理方式、服务理念等要素而提出的改善策略。其中有关"语文教学"的文章是作者长期从事中学语文一线教学的工作总结与经验之谈，也集中体现了语文教学、教育应该遵循的基本规律。《语文教学与美育》是作者对中学语文教学如何推进美育的新思考；《要运用立体思维写作》《如何提高组织内部言语的能力》《口语训练八法》等皆是作者数十年如一日指导中小学生进行作文写作与口语训练的实战案例与经验总结，至今仍有不少借鉴价值。

"文所以载道也""文章合为时而著，歌诗合为事而作"。了解作为散文学家、评论家的徐世槐先生，诵读"文学评论""市井漫笔"中文字即可。"文学评论"收录作者从1981年12月到2023年7月撰写的文稿22篇，在《论稿》中占据的比重较大，足以说明作者的学术兴趣与理论思维。在《〈中国古典文学作品精讲〉的新视角》一文中，作者思维敏捷、旁征博引，中国古典文学的韵律之美与思想之深，跃然纸上；《浅谈先秦两汉女子文学的思想意义》《浅谈泰戈尔散文诗的艺术成就》既是学术论文，也是极具审美意蕴的解读中外文学特质的导读性文稿;《我眼中的〈白芙蓉〉》是作者阅读中篇小说《白芙蓉》的收获;《〈橄榄〉的回味》是作者对短篇小说《橄榄》的读后感,小说作者与读者之间"歌颂真善美、摒弃假恶丑"的共鸣,油然而生。收录赏析杨奔先生的文学作品《深红的野莓》《描在青空》的读后感及其对杨奔先生文学创作笔法的细腻剖析。杨奔先生是《论稿》作者的恩师,其中,《散发人性光芒的〈描在青空〉》一文为作者纪念恩师杨奔先生诞辰100周年而作,完稿日期是2023年7月27日。这足以说明,杨奔先生文学作品的感染力与穿透性。"市井漫笔"收录作者评论社会时事的文稿6篇,时间跨度是1983年6月到2005年4月。温州是改革开放的先行区和民营经济的重要发祥地,在经济社会发展过程中难免出现这样那样的问题,而及时的总结与反思就显得尤为必要,以便为社会主义物质文明、精神文化建设提供另一种的"温州模式"。《要把握做官为人的底线》抒发了我们共产党人"心怀国家、心怀集体、心怀他人"的使命担当;《要奋进,不要沉沦》,为关爱青少年的健康成长贡献了作者的心力。

"读史可以明智,知古方能鉴今,以史为镜可以知兴替。"认识作为文史工作者的徐世槐先生,就要翻阅"史志研究"中的学术论文。今天文成县的命名取自明朝开国元勋"刘基"的谥号——文成。毫无疑问,刘基就是文成县的天然代言人,作为文成人,不了解刘基的生平事迹,讲不出几段民间流传至今的刘国师(刘伯温)传说故事,就有些说不过去。2004年以来,为推动刘基文化的宣传推广与学术研究,《论稿》作者推动并参与了文成县刘基文化研究会的成立;与此同时,还撰写了《刘基教育思想的继承与发展》《试论刘基的孝道观》《从刘基庙楹联看刘基》《刘耀东与刘基文化》等多篇论文,这也极大地提升了文成县域的刘基文化研究水平。"史志研究"收录的11篇文章,其中3篇是作者研究北宋名相富弼、南宋思想家周必大的论文;另外2篇是作者近年来主编《文成县教育志》《西坑畲族镇村志》等具体编纂工作的经验总结。其中总结出了编写志书的"四勤"

要诀——眼勤、口勤、笔勤和腿勤，以及主编村志的六点体会——掌握方向要明、遴选和用人要准、调查资料要实、村庄特色要浓、辅导督促要勤、业务修养要先。

写到这里，我突然发现《论稿》的作者已经把语文教学、教育管理、散文创作、文史研究，做到了一体推进、融会贯通。

今天上午，翻阅了一篇介绍徐世槐先生的网络文章——《徐世槐：一本百读不厌的"书"》，文章的结尾有这么一句话——"读书、教书、藏书、著书贯穿了他的一生。书伴日月，与书同行。于他人看来，其本身也是一本书，一本厚重的书，一本历经岁月的打磨依然不改初心的书，一本饱含智慧的书。"翻阅完这部《论稿》，我的内心久久不能平静，脑海中突然闪现出"老而弥坚""肃然起敬"这两个词汇。

以上所述，是我学习《论稿》主体内容的一些不成熟的思考与体会。在此，也诚恳地希望读者朋友通过《论稿》中的文字，走进水明楼主人的内心世界与思想深处。

最后，请允许我为水明楼主人送上一句祝福语——学术之树常青、思想之花长开、生命之水长流！

2023年9月3日午后，谨记于浙江省社会科学院哲学研究所

（作者系哲学博士，浙江省社会科学院哲学研究所副所长、研究员，兼任中国东方文化研究会阳明文化委员会副会长）

目录

序　张宏敏　　　　　　　　　　　　　001

教育论谈

根据侨乡特点，对儿童进行思想教育　　003
针对学生实际　促其全面发展　　　　　006
学高为师　身正为范　　　　　　　　　012
当前高中学生人生价值观的思考　　　　013
我县幼儿教育的现状和对策　　　　　　016
现代地方藏书家的特点　　　　　　　　019
全面·深刻·实用
——读《教学论文写作方法与例举》　　021
特色建校　创造辉煌　　　　　　　　　023
欠发达地区学校图书馆应需"六发展"　　026
不能死于安乐　　　　　　　　　　　　030
关于将"南田小学""南田中学"分别改称"伯温
小学""刘基中学"的建议　　　　　　　032
为"特别进步奖"喝彩　　　　　　　　035

压力·动力·实力·魅力
——祝贺文成中学高考传捷　　　037
《畲族竹竿舞》序　　　039
武阳书院，我们的月亮　　　042
"美国第一父母"家教告诉我们什么　　　044
启发式教授法初探　　　050
语文教学的五结合
——兼谈教育改革家魏书生的语文教学方法　　　055
语文教学与美育　　　062
如何提高组织内部言语的能力　　　068
语文课堂教学要"实、广、活、新"　　　072
口语训练八法　　　078
浅谈培养小学生的语文实用能力　　　082
要运用立体思维写作　　　085
练写议论文的五步冲程　　　089
中学生作文个性化探索　　　095

文学评论

《橄榄》的回味　　　103
浅谈泰戈尔散文诗的艺术成就　　　104
试析《凡人小事》的蒙太奇艺术　　　111
弹给《她的哥哥》的心曲　　　117
"村头巷尾""眼睛"亮
——浅读标题艺术　　　118
有声有色的土地
——陈思义诗作印象　　　120

《枪手》里的好枪法	122
浅谈先秦两汉女子文学的思想意义	124
表现时代的重大精神	
——读项有仁的《花生上市》	131
出新 取新 创新 求新	
——《留守大山亦风流》赏析	133
情爱是颗永恒的星	
——读吕人俊散文诗集《情·爱风雨路》	135
古词赏析	142
《中国古典文学作品精讲》的新视角	146
叶秋文诗情的独特魅力	158
林铮的《溪口廊桥楹联》赏析	165
我眼中的《白芙蓉》	169
严东一与《砂石路上竞芳华》	177
人生的真谛	
——读杨奔的《外国小品精选》	181
《深红的野莓》的张力	183
熔铸哲理的花树	186
展看王维画 细品杜甫诗	
——读杨奔国画集《桑下书》	190
散发人性光芒的《描在青空》	
——纪念杨奔诞辰100周年	194

史志研究

刘基教育思想的继承与发展	
——兼谈文成教育的历史与现状	199

试论刘基的孝道观　　　　　　　　　　209

独具创意　自成一说
——喜读张宏敏《刘基思想研究》　　216

刘耀东与刘基文化　　　　　　　　　　221

从刘基庙楹联看刘基　　　　　　　　　227

试论浙南徐氏光荣的斗争传统
——读《浙江省姓氏志·浙南徐氏》　　232

显忠尚德的北宋名相富弼　　　　　　　237

当村志主编的六点体会　　　　　　　　253

从周必大的成功谈人生发展的因素　　　258

举贤不避仇雠　　　　　　　　　　　　263

要"忍所私以行大义"　　　　　　　　265

市井漫笔

此父之心"狠"得好　　　　　　　　　269

"一万"与"万一"　　　　　　　　　271

要奋进，不要沉沦　　　　　　　　　　274

女性·道德·法律·教育　　　　　　　276

"孝"为"德"之本　　　　　　　　　279

要把握做官为人的底线　　　　　　　　281

跋　　　　　　　　　　　　　　　　　283

教育论谈

根据侨乡特点，对儿童进行思想教育

玉壶是浙江省著名的侨乡之一，在玉壶小学的近1 000名学生中，华侨子弟就占1/3多。他们中大多数养尊处优，一心向往国外的生活，认为自己今后反正出国谋生，学业成绩好坏无关紧要者为数不少，而且他们大多爱时髦，喜花钱，非侨眷子弟受他们的影响学习也不起劲。因此，如何根据侨乡特点，加强对儿童的思想教育，作为我校德育工作主要方面来抓，我们具体做了以下几方面工作，收到了一定效果。

一、通过学习目的教育，端正学习态度

"不读书，出国照样赚大钱"，华侨子弟学生中普遍有这样的想法，他们学习目的性不够明确，针对这样的问题，学校利用主题集会、专题活动和宣传园地等各种形式广泛开展一系列的思想政治工作，向学生讲述祖国的文化在世界文化中的地位和影响，介绍祖国古代文学家和科学家为世界作出的巨大贡献。为了进一步激发儿童的学习积极性，各班多次召开"不忘祖国文化语言"的主题班会，介绍旅荷侨领胡志光先生为使侨胞世代不忘祖国的文化，在荷兰举办"中文学习班"和全荷第一份正式侨刊《华侨通讯》的动人事迹。列举了已出国的儿童返回家乡就读中文，和已出国的学生来信给老师和同学，要求给他订正错别字，向老师道歉自己在国内不认真学习等情况，用真人真事教育孩子们懂得学好祖国文化、语言的重要性，使他们了解国外亲人过去没有学好知识，在异国他乡遇到的困难和所受的损失，理解亲人对自己的殷切期望，树立侨眷学生中的典型，鼓励先进，使他们学有榜样，赶有目标，让他们明确了学习目的，端正了学习态度。

二、通过回忆对比活动，增强爱国主义感情

侨乡的儿童受西方文化的影响，一般认为社会主义祖国比不上资本主义国家。这是他们对资本主义国家的实质不了解，对社会主义制度的优越性认识不足。为了解决这个问题，我们采用了"课堂讲、走出去、请进来"的方式对他们进行教育。

课堂讲。为了让学生认识祖国的过去和现在，我们经常利用思想品德课和结合其他学科，向学生讲述祖国近代一百多年来的苦难历史，说明只有在中国共产党的领导下，才能建立社会主义新中国，才能走向繁荣富强。

走出去。我们组织学生到野外活动，让学生在大自然中开拓视野，激发他们热爱祖国的一山一水、一草一木的思想感情。在活动中，他们初步了解到祖国的幅员辽阔和壮丽，他们知道祖国有富饶的资源哺育着10亿多中华儿女，知道有丰富的宝藏尚待我们去开发。

请进来。玉壶返国定居的老华侨逐年增多，他们在新中国成立前侨居海外并饱经风霜，受尽凌辱。新中国成立后随着我国在国际上地位的提高，他们在国外的事业也有了很大的发展。他们对祖国的过去和现在最为了解。故我们邀请了归侨胡守益老先生给学生们上了一堂生动的爱国主义教育课。他对学生深有感触地说，新中国成立前出国者基本上是迫于生活，不得已离妻别子到异国他乡谋生，那时社会腐败，侨胞地位低，提篮小卖，受尽欺凌。新中国成立后祖国强大了，海外孤儿有了靠山，受欺凌的日子一去不复返。说到资本主义的本质，他说西方并不是天堂，抢劫、凶杀、绑架事件时有发生，人与人的关系纯属金钱关系。老板和工人等级非常森严，父子、兄弟、夫妇各顾自己，根本不像祖国这样人与人关系平等，一方有难，八方支援，他说还是新中国好。

通过不同形式的教育，激发了学生爱国、爱党、爱社会主义的热情。

三、通过思想政治工作，养成艰苦朴素作风

玉壶学生的特点是部分学生家庭较富裕，家长对子女迁就。这些学生养成了怕吃苦、乱花钱、过于爱打扮的坏习惯。他们天冷怕上学，上学则迟到，每天要花好多钱吃零食，甚至洗澡、剪指甲都得向家里要钱，否则就不干。针对这些情况。我们不厌其烦地向他们说明《小学生日常行为规范》和《小学生守则》的相关规定，特别是小学生不准穿奇装怪服、戴首饰，同时对其进行革命传统教育，教育他们把他们的零花钱用到正确的地方上去，班级里建立了"小银行"，将他们的零用钱积存起来，用来购买学习用品及图书、玩具。每班建立"图书角"，学生用零用钱买来的图书放在班级里供集体阅读，图书多的班收有100多册图书。还引导他们积极援助他人，本学期向珊溪区中心小学得病的同学捐资192.29元。一部分学生积极地援助生活困难的同学。如五（4）班的同学捐了40多元钱，为一个交不起学费而想辍学的同学交了学费，同时买来补品慰问他重病的爷爷。这样通过思想政治工作、管理手段双管齐下，学生的朴素生活观念、集体荣誉感、助人为乐的风格得以形成和发扬。

此外，我校十分重视建立教育网络。充分发挥思想品德课的中心作用、班主任的骨干作用、少先队的阵地作用，家庭和社会进行配合的作用。本学期召开两次500多人次规模的家长会，同时进行了多人次的家访，同家庭密切配合，使各种教育因素互相联系、互相渗透、互相补充、互相促进，努力形成德育教育的优化整体，把侨乡子女教育得更好。

1981 年 5 月

针对学生实际　促其全面发展

在党的十三大报告中，讲到如何实现我国经济建设战略部署时，强调要把发展科学技术和教育事业放在首要位置，"百年大计，教育为本"。作为一所学校的主要负责人，如何针对学生实际，促使他们成为有理想、有道德、有文化、有纪律的新人，以适应形势发展的需要呢？在此，我谈谈自己的做法和体会。

积极排除思想障碍

学校是整个社会的组成部分之一。社会上的思潮无不冲击学校教育。值此城市改革之际，城镇建设步伐加快，农村人口相继流入城镇。1986年，石垟林场也出现"建房热"，有28户村民的房基买在大峃镇，有的房屋已经建成，部分学生认为"在农村没有出息""在山头苦一世！"对山区建设缺乏信心，学习积极性不高，刻苦钻研精神不强，显然，对学生必须加强革命理想和革命传统教育。

从教育学的角度来说，完成德育的任务，必须通过有效的途径，采取恰当的方法。

一是说服。说服是通过摆事实、讲道理，提高学生思想认识的方法。鉴于前述情况，在本学期开学典礼上，我便作了《深入领会十三大精神　立志建设山区》的报告。结合实际，着重阐明社会主义初级阶段的十大特征，其中在谈到经济发达的与贫穷落后的地区并存、科学文化高度发展与文盲半文盲并存这两点时，学生听得很认真。石垟、叶胜林场的森林蓄积量分别占温州市第一、第二，下垟至都铺革命老区公路的投资、石垟新建成啤酒厂、国家拨款6万元修铺石垟林场水泥路面等实例，说明我们这些贫困山区，国家正花大力气建设，山区前途是十分广阔的。

二是参观。参观是组织学生深入社会，通过了解典型的实际，提高学生思想认识的方法。学校组织学生参观文成啤酒厂。上垟村的几位雄心勃勃的同志，利用高山冷泉，排除万难，酿成达到国家标准的啤酒，充分利用山区优势致富是科学的。看了机械化、电气化、自动化的作业流程，学生深有体会地写道："如果没有文化，我们即使进到车间，也寸步难行啊！"

三是榜样。榜样的英雄事迹和模范行为是值得学习的，运用榜样教育学生是德育的主要方法。1987年10月25日是中国人民志愿军抗美援朝出国作战37周年纪念日，我特地邀请大峃镇卫生院医师胡忠明和文成县卫生进修学校副校长王贵淼作报告，原志愿军战士胡忠明在朝鲜作战五年，他介绍了自己与广大志愿军战士浴血奋战的可歌可泣的战斗故事，启发学生认识到应珍惜今天的幸福生活。王贵淼副校长谈到自己从小学毕业成为主治医师，并在荷兰、全国及省级医学杂志上发表了100多篇论文、300多篇科普文章，出版了《怎样自学中医》等6本医书、计百万字的过程，鼓励学生要走"榜上无名，脚下有路"的自学成才道路。1988年4月下旬，结合"可爱的浙江"征文活动，我们邀请石垟林场的工程师潘培秀介绍场史。创业时期的拓荒、护林时期的搏斗、改革时期的成就，充分说明石垟林场工人与干部一心为公、艰苦奋斗、勇于探索的可贵精神，这是很值得我们学习的。初三学生叶仕平写道："白了人头、绿了山头的工程师潘培秀，是青田万山区人，他为我们文成石垟林场建设贡献了30个春秋，为后代造福。我们祖居山区，假若轻视山区，真是问心有愧啊！"

我国古代教育家孔子很重视启发诱导。颜渊说："夫子循循然善诱人，博我以文，约我以礼，欲罢不能"。今天，我运用说服、参观、榜样等形式对学生进行积极引导，正面教育，排除学生思想障碍，从而使他们逐渐树立革命的理想，发扬优良的革命传统。

切实弥补知识缺漏

目前，我国普通中学设置的14门必修学科，着眼于社会主义现代化建设的需要，突出基础教育的特点，使学生获得自然科学和社会科学的基础知识和基本技能，保证学生在德育、智育、体育、美育和基本生产技术教育诸方面都得到发展，为升学或就业做好必要的准备。可是，我们山区中学往往忽视外语教学。有的人说："我们又不出国，学习外语无用！"有的人说："只有百分之几的人上大学，外语不用学。"这两种说法，事实证明都是错误的，至于"外语是重要的，可是没有外语教师课难开"这句话，倒还令人谅解。

马克思说："外国语是人生斗争的一种武器"。外语是学习科学文化知识的重要工具，也是国际交往的工具。尤其时届改革开放，知识爆炸，假若忽视外语教学，简直不可想象。在此，我谈谈如何弥补英语这一知识缺漏的过程。

一抓设置。1980年9月，我调往石垟林场中学任教，在此以前的六年，学校未开设外语课。当时我想，一所中学假若不开外语课，知识本身就存在严重缺陷，事实已经并继续证明，长期不开外语课，势必误人子弟，这些教训，比比皆是。目前，上海、杭州等大城市，从小学三、四年级就开始学习外语了。当时，我与富旭老师商量，决定开设英语课。

二抓教师。英语教师严重缺乏，这是不可否认的客观事实，寥若晨星的几位大专院校毕业的外语教师，根本不会被派到偏远的山区中学。我发现南田石庄的赵信侠老师较通英语，便请他代课。后因年事已高，他也辞去英语教师的职位。接着，便请原从西坑中学高中毕业的刘香菊老师代课。1982年，温州教育学院培养英语教师，学校便派她去参加为期半年的英语培训，使她的英语教学水平有了长足的进步。8年来一共请了6位英语代课教师。目前，我校仍然没有正式英语教师，任教的陈丽蓉老师，学校支持她参加县电大英语学习，或外出听课。

三抓教材。开设英语课第一年,林场中学未征订英语教材,我便到西坑中学去借学生的旧书。1982年秋季,英语教材忘记订了,我亲自到大峃区双垟中学去挑来105本,并买来剩余的英语练习册300多本。如果发现好的参考资料,或是外地较经典的英语试卷,我总是通知英语教师预订。

四抓学生。学生开始学习英语,积极性很高。经过一个学期,由于种种原因,学生的成绩两极分化。一年后,差生根本跟不上,于是,根据因材施教的原则,较好的分一班,进度快点;较差的分一班,进度慢点,这样,初三毕业,即使是后进生,也能学完英语教材第四册,掌握了初步的英语基础知识。

五抓教法。无论是教师,还是学生,都比较注重教与学的方法。因此,学校长期订阅《中小学外语教学》杂志,业已邀请北京大学、杭州大学毕业的两位支教人员介绍自己学习英语的经验,从而大大激发了学生学习英语的兴趣。

经过几年来的努力,石垟林场中学学生的英语水平,从无到有,从低到高,1986年的中考,文成县英语成绩90分以上的只有5个,我校占一个。连续3年,石垟林场中学英语平均分都列县前三名,考入文成中学高中重点班的有20多名学生。郑建玲同学曾获县英语竞赛二等奖,她在南田高中英语成绩名列前茅。高三文科班的李丽华同学,英语成绩上乘。

努力克服生活困难

石垟林场中学的学生来自四面八方,现有住校的近400人,约占全校学生总数的90%,如何管理好住校学生,克服学生生活上的困难,是我校后勤工作的重要内容。

一抓住宿。学生多,寝室少,每位学生床位不到40厘米宽,尤其是学生的行李箱,更是堆得拥挤不堪,过道走路十分困难,许多学生还把行李箱放在床头,身材较高的学生,睡觉时弯如一只虾,学生往往为了放行李箱而争吵不休。因此,学校领导班子共同研究,把全校七个寝室的行李箱架子全部做起来,这样,学生的行李箱集中放在行李架上,学生走路方便,争吵减少,睡觉自由,行李清洁,摆放整齐。

二抓饮水。石垟林场的冬天常常在零下二三摄氏度。上下两个寝室相隔近300米,上寝室分配一位管理后勤工作的同志烧开水,晚饭后烧好装入开水瓶,次日清晨,学生到附近水井打来冷水冲兑洗漱,使他们的身心得到温暖。

三抓减免。凡是学生碰到天灾人祸,我们都会给予特殊照顾。一位景宁东坑的初二学生赵东文,父亲因癌症亡故,弟妹年幼,经济十分困难,学校给予免去其全部学费18元(这在当时是不少的数额)。1987年秋天,一位内向的少数民族学生小兰,农忙时住在学校,宿舍不慎失火,烧了7位同学的被褥。自然,这位学生得赔偿损失约需200元。可是,他家十分穷困,父亲体弱,母亲患有眼病,弟妹多,共9位家庭成员;已欠债400多元。面对这种情况,我们发动学生捐献零钱,共筹措60多元,帮助解决被褥被烧同学的困难,这样,既解了燃眉之急,又减轻了小兰的思想负担,还培养了学生互助友爱的精神。

我们认为,做箱架、烧开水、减免学费、筹措钱款等举措克服了学生日常生活中遇到的困难,使他们远离家庭照样能得到温暖,安心学习。从心理学的角度说,这些做法,能满足或符合人的需要,能引发人积极的态度,使人产生如满意、愉快、喜爱等积极的情感,正如巴甫洛夫认为的,这种外界刺激使大脑皮层上的动力定型得到维持和发展;反之,假若对学生的困难置之不理,不能满足他们的需要,就会使他们产生逆反心理,引起人的消极态度,如憎恨、愤怒等,因为外界刺激破坏原有的动力定型。由此可见,教师关心学生、爱护学生、进行感情维护是十分重要的。

近几年来,石垱林场中学针对学生的思想、学习、生活等方面的实际,采取了一些措施,获得一定的成绩。1985年度被评为县精神文明建设先进单位,1986年度被评为县先进党支部,1987年度被评为县先进中学、县先进党支部。我们与同行相比,相距甚远。加里宁说:"我们要像海绵一样,吸取有用的知识"。让我们今后博采众长,不断探索,更上一层楼。

1988年5月6日

学高为师　身正为范

1985年第1期《人民教育》刊载两则小品。其中一则：有一次上阅读课，有个学生问："贾老师，什么叫'众寡悬殊'呀？"贾老师解释："众者，人多也；寡么，就是寡妇；悬，是挂起来的意思，那就是上吊；殊么，是死了。"

另一则：小华将一年级的小明打哭了。王老师知道后，就给小华一巴掌："当三好生就不能打人。"小华忍着疼说："我不当三好生，我要当老师。"

一笑之余，感触颇深。古书解释"师范"："学高为师，身正为范。""贾老师"学识浅陋，不能为师；"王老师"行为不正，不能为范。

笔者是战斗在教学第一线的老兵。我觉得，社会越尊重教师，教师越要自爱。无功不受禄，作为教师，应给自己提出更高的要求。

教师是培养学生的专门人员。人民教师的根本任务是把学生教好，使他们成为"德智体美劳"全面发展的适应"四化"建设的人才。为此，首先要求教师具有高尚的道德品质和崇高的精神境界。孔子说：其身正，不令而行；其身不正，虽令不从。教师的言行应对学生起表率作用。同时，教师应当具有比较渊博的知识，这样，才能教好功课，传授知识。如果教师不学无术，那必然误人子弟，自己也就会像马卡连柯所说的"除了蔑视之外，你永远不配得什么"。

1985年5月9日

当前高中学生人生价值观的思考

最近,笔者围绕"高中学生人生价值观"这一中心,就涉及思想、学习、工作、生活诸方面的 21 道题目,向文成中学与珊溪中学的高三各两班的 182 名学生作了问卷调查。结果表明,当前高中学生人生价值观存在种种困惑(注:以下百分比数值均为占被调查总数的数值)。

一、**缺乏远大志向**。在理想与职业选择中,志愿当科学家、歌唱家、外交家、将军的占 7.6%,志愿经商、学艺的占 19.2%,志愿当教师的占 25%,志愿当行政干部的占 14%,志愿当公安人员的占 8%,其他的占 26.2%。在阅读调查中,内容是爱情、武打的占 38%,革命斗争的占 14%,课本复习的占 10.6%,自然科学的占 18.5%,其他的占 18.9%。在有否早恋一题中,透露早恋的约占 10%。

二、**"公"字观念淡薄**。在"一位火车上的列车员为旅客服务不能看望生病的父母、兄弟、爱人、儿女等亲人;一位地质队员在青藏高原三年没有看过一场电影,你选择这些职业吗?如果国家分配,你服从吗?"一题中,选择服从的仅占 48.9%,选择不服从的占 16.5%。在学校里,愿意当干部、争先进的占 36.9%,不愿意的占 49%,不愿意当干部但愿争先进的占 14.1%。"不愿意"者,认为一是妨碍自己学习,二是将招来许多埋怨,三是自己行动不自由。有 20.8% 的人,对"大学生张华为抢救一个普通劳动农民而牺牲自己"的英勇行为表示"不值得",认为"大学生是国家重点培养的人才,活着比农民贡献要大"。

三、**追求物质享受**。学生除正常的生活必要开支外,其他支出数额较大。零用钱主要用于买书、买邮票、买电影票、买牙膏牙刷等,还有的用于吃点心、玩游戏机、买高档衣服与鞋、赠送同学生日礼品等。如果有条件，愿意出国赚钱的占37.4%。当前，社会生产发展了，人民生活质量随之提高，干部、教师、家长还常常进行忆苦思甜教育，赞成这一举措的占60%，认为"现在生活应当比以前好，不该总和过去比"的反对者占40%。

针对以上问题，我认为：

第一，疏导学生正确认识人生的价值。人生的价值问题，实质上是人生目的和个人对社会的关系问题。一个人的一生是否有价值，不是指从他有无向社会索取或索取多少，而是指他的存在和活动能否或在多大程度上对他人和社会作出贡献。贡献越大，人生越有价值。学校应该以黄继光、刘胡兰、雷锋、白求恩、爱因斯坦、钱学森等英雄人物和能人志士为榜样，让学生在同他们的比较中认识自我，排除个人主义，发扬"国家第一、集体第一、他人第一"的共产主义风格，为他人与社会在物质上和精神上创造更多的财富。

第二，引导学生选好自己奋斗的价值目标。所谓价值目标，就是人们在社会生活中所追求最终目的或目标。高尔基曾经说过："一个人追求的目标越高，他的才能就会发展得越快，对社会就越有益。"事实正是这样，1990年11月，科研部门对全国2 055位科学家和工程师作了"何时萌芽从事科学技术职业的愿望"问题的调查。统计表明，在中学时期就决心从事科学技术的占全部被调查者的60.1%，在小学时期选择的占13%，在大学时期选择的占12.7%，这启示我们，中学，尤其是高中阶段，正是价值观形成最重要的时期，在此时期或以前作出选择的科学家和工程师，往往更能激发创造热情，并比其他科学家和工程师先进入角色。当前，建设有中国特色的社会主义，这是现阶段青年的共同理想，每位学生都应根据自己的实际情况，确定自己的人生奋斗目标。社会主义建设需要各种领域、各种层次的人才，尤其需要高级的专门人才，高中学生正是培养这种人才的后备队伍，学校应该引导高中学生选好自己的奋斗目标，争当"家"与"师"，促使他们奋发学习，积极向上。

第三，培养学生勤劳俭朴的优良作风。改革开放后，商品经济的迅速发展，必将促进社会生产力及科学文化事业的发展，促进人们思想道德观念的更新，但也不可避免地诱发拜金主义、个人主义和享乐主义，产生某些消极影响。在这样一个宏观环境里，像学校这样一个中观环境、家庭这样一个微观环境，自然而然会受到"污染"，事实已经并继续证明这一点。因此，务必要求学生进行"二史一情"（社会发展史、党史、国情）教育，让他们参加社会实践，从中认识到在社会主义社会的初级阶段要继续发扬艰苦奋斗的作风，激发他们在学习上要刻苦、生活上要朴素，努力把自己锻炼成为社会主义现代化建设的合格人才。

1992 年 11 月

我县幼儿教育的现状和对策

教育科学告诉我们：幼儿教育是培养人才的奠基工程。现在的幼儿，正是21世纪的建设者，而未来的21世纪，是一个世界多国激烈竞争的时代，是一个经济迅速发展的时代，这样的时代，它需要的人才必须具有高尚的道德修养，强烈的竞争意识，旺盛的创造精神，良好的交际能力。为了培养适应21世纪需要的人才，我们必须从幼儿教育抓起，从小培养他们的全面素质。

为此，笔者对文成县的幼儿教育现状做了调查，并经过分析，提出发展幼儿教育的对策，供有关部门参考。

经调查，文成县的幼儿教育有以下几个问题：

一是幼儿入园率低。据1993年12月统计，全县共办94个幼儿班，入园幼儿3 979人。县城入园率71.2%，农村乡镇仅为13%，全县平均为20%。常年办幼儿园的只有16个乡镇，普及面仅为44.8%，其他19个乡镇仅办一年或半年的学前班。近几年，浙江全省幼儿教育事业有了较快的发展，4—6岁幼儿入园率已从1986年的38.8%提到1991年的49.25%。由此可见，文成县幼儿的入园率比全省、全国平均水平低了一大截。

二是合格师资缺乏。全县共有124位幼儿老师，其中师范幼儿专业毕业的有22人，中师毕业的有12人，取得专业资格证书的有6人，合格教师不足三分之一，约三分之二的教师是初高中毕业生。由于幼儿教师需要德、能、技方面的全面素质，尽管教师后期也经过多次短期培训，但仍不可能全面具备相应素质，因此，符合要求的教师不多。近年来，浙江省幼儿师范、进修学校、职业学校的幼师班每年有约2 000名毕业生入职到各类幼儿园，教师的合格率已从1986年的8.9%

提高到 1991 年的 38.1%。但目前，文成幼儿教师的合格率仍然远远低于浙江省的水平。

三是园舍设备简陋。文成县的幼儿园，绝大部分是集体与个体开办的。这些农村与街道的幼儿班、学前班，绝大部分附设在小学里，或办在祠堂、私人住房中。据调查，有 56 个班的教室狭窄、阴暗、潮湿，均不符合标准。教学设备更差，一般的幼儿园、学前班，仅有"开园必备"的小皮球、积木、跳绳、羽毛球、图片。有一架风琴的，已算是中等水平了。只有文成县中心幼儿园、育苗幼儿园、珊溪镇幼儿园设备较完善，有滑梯、荡船、攀登架、转椅、蜗牛滑梯等。就是这 3 所幼儿园，活动场地的人均面积也仅约 1.2 平方米，还达不到标准的一半。

四是保教质量较差。幼儿园应严格执行《幼儿园工作规程》《幼儿园教育指导纲要》，教师应把培养目标与实现四个现代化的人才要求紧密结合起来，要从小启迪孩子的心灵，培养孩子学习的兴趣，激发孩子内心的求知欲望，逐渐培养幼儿活泼开朗的性格。但由于这些幼儿园缺乏管理方法，不是"教育"管理而只是"看管"工作。部分幼儿园甚至忽视幼儿教育的活动特点，往往"超前"教学，方法"小学化"。在教育中存在重知识、轻能力，重智育、轻德育，重上课、轻游戏以及压制孩子个性与创造力发展等弊病。从整体看，我县幼儿教育质量离培养目标较远。

为了提高幼儿教育质量，针对上述存在的问题，提出我们的对策。

第一，转变观念。让家长参与幼儿园工作，通过实践使他们认识到幼儿园的培养目标是使幼儿身体健康，能集中注意力；动作灵活，反应迅速；智力发展，有创造性；有良好的行为习惯及坚强的意志；有初步的识别美与丑、善与恶的能力和向往一切美的事物的情感。这样，家长对幼儿园的要求就能避免片面性。

教师对幼教工作的价值要有正确的取向，不能因社会舆论和经济待遇等因素而影响自己工作的积极性。教师应正确认识到自己是孩子的启蒙教师，是造就新一代的灵魂工程师，因而要努力提高自己的"四养八功"：教育理论素养、文化艺术素养、科普素养、体育素养，读、写、算、讲、弹、跳、画、唱，成为一位"艺术家＋科学家"的优秀幼儿教师。

党、政及教育部门的领导应该认识到幼儿教育工作是培养跨世纪人才的奠基工程，只有抓紧抓好，才能培养社会主义建设的接班人，才能使他们成为参与世界竞争的主力军。

第二，增加投入。 在有限的教育经费中，应设置部分幼儿教育经费。县妇联创办的育苗幼儿园，总投资64万元，其中51万是城市配套贷款，13万元是省妇联贷款，而县财政没有资助。农村家庭一般经济都比较困难，许多个体幼儿园一学期每生只收20元到30元学费，因此教师的月工资仅在80—120元之间。由于工资低微，不少幼儿教师弃教"下海"，造成幼教队伍不稳定。至于设备，小型的都没有添置，大型的就更不要提了。如果国家给公立、集体、个体的幼儿园分别予以一定数量的经费补助，并支持多渠道集资，多创办一些幼儿园，就能让更多的幼儿入园并得到良好的教育，就会使国民素质得到提高。

第三，改善管理。 保教质量的好坏很大程度上取决于管理工作效率的高低。要提高保教质量，就必须改进教育管理。当前，大部分集体与个体的幼儿园，仍处于半"放羊"状态。既没有按照规章去管理，又没有根据标准去评估、监督。因此，教育行政部门务必加强行政管理。只有对幼儿园的人事、经费、规章、设备、档案统一管理，才能正确贯彻执行党的教育方针，才能达到培养要求。

第四，加强科研。 教育科学研究在教育发展中起先导作用，这是无需多说的。目前的幼儿科研工作十分薄弱，市、县没有形成系统。我们要根据形势的发展和幼教不断出现的新问题：独生子女、父母离异子女、寄养子女，如何培养幼儿的个性品格，如何加强幼儿生存意识的教育等，急需在理论上和实践上予以研究探讨。

1994年3月10日

现代地方藏书家的特点

近年来，温州市县频频开展评"十佳藏书家"活动，这是温州市社会主义精神文明建设的积极措施之一，也是国家、民族兴盛的标志。探索现代地方藏书家的特点，对于发展现代图书馆事业，发展教育科学事业，促进社会主义精神文明的进一步建设，具有重要的现实意义。

一、收藏图书具有执着精神。 1996年，温州市首届"十佳藏书家"评比活动中，涌现出来的藏书家，例如藏书数量逾万册的冠居全市的温州师范学院教授黄世中先生，永嘉中学退休教师江国栋先生，他们的藏书历史均达半个世纪之久。1998年，文成县首届"十佳藏书家"赵忠良，原来收藏的图书在"文革"中被烧毁，在十一届三中全会之后，他"东山再起"，另起炉灶，20余年来，节衣缩食，分别收藏了7 000余册。但是，从最初的一册算起，收藏历史也40余年了。他的执着的精神不亚于古代藏书家舍"爱婢"弃"乌纱"的精神。

二、地域分布相对集中。 温州市首届的"十佳藏书家"，除少数分布在乐清、瑞安、平阳、苍南之外，大多数集中在温州市区。而山区、海岛的文成、泰顺、洞头均榜上无名。文成县的首届"十佳藏书家"，除金波一人是玉壶镇的人外，其余9人都集中在县城大峃镇。究其原因，市县政府驻地是该管辖地区的政治、经济、文化的中心，而在中心里活动的人占有多册藏书便顺理成章了。

这种状况，与我国古代藏书家的地域分布有相似之处。据明清时统计，江苏、浙江、福建、上海等经济发达的沿海一带，藏书家占全国总数的78%，而内地许多省份几乎等于零。由此看来，藏书家相对集中在政治、经济、文化发达的地域，还会持续相当长的一段时间。

三、主要属于知识较高社会阶层。 据统计，市县藏书家的平均学历在大专以上,而县级藏书家大多数是有中高级职称的知识分子。如文成首届"十佳藏书家"中,高级职称的占总人数的30%,教师与机关干部各占其余的50%。据市首届"十佳藏书家"的职业信息可知,有9人是教师及机关干部。由此可以印证"知识就是力量"、"书籍是人类进步的阶梯"是千真万确的。

四、藏书目的在于实际应用。 藏书家中一部分人是著书立说的。温州师范学院的黄世中教授著有研究李商隐诗词及其他著作多部,优秀藏书家王贵淼著有30余部医学专著及文学作品。其中还有相当一部分藏书家是学有专长的,如永嘉中学退休教师江国栋先生擅长我国古典文学,他运用书籍为永嘉县的中小学教师的大专进修课程服务,并任永嘉县老年大学主讲。文成县"十佳藏书家"李德岳擅长美术,马相庭擅长音乐,他们都运用书籍,为培养新一代艺术人才作出贡献。

五、平均年龄日趋年轻。 市首届藏书家与文成县首届藏书家,平均年龄在53岁左右。最大的有70余岁,最年轻的也有40余岁。文成县第二届"十佳藏书家",平均年龄约在45岁左右,比首届小了8岁,最年轻的如樟台乡广播站的一位同志还不到30岁。主要原因,是时代在发展,科技在进步,在家求知的欲望日渐增强,因而一批青年知识分子在岗位上,便挤出工资购买书籍,自觉地提高文化与业务素养。在校师范、高中学生也不示弱。例如文成县教师进修学校首届师范毕业生40人,在校平均藏书50余册,最多的陆昌波同学藏书达87册。前一代的藏书家,他们生活在五六十年代,工资水平低,当时一家人的生活尚且难以维持,遑论买很多书?他们在困境中,勒紧裤带,几十年如一日,购买大量的书籍,其精神真是难能可贵!

由此可见,温州市县现代藏书家作为一种社会现象,在产生与发展、藏书与利用等方面存在着共同的规律。我相信,随着时代的发展,还会产生新的特点。

1996年10月

全面·深刻·实用
——读《教学论文写作方法与例举》

最近，我一口气读完中学高级教师赵万泉著的《教学论文写作方法与例举》一书，颇有心得。这是一本具有全面、深刻、实用特点的好书。

全面性。 全文约14万字，分10节论述：要有新意、紧跟形势、勤于积累、研究学生、加强学习、力入"圈子"、努力工作、横向联系、再三修改、熟悉刊物。归纳起来，实际上是论述了论文写作的三个方面：前两节阐明写作的观点，只要做到这两点，才能写出自己的东西，才能写出时代特色；中间五节阐明材料来源的三个方面，耳闻目睹、亲身实践、心领神会；最后两节，阐明写作的态度与方法。就书中的论文来看，作者写得很全面。如《生物课的课堂小结方法》，列举了总结归纳式、歌谣浓缩式、画龙点睛式、设置悬念式等10点。读《生物课应如何对学生进行观察能力的培养》一文，从"要指导学生有目的地进行观察""要指导学生进行认真、细致地观察""要指导学生进行重点观察""要指导学生在观察中学会分析"四方面着手，深入浅出地进行论述。

深刻性。 全文论述撰写论文所持的观点、材料的来源、写作的态度与方法，都能从写作的本质上挖掘，使初学者从根本上去把握。就第二节《紧跟形势，写出时代特色》来看，作者就当前爱国主义思想教育的情况，初三阶段应开设人口教育课。实行新高考后（实行"3+2"改革，文理科均不考生物）生物课如何教学等问题作者独具慧眼，能反映当前教育教学的本质问题，给人以启示。当一位优秀的人民教师，除了有正确的教育思想外，具有渊博的知识也是一个重要条件。如何使自己具有渊博知识，成为一个学者型的教师？第三节的《勤于积累》

就回答了这个问题：

第一，从课堂教学中积累；

第二，从学生的提问中积累；

第三，从学生的作业和试卷中积累；

第四，从听课中积累；

第五，从书报中积累。

以上五个方面，点石成金，给不知如何积累知识的教师打开了五扇窗户，或者说给他们拓出五条渠道。

实用性。从书名《教学论文写作方法与例举》来看，显而易见，实用就是作者的初衷。作者学生物、教生物、写生物，因此，本书从生物的角度切入，就是很自然的。学业有专攻，一个人不可能什么都会，弄通一个方面足矣。本文所列举的全是生物学科的，可谓"三句不离本行"，这样写起来得心应手，材料运用自如。全书洋洋洒洒，就像一条生物的河流。有人说，这样有局限性。上面已述，一个人不可能是百科全书式人物，但就此可触类旁通，举一反三。从生物可"触""通"到自己任教的学科。例如在《略读提高生物实验教学效果的几点做法》论文中，他谈了四点：充分做好课前准备、努力改进实验方法、适当运用电教媒体、启发学生探索思维。试问，其他学科的老师，如语文、数学、英语、物理等学科就不可学吗？《课堂提问应注意"八性"》一文读了要注意科学性、有效性、启发性、针对性、实践性、层次性、整体性、调控性，可以说这是所有中小学教师都应注意掌握的。

为了实用，多篇论文中间及篇后，都有竞赛试题、作业题目及参考答案，供其他学科老师在形式上予以参考。至于全文的第 10 节，本来就是所有初学写教学论文的作者必须掌握运用的。

1998 年 10 月

特色建校　创造辉煌

何谓"特色"？词典云：特色就是事物所表现的独特的色彩、风格等。说通俗一点，就是人无我有，人少我多，人多我好，人好我优，人优我异。文成石林公园学校是如何进行特色建校的呢？

一是选择美丽幽静的校址。石垟林场是温州市最大的林场，又是省级森林公园。校址设在洞宫山支脉山麓，又傍静如处子的隐山湖，右距我县著名风景区——铜铃山公园仅一箭之遥，可谓远离尘嚣！此地无电子游戏机、录像厅、舞厅、商店等种种干扰，又无社会闲杂人员的影响，学生可以安静地读书。妇孺皆知的"孟母三迁"的故事，就是对我们的启示。孟子幼时居住墓旁，他常嬉于墓间，其母便迁往市场旁居住，他又为商贾作买卖；其母又迁居学官旁居住，这样，孟子才能知书识礼，成为大学问家。这说明环境对人成长的影响。我们选择风景美丽、空气新鲜、环境幽静的风景区创办学校，实是出于广大家长"望子成龙""望女成凤"的心愿。

二是实践"一边学做人，一边学知识"的口号。北宋大学问家司马光曰："才者，德之资也；德者，才之帅也。"清朝在位61年的康熙皇帝，有一种很值得效法的经验："国家用人，当以德为本，才艺为末。"鲁迅先生也说："美术家固然须有精熟的技工，但尤须有进步的思想与高尚的人格。"现在，该是重温圣人贤者的教导，正确处理德才关系的时候了。我校一开始，就把"学做人"摆在首位。半年来，效果显著。原在小学自由散漫的学生，现成为学生会的优秀干部；往日行为不端的学生，现成为拾金不昧的先进学生；本来调皮捣蛋的学生，现成为工作、体育积极分子。他们的思想进步了，学习成绩也上去了，四年级的一位学生，在他校成绩从未超过60分，现语数各科成绩至少都在 80 分以上。一位初一学生,升学考试数学成绩仅为 40 余分,期中考试成绩提高到 90 分。如此之例,不一而足。

三是采取全寄宿的形式。当前,社会与家庭对学生思想学习的干扰十分严重。如电子游戏机、录像厅、舞厅、商店,给学生带来的是负面影响。家长对独生子女的溺爱,尤其是祖母、外祖母照管孙子、孙女、外孙、外孙女不科学的所谓"隔代教育",往往不可能达到理想的教育效果;家长对子女期望过高,带给子女的种种压力,往往造成学生身心的沉重负担。鉴于种种情况,采取全寄宿的方法,有利于学生的培养:一是培养学生集体观念,养成集体生活的习惯;二是培养学生独立生活的自理能力;三是实行半军事化的管理,锻炼学生的坚强意志;四是有规律的生活制度与学习制度,可以使学生把更多的时间集中起来进行学习与活动,有利于学生素质的培养;五是减少社会与家庭不文明的思想与行为的侵染。总之,全寄宿制学校有利于教育与教学。

四是推行"愉快教育"。70 年代后期至 80 年代初,上海市三小等多所学校首先实行"愉快教育"。我校无论低年级还是高年级学生,踊跃参加语文、数学、英语、自然、劳技、电脑、音乐、舞蹈、美术、书法等 10 多个兴趣小组,除提高了学生的素质外,更是增强学生的身心。寄宿学生在双休日进行丰富多彩的活动,上课渗透愉快教育。如用唱歌、朗诵、讲故事等导入课文,用简笔画帮助理解内容,科学设计美观简洁的板书,使学生得到美的感受。

五是运用现代化的教学手段。传统的教学方法在给学生提供感性材料方面已捉襟见肘,未能给学生形成必要的表象,影响了学生对知识的理解和巩固。现代化的教学手段,一是体现在教学形式上。几千年来流传的注入式教学未绝迹,如上海新型的"茶馆式"学习方法,让学生大胆质疑的方法未能被施行。二是体现在教学手段上。电化教育早在 50 年前的第二次世界大战期间,美国利用电化教育训练军队,培养技术人员,取得很大成绩。他们在短短 6 个月中,把 1 200 万毫无军事知识的人，训练成为能进行陆海军多种作战的战士，又把几百万的男女青年，训练成为制造军火、船舶的技术工人，我校从中得到启发，积极使用幻灯、电影、录音、广播、电视、录像、电脑等电教工具，把现代教育手段切实地运用起来，提高教学质量。

从几十年来的教育教学生涯中，我领悟到：谁跟在别人的后面跑，谁就永远没出息。只有创新，大胆创新，办出自己的特色，教出自己的特色，才能创造辉煌，才能傲立潮头，永远立于不败之地。

"天生一个仙人洞，无限风光在险峰。"让我引用毛泽东的诗句与大家共勉。

1999 年 12 月

欠发达地区学校图书馆应需"六发展"

21世纪是一个知识经济的时代。这个时代的特点就是以知识、技能为基础的经济持续发展。学校图书馆就是青少年传播知识、发展技能、创造精神文明的重要阵地。目前，我国相当一部分地区是经济欠发达地区。例如我省的文成、泰顺、永嘉、景宁、磐安等县，虽然都在1998年脱去全国贫困县的帽子，但与经济发达地区相比较，相对落后，仍属"欠发达"地区。经济制约着教育，因此，欠发达地区学校的图书馆无论在设施、管理、功能，还是学校领导、图书管理人员的观念上，都偏落后。最近，笔者对文成县学校图书馆进行调查，根据21世纪知识经济发展的要求，提出欠发达地区学校图书馆（室）的发展趋向，就正于同道。

一、馆藏数量应向标准化发展

回顾 新中国成立52年来，特别是改革开放以来，在各级党委、政府与教育部门的重视和学校师生的共同努力下，图书馆的硬件建设条件得到空前改善。但目前，文成县34个乡镇，共有中小学200余所，仅有文成中学与玉壶中学有单独的图书馆，其余都是以一个小房间的一两个书橱，或一个教室那么大的图书室里摆几排书架，绝大部分村级小学没有图书室。1990年，全县中学馆藏图书约7.2万册，每个学生平均约5册；小学不超5万册，每个学生平均不到2册。今年，中学馆藏图书约10万册，平均每人约8册，小学约6万册，平均每人约3册。

思考 根据省教育厅指示，小学生平均每人要达7册，中学生平均每人要达 15 册。目前，距离这个要求还较远，学校必须加倍努力。美国俄亥俄大学，俄亥俄州每年按所得税的 6.5% 作为公共图书馆的经费，此数字相当可观，那么我们欠发达地区，如果每学期从每个学生的学费中支出 10 元，作为图书添置费，经过三五年，所有学校都可以达到要求。

二、馆藏载体应向多元化发展

回顾 目前，我县的图书馆（室），储藏的大部分是以纸张为载体的纸质读物，音像读物少得只有几张光盘，多的也不过二三百张。基本上是传统概念下的封闭的、单一的"藏书室"或"藏书楼"式的设施。

思考 知识经济的支柱——信息技术的飞速发展，给图书馆（室）带来了革命。载体的多元是发展的必然趋势，图书馆（室）要改变仅收藏纸张载体的纸质读物的传统观念，应大量增加音像读物，自然，配套设施也要跟上，如配备电脑室等，根据实际情况逐年扩大，有三分之一的学校，在近三五年是完全可以办到的。

三、馆（室）管理应向自动化发展

回顾 长期以来，欠发达地区的学校图书馆（室）管理，仍然是几百年前的手工操作。浙江省自 1993 年开始，图书馆（室）向自动化甚至网络化发展。至今，近 50% 的图书馆（室）实施了自动化管理。而文成呢，所有的图书馆，连文成县图书馆、文成中学图书馆，都还是人工操作，靠管理员里里外外，忙得团团转，这样，既费时费力，效率又低。

思考 知识经济时代，图书馆（室）的发展在服务手段和方式上将发生重大变化，80 年代起开始实施图书馆（室）自动化。目前，全国约 2 000 家图书馆不同程度地在管理和业务工作中运用了计算机,并建立了许多数据库。欠发达地区的县直属 10 余所中小学,完全在五年内可以实现,其余中小学可在 10 年内实现自动化管理。

四、馆(室)功能应向多样化发展

回顾　目前,欠发达地区的中小学图书馆(室),所担负的仍是一百年以前继承下来的借阅任务。我们仅仅发现地处偏僻的山区、革命老区的一所民办中学,即石林公园学校的图书馆,还能起到交流信息和培养学生能力的作用。如开辟"三味书屋"专栏、张贴介绍新书、交流读书心得的文章,同时,还举行文学讲座,如作"刘基的生平""思想与作品""鲁迅的一生"等讲座。就这一所学校来说,图书室已经开始发挥多样化的功能。

思考　图书室作为传播知识、交流信息、开发智能、创造精神文明的阵地,仅仅局限于借阅已远远落后于形势。在培养学生全面素质的今天,图书馆(室)的服务功能应该拓宽,应把图书馆(室)从知识和信息的储存场所变为知识和信息的交流场所,开辟专栏、举行讲座、开读书会,对知识与信息进行"导读"和"解读",这样才能适应知识经济时代的发展。

五、人员应向专业化发展

回顾　图书馆(室)的管理人员,除了几所规模较大的中学配备了专业人员,其余中小学全是兼职的。无论是专职或兼职的,没有一个是受过专业训练的,且文化水平相对较低,这就在很大程度上制约着图书馆(室)迈向科学化与现代化管理。

思考　21 世纪的图书馆(室)的载体、管理、功能趋向科学化、现代化,主要是靠管理人员的专业化实现的。从目前管理人员的素质来看,是根本不可能达到要求的。正因为如此,必须通过两条渠道:一是引进大学图书馆学专业毕业的学生;二是对现有的管理人员进行岗位培训。培训的内容既要有管理上的理论知识,又要有实践上的操作技能,如计算机的运用等。

六、领导观念应向现代化发展

回顾 图书馆(室)办得好坏,在于学校领导的重视与否。相当一部分学校领导的思想现状:一是图书馆的作用没有看到,因而抱着有无一个样的观念;二是舍不得经费的投入,图书、电脑等添置没有列入议事日程;三是监督不力,管好管坏一个样,缺乏激励机制。一句话,欠发达地区学校的领导大多观念落后,因而管理传统、粗放。

思考 21世纪给图书馆(室)事业创造了良好的发展机遇,首先领导要解放思想,根据实际情况,朝着知识经济的发展方向,做好图书馆(室)硬件与软件建设的规划,逐步向发达地区靠拢。观念转变了,其他一切就迎刃而解。经费的投入、管理的科学、服务的周到、馆藏的特色,都将迈上一个新的台阶。我相信,经过三五年或更长一段时间,欠发达地区学校的图书馆事业会迈向一个更高的台阶,与发达地区的图书馆携手迎接图书馆电子化的到来。

2001 年 10 月

不能死于安乐

《孟子·告子下》曰:"生于忧患,死于安乐"。意为忧愁患害,使人奋斗而得生存;沉迷享乐,反易致死亡。此句至理名言也。佐证是失去狼群的草原,草原上生活的鹿将会失去生命力;冷水中的青蛙,逐渐升温,很快致死。反之,春秋时期的越王勾践,苦身焦思,置胆于坐,最后得以洗雪败辱,这更是发愤图强、不敢安逸之典。

多年来,文成县南田的义务教育成绩有口皆碑。南田中学、二源中学、百丈漈镇中心学校,"三驾马车"并驾齐驱,中考成绩稳居全县前列,这是大家有目共睹的事实。条件较差的十源中学,近年也迎头赶上,常常甩老牌的区中学于后,相邻的西坑中学,今年中考成绩光彩夺目。为什么?因为他们学校领导与师生均具忧患意识。人往高处走,假若某校某年学生成绩落差较大,那么生源明显缩水。长此以往,学校生存便遭威胁。什么叫压力?这就叫压力!实践业已并继续证明,有压力才有动力,因而才有活力,才有实力,才有魅力。

县教育局最近出台政策,可谓大刀阔斧。砍掉实验班,取消校中校,老文成中学独设初中,领导、师资、设备原二中平衡配置,使新旧两校相提并论,同处一条起跑线竞争,原实验班的师生没有钓鱼台可稳坐,一大批乡镇学校留住自己优质生源,学校都会像南田那样你追我赶,勇往直前,学生与家长都少了这个"反正"那个"横直"的哀叹,自尊心、自信心重新"井喷"。这样,社会、学校同心协力,领导、师生拧成一股绳,公办、民办学校齐头并进,这既符合上级三令五申的指示,又符合广大民意。

本学期中途,我突然看到"大峃镇中心小学"的牌子改为"文成第二实验小学",心中甚喜。这都是竞争机制"惹的祸"。

适者生存的忧患意识不能丢。

教育学、心理学上出现的一个名词,叫"马太效应"。某一地方或某一战线,发挥优势,继续像滚雪球一样地积累优势,形成良性循环,关键在于竞争。

反之,有一个耳熟能详的名词,叫"多米诺骨牌效应"。它是18世纪欧洲出现的一种骨牌,共28张,把它们前后按一定距离竖立后,只要向前碰倒最后一张,其他全一倒俱倒。假如我县中小学中的你我他,贪图安逸,自然也会像多米诺骨牌,又像车棚中的自行车一样,一倒俱倒,恶性循环,结果就是全线崩溃。

我们决不能死于"安乐"!

教改之利多多,假若高中进一步整合,使教育之链环环扣紧,"全线飘红"不再是奢望。假若辅之科学的评估机制,我县教育的新台阶指日可上。

2009年6月24日

关于将"南田小学""南田中学"分别改称"伯温小学""刘基中学"的建议

刘基是我县的骄傲！

刘基，字伯温，生于元武宗至大四年（1311）六月十五日，卒于明洪武八年（1375），终年65岁，原生于青田南田武阳（现属文成县），故时人称他为刘青田。明洪武三年（1370）封诚意伯，人们又称他为刘诚意。他死后139年，即明武宗正德九年（1514），被追赠太师，谥文成，因而后人又称他刘文成。文成县是1948年析置的新县，县名就是以其谥号命名的。刘基是元末明初我国著名的思想家、政治家、军事家、文学家，是一位"立功、立德、立言"的三不朽伟人。

刘基与商相伊尹、周相吕尚、汉相张良、蜀相诸葛亮齐名，我国成立多个地方性的刘基文化研究会，并在文成召开国际刘基文化研讨会。他不仅属于中国，也属于世界，但首先属于文成南田。为了传承刘基文化，弘扬刘基精神，我提出将刘基故里的"南田小学""南田中学"分别改名为"伯温小学""刘基中学"的建议。

学校改名，这是了解刘基的需要。名满天下的刘基，故里的许多今人仍然不了解他。如最基本的知识：他的两个儿子，是刘璟大，还是刘琏大？"辞岭亭"的含义何在？除了《郁离子》，刘基还有什么著作等，许多人如坠云里雾里。至于刘基帮助朱元璋打天下、治天下干了哪些大事，许多人更是茫茫然不知。文成人不了解刘基，犹如中国人不了解毛泽东，法国人不了解拿破仑一样可笑。说得难听一点，简直是数典忘祖。假如学校改名后，学校师生势必普及刘基知识，如建刘基文化展览室、成立刘基文学社、组织研究刘基文化团体、出版以刘基文化为主的校本教材、创办交流刘基文化研究信息的报刊，学校自然而然成为我县的爱国主义教育与廉政教育基地。

学校改名，这是学习刘基的需要。了解刘基，旨在学习刘基的文化与精神。刘基的散文、诗、词、赋及涉及军事的作品，是我国经典文化的组成部分，后人必须传承。学习刘基文化，拓宽知识面，壮大师生的文化实力，并以刘基鞭策自己，提高教与学的质量，不辱刘基声名，要求自己力争上游，永不疲倦地开着"顶风船"前进。刘基刚正不阿、不畏强暴，不计名利、不贪爵禄，顾全大局、不结党营私等高贵品德，永远值得我们学习。尤其在物欲横流、反腐倡廉的今天，学习刘基的清廉作风，更是创建和谐社会、建设精神文明所需要的。

学校改名，这是宣传刘基的需要。当前，我县争创生态旅游强县。刘基故里是主要景区。两校改名，校牌昭昭然，来往的人一看，抢人眼球，刘基故里，深入人心。校名就是最具视觉冲击力的宣传广告。学校改名，可谓画龙点睛也。这样，南田镇、伯温小学、刘基中学、文成县，把刘基的出生地、名、字、谥号成为地人合一的名字链。试问，在我国，不，在全世界还有哪一位伟人、名人的名字，是如此科学地把地名与人名结合在一起的呢？可谓绝无仅有！

学校改名，这是纪念刘基的需要。试看，为纪念民主革命的先行者，全国的"中山公园""中山街（路）"知多少？广州不是有所"国立中山大学"吗？土地革命时期，陕北的原保安县不是改为"志丹县"吗？不是有所"公略步兵学校"吗？抗战时期，有所华东"白求恩卫生学校"；新中国成立后，哈尔滨有条"斯大林大街"、上海虹口区有所"鲁迅中学"、浙江嵊州有所"马寅初中学"；"神五"飞天后辽宁省有所"杨利伟中学"，美国有个"华盛顿市"，苏联有个"列宁格勒"，如此之例，不一而足。以人们所敬仰的伟人、名人、英烈命名，这是社会进步的标志。其目的是纪念先贤，永不忘却，激励后人完成未竟事业，绝不是人们所误解或故意贬低的"个人崇拜"。当前，全世界有300多个孔子学院，300多个孔子课堂，形成学习国学、传授儒学、弘扬孔子文化的热潮,这也是后人尊崇孔子的表现。

爱国主义作家郁达夫曾经指出:"没有伟大的人物出现的民族,是世界上最可怜的生物之群;有了伟大的人物,而不知拥护、爱戴、崇敬的国家,是没有希望的奴隶之邦。"中华民族历史上出现群星灿烂的伟人、名人,龙的传人也知道拥护、爱戴、崇敬。后人对刘基的评价很高,值此纪念刘基诞辰700周年前夕,将刘基故里的两所学校分别改名为"伯温小学""刘基中学",该是顺理成章的事,就是实践孔子"必也正名乎"的箴言。这无疑是我县教育战线纪念刘基的新举措,也是我县广大群众额手相庆的大好事。

刘基走向世界,同孔子走向世界,其意义是一样的,体现了中华文化与世界文化多元共处,平等对话。两校改名,其深远的意义也就是中华传统文化的复兴,是中国面向世界全球化开放姿态的一个展现,那就绝不仅仅囿于我县群众或是刘基后裔了解、学习、宣传、纪念的这个层面,你说是吗?

更改校名,这是我的夙愿。孔子曰:"必也正名乎!"鉴于地名尊重历史才有生命力,三年前,我曾在南田中学、县刘基文化研究会上多次提出改名,曾获连连掌声。今天,我又以书面形式郑重提出建议,供大家讨论,以期统一思想,仰望实现。

(注:2020年,南田小学搬迁新校舍,已改名"伯温小学"。)

2011 年 3 月

为"特别进步奖"喝彩

最近,《温州日报》载:文成县周南学校举行表彰大会,除奖励优秀学生,还增设后20%学生特别进步奖。

这一举措好得很!

其一,好在提高学生的自信心。"后20%学生",说白了,就是以前所称的班级中约占五分之一的思想品德、学习成绩较差的学生。由于这样那样的原因,他们暂时落后于大部分学生。即使平日里有明显进步,仍然比不上"前20%学生",老师学生往往也看不到。每个学期只能眼睁睁地看到人家领"优秀"奖,他们不免黯然神伤,从而产生自卑情绪,于是乎,原本想进步的学习热情便冷却下来。反之,今天这部分学生看到自己有长足进步,受到师生重视,终于跨上领奖台,那么,明天就会继续鼓满风帆,乘胜前进。所以,从提高"后20%学生"的自信心这一角度看,设"特别进步奖",比之年年照例奖励优秀学生,其意义要大得多。

其二,好在增强学生家长的教育观念。哪位家长不希望子女成龙成凤?一个学生的成长,主要靠家庭、学校、社会的共同关注。家长看到子女在校有进步表现,且能拿到令人欣慰的奖状或奖品,自然会对自己孩子的现在与将来充满信心。"哀莫大于心死",学生的自信心提高了,家长也随之"信心满满",改变"反正教不起"的观念,也同样产生思想的火花,主动采取有效措施,配合学校与社会,共同教好子女。

其三,好在人性化关怀。不提"双差生",而是称"后20%学生",口号本身就是人性化关怀的标志。无论是过去,还是现在,学生、老师、家长、领导及社会上的人,眼睛往往盯着那金字塔尖的学生,谁中高考状元啦,谁考上重点学校啦,发榜后,总是羡慕不已。"学而优则仕"几乎变成绝大多数人的思维定式。这本也无可厚非，国家本来就需要培养一批品学兼优的精英，问题就在于那"后20%"常常被冷落。我却不以为然。那"后20%"不见得都是"虫豸"。唯物辩证法告诉我们，事物永远存在差异，事物永远处在变化之中。笔者从事教育事业40余年，有许多当时称为"调皮生"，文化科目成绩不大好的学生，后来在社会上打拼，经过自身努力，发挥自己的优势，成为三十六行各行的骨干，为社会作出贡献。他们"混"得令人刮目相看，有的成为大企业家，当上厂长、董事长、经理；有的成为部队军官、体育音乐明星；有的成为英雄模范，其成就甚至超过当年的优秀生。如此之例，不一而足。假如学校早日重视培养他们，使之多学做人道理与科学知识，日后在社会上奋斗就会减少困难，他们就会更好地发挥聪明才智。

近年来，教育战线坚持"均衡发展，促进公平"，从整体上提高教育水平的发展战略，在经费、设备、师资、业务上给革命老区、少数民族地区、贫困山区予以重点倾斜，成绩显著。与此同时，文成县教育局出台《文成县促进义务教育阶段后20%学生学业质量提升工作方案》，加强对"后20%学生"教育教学研究和指导，严禁随意排斥和轻视他们，这是"不让一个孩子掉队"教育行为坚定信念和坚强决心的表现，这是在精神上"扶贫"，尽量缩短"知识贫富"差距，促进教育"均衡发展"的表现。在此，我为文成教育鼓掌！

当前，周南学校增设"特别进步奖"，为促进教育公平带了一个好头，见贤思齐，如果每个学校你追我赶，实践"特别进步奖"，把阳光照到长期被遗忘的角落，给长期"缺水的旱苗"施以甘霖，继而使之"转黄泛绿"充满生机，与"根深叶茂者"携手前进，那么，教育战线生机蓬勃、硕果飘香的情景就在明天。

2011年7月20日

压力·动力·实力·魅力
——祝贺文成中学高考传捷

每届足球世界杯都不缺话题,每年的高考话题则更多。今年文成高考的中心话题是:考生上重点(第一批)线人数打破文成县历史记录!据不完全统计,文成中学上重点线共113人,其中文化科63人(历史最高纪录为2000年文化科38人),音、体、美类共50人,创造了我县高考以来的新纪录。

狮子开始在山庄呼啸!

文成中学团队从高考火线上凯旋,他们"向前走"了,让人扬眉吐气。作为文成人,尤其是作为一位老教育工作者,我也分享"文中人"的幸福。于是乎,我借用2012年高考作文题目"坐在路旁鼓掌",来抒发自己的感情!

考上重点大学学生数的多少,是衡量教育质量高低的标尺,已成潜规则。曾几何时,我县有过"黑色的六月"之讽。尽管原因种种,然而,达不到不是过高的期望值,就像提前打道回府的足球队,虽然有人谅解,有人鼓励,但更多的是唏嘘,是指责,是失望,可谓"压力山大"。

没有压力就没有动力。汽车内燃机的四步冲程中,"压缩"就是为了"做工"。科学家爱迪生说:"失败是成功之母。"失败并不可怕,可怕的是从此一蹶不振。唯物主义者认为,事物都是螺旋式发展的。文成县教育领导处变不惊,做到"乱云飞渡仍从容";文成中学领导"临变善应",以静制动,以动制静,大有"羽扇纶巾,谈笑间,樯橹灰飞烟灭"的风范。

泰山压顶,"文中人"没有弯腰。大家抱团,发扬杨子荣"打虎上山"的英雄气概,展望"无限风光在险峰"。一是拥有梦想。他们制定目标、破釜沉舟，为今年考上重点学生数50个立下军令状。二是科学管理。留住教师，知人善用；管住学生，遵纪守法。三是埋头苦干。师生早上六点多到校，晚上十点多离校，精力发挥几近极限，炼狱般地全身心投入，师生的确是非常拼的。四是"借梯上楼"。学习省重点名校，师生赴校亲身体验，带回宝贵的"经"推及全校。通过多管齐下，经过卧薪尝胆，经过赴汤蹈火，经过背水一战，"文中人"终于以胜利者的姿态向县人招手，灿烂地笑了。

为什么笑？因为有了实力。没有实力，你只能受制于人。1840年后，世界列强步步进逼，清政府节节败退，最后清政府被留下臭名、骂名，就是因为国大而弱，清政府是银样蜡枪头一个，不堪一击。文成中学师生在县委、县政府深切的关怀下、县教育局的直接领导下、中学领导的积极带领下，群策群力，有敢于挑战困难、善于夺取胜利的大无畏精神的软实力，因而赢得破文成县历史纪录的硬实力，何不昭昭乎！

昭昭乎，就是魅力！大家忙着点赞！学生、家长、社会人士都向往文成中学。

外国有句谚语：如果一群绵羊，带头的是狮子，那么一群绵羊都会变成狮子；如果一群狮子，带头的是绵羊，那么一群狮子都会变成绵羊。我相信，狮子已破"门"而出，"文中人"会像巴西足球队的健儿，沿着教育竞争的"路"，高歌猛进！我相信，如果"文中人"继续遵循"压力→动力→实力→魅力"的公式作证明题，将会"走到另一个更高的地方去！"

2015年3月

《畲族竹竿舞》序

一个民族的伟大复兴，从文化复兴开始。

——摘自 2004 年 11 月 6 日的《人民日报》

一

2013 年 12 月 21 日，文成县西坑畲族镇民族学校的"声乐竹竿舞"荣获浙江省金奖，我"坐在路边鼓掌"！

嗣后，西坑社区学校开展的"竹竿舞的研究与推广"又被列为市级实验项目，我真的为母校感到自豪！

今日，为保护、传承与推广此舞，两校合编出版《畲族竹竿舞》一书，我表示由衷的祝贺！

二

郑新斌、胡加斋、钟黎峰、郑言根等同志，以最短的时间，编写内容真实、丰富、全面的《畲族竹竿舞》一书，我表示致敬。全书分五章：畲族竹竿舞的起源与发展、畲族竹竿舞的道具、畲族竹竿舞的跳法基础、畲族竹竿舞的拓展、畲族竹竿舞的传承与发展。现在，已把畲族竹竿舞从校内推向社会，又把实践上升为理论，进一步做好非遗的传承工作。这，正如党中央指出的，是坚定文化自信的表现。

三

我是《畲族竹竿舞》(下称"竹舞")的第一个读者,感触颇多。在此,我仅谈一点:竹舞在省里夺魁,其秘诀是什么?

一是领导具有思维的前瞻性。 没有特色的学校是没有影响力的。领导瞄准竹舞为突破口,果然一炮走红,学校成为推广此项活动的领头雁,这是值得庆幸的。著名作家茅盾指出:"新艺术是需要新土地和新空气来培养。"(《论无产阶级艺术》)所谓"新艺术",竹舞融入"历史""畲族""巨兽""篝火""柴片""敲打""祭祀"等元素,这是其他民族所没有的舞蹈。所谓"新土地",西坑是浙江省四个畲族镇之一,畲族镇推行畲族舞,其中包含得天独厚的条件与应尽的义务。所谓"新空气",指当前国家以前所未有的力度保护"非遗"的大背景。学校推广竹舞新艺术是明智的选择。

二是指导老师具有艺术的独创性。 鲁迅先生在《记苏联版画展览会》中写道:"依傍和模仿,决不能产生真艺术"。指导老师不拘泥于原始的竹舞模式,而是追求更高的艺术境界,更好地表现真善美。编排上,从固定到换位,即从静态到动态,表现了动作的丰富性;内容上,掺入"捣糍粑"的过程,表现畲民特有的生活风情;音乐上,选用原创的畲族曲调,为广大群众喜闻乐见;服饰上,体现畲族传统的款式,吸引观众的眼球。因此获得好评。

三是师生具有训练的艰苦性。 世界乒乓冠军邓亚萍,个子矮,身高仅150厘米,所以胳膊、手、腿比人略输一筹。尽管多位教练失望,但她相信自己,将直拍改用横拍,夜以继日地训练,最后一步一步成为县、市、省、国家、世界乒乓球冠军。梅兰芳小时候跟从师傅学艺,师傅说他的眼睛没有神儿,不是学戏的料子。他便养了150只鸽子,让它们左右、上下、远近自由地飞,他的眼球一一跟踪,结果,眼神灵活了,终于成为京剧艺术大师。西坑师生从中意识到,宋代欧阳修的"忧劳可以兴国"的道理,于是乎,在教学之余进行排练,中午练、晚上练、双休日练，即使脚练痛了，还是不肯罢休。在8名排练队员中，有几位住在距学校十余里路的小山村，他们跋山涉水、栉风沐雨到校排练。由于长期训练，教练员体力透支，虽然出现皮肤过敏，但他们还是坚持下去了。他们就是靠这个"拼"劲，才赢得不凡的成绩。

四

笔者细读家乡的《畲族竹竿舞》，就想起2009年温州市龙湾区政府聘我参编的《守望记忆》，两书给我的亲身感受是，"非遗"确实具有历史价值、文化价值、艺术价值，如竹竿舞还有健康价值。西坑民族学校已走出可喜的一步，这种活态传承乃是"非遗"保护最关键的一环。

众所周知，随着现代工业的迅速发展，城市的不断延伸，计算机网络的高度普及，抢救"非遗"刻不容缓。诚如著名作家冯骥才呼吁的"保护我们的传统文化和抢救我们的记忆，需要救火般的速度和救死般的精神"，为推进文化事业的发展作出应有的贡献。

2015年3月21日

武阳书院,我们的月亮

元,至顺四年(1333),南田武阳中村水井后创办武阳书院。近600年后的7月,又听到文成中学创办"武阳书院",虽相隔近7个世纪,其意义之深远同矣。

武阳书院,体现深厚的刘基文化。武阳,大明军师刘基的故乡,原名"磨垟"(现在南田人还叫"磨垟"),后为"舞垟",再称"武阳",此名更改,本身就是宝贵的地名文化,况且地方还有"天葬坟""毁屋救民""蓑衣县令""郁离子""书凑礼"等故事。近七百年前,穷乡僻壤的武阳创办书院,引出元末明初著名的政治家、军事家、文学家刘基;立德、立功、立言"三不朽"伟人的刘基;与姜子牙、张良、诸葛亮并称"四大帝师"的刘基,由此引出刘基的文武世家。文成县名就是取刘基的谥号。"武阳书院"意同"孔子书院""王阳明书院""朱熹书院",实是博大精深的刘基文化的标识。

武阳书院,弘扬中华优秀的传统文化。刘基文化,是中华优秀传统文化的组成部分。而"诚"是传统文化的精华,也是刘基文化的核心。刘基的"诚",表现在待民以诚,事君以诚,治军以诚,待人以诚,故其被封为"诚意伯"也。在社会主义核心价值观"诚信"指引下,创办武阳书院,旨在"诚信"立校。学校教书育人,其目标是求真、求善、求美。其内涵是诚信。中科院院士杨叔子说:"科学所追求的目标或所要解决的问题是研究和认识客观世界及其规律,是求真。""人文所追求的目标,所要解决的问题,是满足个人和社会需要的终极关怀,是求善。"从这个办书院的理念出发,武阳书院就是培养一代又一代像刘基那样具有爱国思想、爱民情怀、廉政作风、远见卓识的德才兼备的人才。所以说,创办武阳书院,就是中华优秀传统文化的传承。

武阳书院，树立"文中人"高远的目标。NBA"飞人"乔丹曾说："我只要第一，不要第二。"美国钢铁大王卡耐基凭着制造及销售比同行业更高品质的信念，而成为全美最富的人之一。他俩的人生就是靠梦想支撑起来的。一所高级中学，怎么办"书院"？可以的，这正是"文中人"的期望所在。几年后，他们将会全部或绝大部分进入高等学府深造，将来出现更多的科学家、军事家、文学家、艺术家、企业家等。但是，书院也是"文中人"心中的"泰山"。不过，他们已经习惯了（没有压力倒觉得没有动力），压力能压出勇气，压出毅力，压出你追我赶的局面，"马太效应"的结果，会带动其他所有的班级，甚至带动全县的学校，养成良好的学风、班风、校风，让师生从凯旋门下走出。

创立武阳书院，反映我县领导的创新思维。几年来，我县教育已进行了一系列的体制改革：撤并"麻雀书校"，创办"文成第二实验中学"，"大峃镇小"改为"文成第二实验小学"，"求知中学"改为"文成第二高级中学"，"树人学校"改为"振中学校"，从而形成竞争机制，动摇了老态龙钟的"老大"地位，各级各类学校齐头并进，已为提高教育质量取得可喜的成效。美国《时代》周刊评论温州人："'不要总想着安定下来'，温州人习惯吃着碗里的，盯着锅里的。"创办"武阳书院"这一灵感，就是打破惯性思维，突破自我，敢于开拓大局面的表现，就是"敢为天下先"的温州人精神的表现。

思路决定出路。今年，既然已揭开招生的序幕，必然会出现高考的辉煌。今年已经升上"63"号第一颗卫星，突破保持15年"38"的纪录，我相信，如果领导一如既往地大力支持，师生不断地努力，家长积极地配合，全社会共同地关注，如果大家都进入"瓦伦达心态"，专注既定的目标，记住法兰西雄狮拿破仑的话："先投入战斗，然后再见分晓。"那么，文成教育登月的距离还会远吗？

武阳书院，我们的月亮！

2015年7月5日

"美国第一父母"家教告诉我们什么

当前,国家已经把家庭教育提到青少年成长的重要位置。20世纪80年代,我国正值改革开放初期,党中央提出教育应面向世界,面向未来。后来,邓小平同志指出,资本主义国家好的东西也要学。我读了百花文艺出版社出版的美国哈罗德·I.古兰著的《第一父亲:造就美国总统的男人》《第一母亲:造就美国总统的女人》,启发很大,其中许多宝贵的家教经验值得我们借鉴。

一、要教育子女树立为国为民的远大理想

误区:指导孩子发家致富。美国历史上有个独一无二的事实:约翰·哈里森的父亲和儿子都是总统,而他自己却是一个承上启下的人物。一次,约翰·哈里森听到儿子本杰明在法庭辩论中取胜,他就写信祝贺。当有高级职位召唤他儿子时,父亲约翰又去信勉励他,为了国家,忘掉自我。由于父亲在关键时刻敲响警钟,儿子朝正确的方向前进,终于成了美国第23任总统。小布什回忆老布什赞叹是他爸爸教导他什么是责任和义务。显然,老布什教育儿子做人的起点很高,并不是为了个人穿皮鞋、住高楼、开小车、获掌声的优裕与荣耀,而是站在国家、人民利益的立场上,按照宪法履行责任与义务。相比之下,判若云泥。

理想是道德科学的重要内容,也是青少年德育教育的主要内容。所谓理想,就是指人们在社会实践中形成的,在思想上确定起来的,经过奋斗具有实现可能性的想象或目标,它是世界观在人生奋斗目标上的表现。简言之,理想即是人生的奋斗目标。有目标,就有动力;

有动力,就产生实力;有实力,便有魅力。教育子女,不能庸俗地从"小我""小家"出发,而应从"大家""国家"的高度出发,只有这样,才能养成良好的品格,才能做一个好公民。

二、要培养子女优秀的传统道德

误区:注重学业指导。请看美国总统是这样描绘父母的:

约翰·泰勒:"她在我们幼小的时候哺育我们……教我们举起小手祈祷……以爱心和美德抚养我们长大成人——这样一位母亲具有无法估量的价值"。格罗弗·克利夫兰:"追忆自己的一生,似乎只有父亲的生活经历最感人,对我的影响最大"。哈里·杜鲁门:"她总是个做事正确的母亲,也教我们……这样做"。罗纳德·里根:"我从母亲那里学到了祈祷的价值,学到了梦想,学会了相信自己能实现梦想"。

……

由此可见,凡总统身上的发光点,源自父母。平时所说的"父母是孩子的第一位老师",千真万确。

可是,家庭教育的另一个误区,无论是对自己的子女,或是放在自家带的其他人家的子女,教育往往偏重于学业。题目懂不懂?作业做了没有?却对眼前的不良行为视而不见,听而不闻,忽视了优秀的传统道德的培养。

道德科学的内容是什么?

一是爱国主义教育。爱国主义是人们对自己祖国的一种最深厚的感情。这种感情,一方面表现为对自己民族、祖国的历史、语言、文化、民族传统、祖国美好河山的无限热爱;另一方面表现为热爱生活在祖国大地上的人民群众;第三方面表现为对祖国前途和命运的关注,对祖国的无比忠诚和为祖国的独立富强牺牲一切的献身精神。

二是集体主义教育。集体主义是社会主义精神文明建设的重要内容。

集体主义并不空洞，具体来说就是人们在处理个人、国家与集体的关系上，必须坚持国家、集体利益高于个人利益。它是衡量个人品质和行为的最高道德标准。

三是民主、法制与纪律教育。民主、法制与纪律教育，是社会公德的基本要求。据《杭州日报》报道，少年犯低龄化，有的仅12岁，学校女生中犯流氓罪的不在少数。这些实例说明，家长对少年儿童的法制、纪律教育迫在眉睫，不能等闲视之。

四是热爱劳动的教育。劳动不仅创造了优美舒适的环境，而且改变人的思想，养成美好的品德。据某地区调查显示，幼儿吃饭要父母喂的有110人，占被调查总人数的55%，不会扫地的有65人，占32.5%。由此可见，这都是家长忽视劳动造成的。平时，家长应该要求子女帮助洗菜、洗碗、洗车、种花、养小动物、洗裤衩与袜子，学会简单轻巧的劳动，养成热爱劳动的品质与习惯。

三、要善于运用形式多样的教育方法

误区：简单粗暴的打压。直话直说，多位美国总统的父亲也曾采用暴力手段教育子女，如搧巴掌、抽马鞭、不给饭吃等，幸好他们的母亲基本上是用和蔼可亲的态度、形式多样的教育方法。

（一）面谈。尼克松回忆，理查德亲兄弟几个对母亲的那张嘴比对父亲的巴掌还要害怕。好说话一点也不尖刻。她能让你坐下来，平静地和你谈话。事过之后，你就有一次情感的体验。尼克松的母亲开导他："接受高等教育是至关重要的"。后来，尼克松从惠蒂尔学院毕业时，以班主席、"最优秀"的学生、致告别辞的毕业生代表的身份成为关注的中心。他说："未来的计划……是上完惠蒂尔中学和大学，然后到纽约的哥伦比亚大学读研究生，我还想游览欧洲，攻读法律，以从政为职业，为人们做些好事"。他后来走的路，基本上是按照他的计划进行的。

  艾森豪威尔有六个兄弟,有一年万圣节,几个哥哥要去玩"不请吃就捣蛋"的把戏,因艾森豪威尔年纪太小,而没有带去,小艾森豪威尔便发脾气到房间去了。母亲便到房间耐心地列举劝人息怒的话,"讲道理"谈心。母亲深入人心的面谈,使艾森豪威尔终身受益。

  (二)读书。阅读使人明智。美国第一任总统乔治·华盛顿,仅读了不到一年的书,他听从母亲的嘱咐,便吃力地抄下"文明礼貌规则"的全部110条格言,然后付诸行动,终成为世界著名的总统。

  美国第五任总统詹姆斯·门罗,曾在弗吉尼亚州以华盛顿母亲命名的"玛丽学院"学习。就像传记作家威廉所描述的那样,门罗在这里学到了"坚实的古典文化基础知识,学会了尊重教学的真实和准确,懂得了什么是忠诚,什么是诚实,什么是荣誉,什么是献身"。

  (三)写信。约翰逊的母亲丽贝卡,当听到他在华盛顿市获胜成为最年轻的议员,便写信祝贺鼓励。哈里森的父亲约翰逊·斯科特,听到儿子在一次特别引人注目的法庭辩护胜利后,父亲写信给儿子哈里森:"祝贺你,我的儿子。祝贺你在这一案件上取得成功。"对儿子的成功予以赞许,增加儿子的进取心。

  (四)讲故事。美国第16任总统林肯,小时候曾经多次听父亲讲述这样一个故事:1786年,林肯的祖父带着林肯的父亲托马斯三兄弟在一块靠近树林的田地里种玉米时,他们遭到了埋伏。祖父亚伯拉罕当场被打死。年仅15岁的哥哥保住了性命,他一面派乔舒亚到800多米外的居民点寻求帮助,一面跑回附近的小木屋去拿木枪。一名印第安人走出树林,向还坐在父亲遗体旁年近8岁的托马斯奔去,在他刚要伸手掠走托马斯的一刹那,莫迪凯的步枪响了。林肯回忆这个故事比其他任何故事都要深刻。这对林肯在1862年发表的《解放黑人奴隶宣言》,领导正义的"南北战争",在思想上不无影响。

四、要给子女贯彻"榜样"的身教原则

误区：责己宽，责人严。在众多总统的回忆录中，父母的榜样行为给子女留下极深刻的印象。安德鲁·杰克逊说："母亲像鸽子一样温柔，父亲像狮子一样勇敢"。西奥多·罗斯福："一个温柔、亲切、美丽的南方妇女，一个给人带来愉快的伴侣，受到每个人的爱戴。"哈里·杜鲁门："我父亲是光明磊落的人……他一向言而有信"。乔治·布什："爸爸教导我们什么是责任与义务……他一生的经历即是我们的激励"。由此可见，父母榜样行为的影响是多么重要！

当前，大多数家长，流于"责己宽，责人严"的状态。严禁未成年人吸烟、喝酒，这是正确的，而父母自己却是酗酒厉害、烟瘾严重，教子女接待客人要文明礼貌，讲话文雅，而自己习惯于脏话连篇。《名人的摇篮》一书，曾对400名20世纪名人的成长进行了研究。人们发现，这些名人的父母不是只给孩子穿衣吃饭，而是教育孩子热爱祖国、关心社会，树立高尚的道德观，他们的父母都是具有强烈的事业心和不屈不挠的奋斗精神。

五、结论

众所周知，家庭、学校、社会是青少年道德成长的"三维"世界，而家庭教育是孩子成长的最初又是最重要的环节。党的十八大郑重提出的"两个一百年"的奋斗目标，即在中国共产党成立100年时全面建成小康社会，在新中国成立100年时建成富强、民主、文明、和谐的社会主义现代化国家，今天的青少年，正是这两个时期建设的主力军。因此，在发扬光大中华民族传统家庭美德的同时，借"美国第一父母"的家教实例，尽管国籍不同、时代不同、制度不同，但启迪我们以正确的教育方法，走出家教的误区，让孩子们健康成长的目的是相同的。

诚然，总统的父母也是人，不是神，各有各的缺点、弱点，有的固执暴躁，有的自以为是，有的张口骂人，有的嗜酒如命，有的不按道德规范办事，有的让人望而生畏，然而，他们一方面努力克服自身的不足，同时又以各自的方式培养了日后成为美国总统的年轻人。总的说来，这些父母共同的品质是激励子女具有远大的抱负，不懈奋斗的精神。

值此实现中华民族伟大复兴的今天，愿父母们能围绕党的十八大提出的社会主义核心价值观进行家教，让"美国第一父母"也能激励我们，让我们也能做得更好。

2015 年 12 月

启发式教授法初探

长期以来，在改革教学方法问题上，始终贯穿着两种思想的尖锐斗争。毛主席早在1929年提出的十大教授法之一的启发式教授法，就是以辩证唯物论来克服教学工作中的教条主义、形式主义和烦琐哲学，更好地培养无产阶级革命事业接班人。教学方法的改革，绝不只是具体方法的改变，而是教育战线上深刻的革命。为了贯彻执行党的教育方针，培养德、智、体全面发展的革命事业接班人，我们必须积极提倡启发式教授法，坚决废止注入式教授法。

一、怎样理解启发式

毛主席指出："要把精力集中在培养分析问题和解决问题的能力上，不要只是跟在教员的后面跑，自己没有主动性。"遵照毛主席的指导，经过一段时间的教学实践，我体会到：启发式教授法就是教师不断地引导学生善于使用思维器官善于思索，启发学生提出问题、分析问题、解决问题，充分调动他们的学习积极性，使学生生动活泼地学习，把知识真正学到手。

启发式教授法与注入式教授法是两种根本对立的教学方法。启发式教学，遵循辩证唯物论的认识论和方法论，相信学生，发挥他们的主观能动性（正确学习目的指导下的自觉的学习积极性），使他们生动活泼地进行学习。注入式教授法违反客观认识规律，以教师为中心，主观地把学生当作"鸭子"硬"填"，使学生思想僵化，成为丝毫没有主动性的书呆子。这正是唯心论在教学领域中的反映。

教学是教师与学生双方的共同活动。在教学过程中，教师究竟向学生"启发"些什么？首先，要启发学生为革命而刻苦学习的自觉性。在教学中，常看到有的同学原来学习基础较差，碰到困难就灰心。有一位同学，在一次书面翻译毛主席的《沁园春·长沙》一词时，看到其他同学都写好了，自己却无从下手，便暗暗流泪。这时我对他说："你是贫农的儿子，应该像雷锋同志那样为革命学习，发扬'钉子'精神，克服重重困难。我们再研究研究，问题到底在哪里？"后来，我重新给他讲清楚难词难句，他利用休息时间多次进行口头翻译，结果写得较好。在整个教学过程中，要善于抓住学生的思想苗头，因势利导，坚定他们的学习信心。

实行启发式教授法，就是要培养学生运用辩证法分析问题和解决问题的能力。这就需要教师本身努力学习和应用辩证唯物主义的认识论和方法论来分析教学内容，找出它的内在联系。无论是讲、读、练、议等形式，还是讲授、讨论、联系、复习、实习、总结等全教学过程，都可以是启发式的教授法，也可以是注入式的教授法，关键在于是否促使学生大胆提出问题，注意培养和训练他们分析问题和解决问题的能力。我们认为，教学的对象和学科内容是不同的，但都要教学生揭露矛盾、分析矛盾和解决矛盾的方法，这是相同的。否则，怎能使学生举一反三、触类旁通呢？

在教学中实行启发式教授法，还要充分调动学生的学习积极性，即善于动脑、动口、动手，引导他们多想、多问、多练，生动活泼地学习。启发式教学的一个特点就是师生互动。如果上课就是老师讲、学生听，一节课都由老师"唱独角戏"，这就完全剥夺了学生思考和练习的机会，造成教师与学生脱节、讲与练脱节，这就是"满堂灌"。"满堂灌"是违反辩证唯物论的认识论的。毛主席教导我们："实践、认识，再实践、再认识，这种形式，循环往复以至无穷，而实践和认识之每一循环的内容都比较地进到了高一级的程度。"因此，在课堂上要积极引导学生善于使用思维器官，多想、多问、多练，通过学生自己的实践，把教师传授的知识真正变成自己的知识。所以，在课堂上，我们反对越俎代庖，一讲到底。

二、运用启发式教学的尝试

要运用启发式教学，必须"备书备人"，吃透两头。所谓"备书"，就是刻苦钻研教材。只有明确中心，抓住重点和难点，把握规律，启发才能抓住要害。所谓"备人"，就是通过调查研究充分了解学生的思想情况和知识实际，只有这样，启发才能有的放矢。钻研教材和调查研究，这是启发式教学的前提。

譬如《坚持》（《沙家浜》第五场）一课，是塑造无产阶级英雄郭建光的形象和突出武装斗争的重点场次。因此在分析这场戏时，就要紧紧抓住郭建光等18个伤病员在极端艰苦的芦苇荡里坚持战斗，表现革命战士忠于毛主席革命路线的高贵品质这一重点进行启发，并根据学生的年龄特点和知识水平，把歌颂人民战争思想的伟大胜利作为这一课的难点进行引导，说明伤病员之所以能够"坚持"，完全是毛主席无产阶级军事路线指引的结果。又如小说《祝福》，作品主要描写惨遭封建社会和封建礼教迫害但具有反抗精神的劳动妇女祥林嫂悲惨的人生。剖析此文，应该回答产生祥林嫂悲剧的时代根源是什么、谁是杀害祥林嫂的凶手这些问题。对在红旗下长大的青少年讲清毛主席在《湖南农民运动考察报告》中深刻指出的封建社会妇女所深受的"政权、族权、神权、夫权""四条极大的绳索"的束缚，乃是这篇文章的难点。同时，必须明确指出，充分掌握教材，要对学生的基础知识有所了解，在教学中耐心引导，就不会"启而不发""调而不动"。如果"胸中无书""目中无人"，启发式教学自然就会流于形式。

要运用启发式教学，必须贯彻少而精的原则。少而精的原则，是正确处理教学中的主要矛盾和次要矛盾、数量与质量关系的一项辩证唯物主义的教学原则。

在教学过程中，少而精，从教师这方面来说，就是要教得又少、又精。一方面要从教材的要求出发；另一方面要从学生的基础、接受能力出发，分清主次轻重，把力气花在刀口上。《"友邦惊诧"论》一文，既具有论述文的一般特点，又具有驳论文的特殊性。因此，在教授此文的语文知识时，不可能也不必要把概念、要素、感情色彩、驳论方法等等一股脑儿倒给学生。只要抓住此文引用充分的理由和确凿的事实，指出对方的论点是错误的反驳方法，及运用"反语"和"讽刺"等笔法，作为写作知识的重点，就已经达到教学要求了。

少而精的反面是多而杂。有的教师总认为多多益善。殊不知，在课堂上贪多求全求深，学生根本没有使用思维器官的余地，不可能通过脑、口、手，联系和巩固所传授的知识，结果只能是"消化不良"。这岂不是教师主观上希望的多，学生实际得的少吗？

显而易见，少而精的原则和启发式教学是不可分割的统一体。

要运用启发式教学，必须建立民主平等的师生关系，教与学，这种对立统一的关系，贯穿在教师传授知识和学生接受知识的同一教学过程中，是通过教师与学生的关系表现出来的。师生间应该是民主平等的，在政治上，师生居于平等地位，反对压迫，追求真理。可是几千年来，一直认为老师打骂训斥学生是天经地义的，学生指出老师的缺点和错误，则是大逆不道。在这种因袭的"师权"的严重束缚下，学生的人格尚且得不到尊重，怎能发挥他们的积极性呢！

在教学中，要体现民主平等的关系，教师应放下"先生"的臭架子，以平等态度对待学生。要充分相信学生群众的创造精神，虚心听取他们的意见，做到教学相长。

三、运用启发式教学要防止形式主义

提倡启发式教学，废止注入式教学，不少教师已经积累了宝贵的经验，这是十分可喜的。但是也有个别教师认为提问就是启发式教学，因为把原来的"满堂灌"变为"满堂问"，这是一种误解。

提问题到底好不好？不能一概而论。引导学生关注疑难问题，让他们自己在头脑里反复琢磨，积极思考，多想多讲，这正是提问题的好处。也正是从这个意义上说，提问题是启发式教学的一种方法。但是，有的教师上课专门提问这个"为什么"，那个"怎么样"，表面上热热闹闹，学生内心反应却冷冷淡淡。因为有许多问题是不费吹灰之力就可以答出来的，也有不少问题确实"绞尽脑汁"也答不上来，既没有抓住中心又没有从学生的实际出发，为"启发而启发"的提问，达不到启发教学的目的。

在教学中，必须根据具体情况，灵活运用不同的启发方法。譬如，运用对比，进行合乎逻辑的分析；讲明规律，使学生举一反三；利用板书，直观教育，引导学生思考；注意新旧知识的联系，引起学生联想。运用由近到远、由浅入深、由表及里的原则进行推理；生动形象的语言，以姿势助说话，等等，都是有助于启发学生思维的有效方法。

要克服"满堂灌""满堂问"，就是用"？"连接起来的注入式。当讲的讲，当重点讲的不轻轻带过。

四、教师要进行深刻的思想革命

贯彻启发式教学，废止注入式教学，正是教育革命的重要内容之一。

毛主席强调指出："教改的问题，主要是教员问题。"在教学方法上，要想进行彻底的改革，教师首先要进行深刻的思想革命。我们在思想上要真正认识到，注入式教学法是唯心论的先验论的产物，方法上是形而上学的，启发式教学法是唯物论的反映论的体现，方法是辩证的，只有彻底洗刷唯心精神，才能彻底废止注入式的教学法，才能正确运用启发式的教学法，这样，教学改革才能改在根本上。

1975 年 4 月 22 日

语文教学的五结合
——兼谈教育改革家魏书生的语文教学方法

当前，农村许多学校的语文教学改革步子迈得不快，仍然存在"满堂灌""程式化"的现象，正如语文专家张传宗所说的，这些违反教学规律的教学方法，是不能培养21世纪所需要的人才的。要想在语文教学上取得较大的收获，宏观上，就必须做到五个结合。

一、从教学目的看——听说读写必须结合

中华人民共和国国家教委颁布的《全日制中学语文教学大纲》中指出："中学语文教学必须教学生学好课文和必要的语文基础知识，进行严格的语文基础训练，使学生热爱祖国语言，能够正确理解和运用祖国的语言文字，具有现代语文的阅读能力、写作能力和听说能力，具有阅读浅显文言文的能力。"

目前，农村中学往往重视听与读，轻视说与写，这是语文教学中的不良倾向。

谈"说"。据说：美国人在第二次世界大战的时候，把原子弹、金钱和演说作为三大战略武器；今天，他们把舌头、美元和电脑作为三大战略武器。在中国深入改革开放的今天，具有交际能力、擅长言谈的人，才会更符合社会的需要。温州市遍布全国的几万推销员，靠着一双腿和一张嘴，为繁荣市场经济作出了贡献。作为职业技术学校的学生，几年后就要投奔社会，深入各条战线，如果在校磨砺"说"这个战略武器，他们就会在经济大战中赢得一席之地。因此说，训练说话，对于我们职业技术学校的学生来说，就有特殊重要的意义。

目前，多数学校仅仅把"说"限于提问时的回答。上课是为启发

提问几位学生，没有下意识培养他们的说话能力。华东师大一附中的陆继椿老师却不然，他平日就注重对学生的演讲训练。在课前一二分钟。给学生上台演讲，久而久之，一来锻炼学生的胆量；二来培养学生的演讲艺术；三来交流信息，拓宽知识面。班队活动，还经常举办各类演讲比赛。在课堂中，还想方设法让学生敞开心扉，让学生个别质疑，有时还分组讨论。杭州二中的傅翠莲老师，教学《岳阳楼记》时，尽量让学生去发挥，课堂生动活泼，这样就能启发学生的思维，培养他们语言表达的能力。

教育改革家魏书生曾在辽宁的盘山县第三中学任教，他在课堂上让每个学生都有练习说话的机会。他很重视口头作文。一次，魏书生在师生问好之后说："今天好大雪——"，稍停片刻，下面几十张嘴便一齐开口说话。又有一次，省教育厅在他所在的学校召开现场会，各地许多老师在听他的课。有个学生颠颠地来了。一进教室就报告："老师，我今天没带语文书！"魏书生便说："口头作文，'谈学生上课不带语文书'。"教室立刻喧腾三分钟。他叫一个成绩中下的学生讲："学生上课不带书，就像战士上战场不带枪一样，自然什么也不会……"听课的师生都被这位学生的发言折服。

如果中学重视说话能力的培养：提问、质疑、讨论、口头作文、演讲，长此以往，就会达到《全日制中学语文教学大纲》中规定的高三学生"能作有准备的演讲，中心明确，材料充实，语言比较简练、生动。能在一定的会议上作即席发言"的说话要求。

再谈"写"。写作，是学好其他各门课程的基础，也是人们从事社会各项工作、进行科学研究的重要手段。作文教学，是中学语文教学的重要组成部分，作文是衡量学生语文水平的重要尺度，所以我们必须重视写作。目前，根据农村中学的调查情况来看，教学中普遍忽视写作。有的一学期只有三五篇大作文，没有布置小作文、周记或日记。更甚的是仅仅就那么几篇，既没有认真辅导，又没有仔细批改，更没有讲评。学生的写作水平提高甚微。究其原因，一是教师没有意识到"写"的重要性;二是教师对辅导与评讲缺乏办法;三是学生精神状态不佳,怕艰苦。

陆鉴三老师的"以写促读"也好,林炜彤老师的"以读促写"也好,他们都把"写"摆到十分重要的位置。陆老师要求学生全学期做50篇作文,且篇篇做到有评语,而且按一定的顺序安排写作,效果甚大。林炜彤老师提倡样文指导,实地指导,"下水"指导,激发学生的学习写作兴趣,使他们逐渐学会观察文章、分析文章,最终写作文章。他们的经验十分宝贵,很值得效法。

二、从课本要求看——内容和形式必须结合

长期以来,语文教学推行"解释生字新词,划分段落层次,归纳中心思想,概括艺术特点"的"老四步"的僵化模式。这样的教学,缺少新意,缺乏特色。

浙江省中学语文教学研究会会长张传宗同志谈道:"程式"要不要?有规律就有程式,但不能"化",长期"化"下去,会造成学生思想僵化,甚至会使他们厌恶语文学科。

杭州二中傅翠莲老师给我们作了内容和形式结合的教学示范。在《岳阳楼记》一文的分析中,当讲解了第一段"作文之因"以后,便出现写作方法"记叙";讲解第二段"览物之情,得无异乎"后,便揭示"描写";第三段讲解"先忧后乐",便出现"抒情议论""景异情移"。杭州二中的另一位语文教师在讲解《牛郎织女》一文时,请学生找出牛郎与老牛亲密的"词语"。接着又问:写牛郎亲密老牛有何作用?学生先后回答出四个方面:

1. 为以后老牛的两处指点作铺垫;
2. 为牛郎以后的生活道路打下基础;
3. 表现牛郎勤奋善良的性格;
4. 跟哥哥嫂嫂的态度作反衬。

这样，通过语言文字，把思想内容和艺术形式有机结合起来，教师思路清晰，学生易于接受。

魏书生的语文教学改革的实践和经验是很值得学习和研究的。他依据 21 世纪对人才的要求，进行了中学语文教学的整体改革。他一改过去那种单纯传授语文知识、满堂灌的旧框框，转为探索定向、自学、讨论、答疑、自测、自结的六步骤教学法，比较科学地解决了语文教学中教与学的问题。他的教学内容充实、丰富，教学方法符合语文学习的规律，充分调动了学生学习的主动性、自觉性。

三、从教材处理看——课本内容和学生实际必须结合

《全日制中学语文教学大纲》指出：语文训练和思想政治教育二者是统一的，相辅相成的。语文训练必须重视思想政治教育；思想政治教育必须根据语文学科的特点，渗透在教学的过程中，起到"潜移默化的作用"。

目前，课文选材缺乏时代精神和社会风貌，不利于进行理想、人生观的教育，初二、初三与高中使用的语文课本（包括职业高中）都是如此，1991 年 7 月出版的义务教育初级中学课本（试用）的第一、二册同样如此。当前，改革洪流滚滚向前，可是，课本中没有正面描写改革中的人与事，而古诗词与神话传说却占有较重的分量。这怎能使师生的思想跟上时代的节拍呢？《人民日报》的"大地"副刊中的散文，与《人民文学》中的小说，其中不乏描写改革的优秀作品，如果选用一定数量的时文，就会使语文课本的内容显得生机蓬勃，师生的思想就会活跃起来。

当前使用的初二、初三、高中的语文课本，侧重于文章的体裁系统，而忽略听、说、读、写的训练系统，实用性不强，不免有培养"经院式"人才之嫌。义务教育初级中学课本（试用），开始转移编排系统，并重视读、说、听、写能力的培养，这是教材的进步。例如初中

第一册的七个单元，每个单元就是按"侧读训练""侧写训练"等内容编排的。

魏书生认为，语文学习与语文科学学习是两个不同的概念，后者是语文课堂、教科书的学习，前者指在广阔的社会环境中的学习。魏书生让学生在德、智、体、美、生产劳动教育与丰富多彩的社会活动中学习语文，引导他们观察、阅读，提高语文水平，弥补教材内容与学生实际脱离的不足。

四、从教学形式看——教师与学生必须结合

厦门大学高等教育科学研究所陈列同志在《教学过程若干理论问题之我见》一文中，谈到教师与学生的主客体地位时说：将学生与教师都视为教学过程这一层次中的内因，是他们之间的矛盾运动推动了教学过程的运动发展；也只有这样，才能理解为什么教师能起"主导作用"。强调教师的"主导作用"，是从教师教学生学习这个角度讲的。强调学生这个内因的主动性、积极性，则是从学生在教师指导下，所从事的学习生动这一角度上讲的，由此可见，只有师生在课堂上同时发挥教与学的积极性，才能推动矛盾的发展和消亡。

课堂上的"满堂灌"，仅仅只发挥了教师的积极性，而忽略了学生的积极性，把学生看成了学习的客体，没有发挥"内因"的作用，违反了唯物辩证法的"内因是变化的依据，外因是变化的条件，外因通过内因而起作用"这一基本原理。

陆老师让学生在课堂上讨论，育才中学推行"茶馆式教学"，杭州、宁波等中学师生的双边活动，都是启发式教授的表现，很值得学习。

杭州第七中学初二（3）班的以"宝宝杯"为题进行口头作文教学，就是一个很好的范例。开始，让学生复习说明文说明的方法。接着，在教师的引导下，让学生测量杯子，让另一学生上讲台记录。然后，按教师设计的思路，让学生说明杯子的原理与功能。最后，让学生口

头连缀成文。自始至终，让师生共同活动。

魏书生说："要做到教学民主，就要和学生多讨论、多商量。民主像一座搭在师生心灵之间的桥。民主的程度越高，这座联通心灵的桥就越坚固，越宽阔。"

魏书生教《梁生宝买稻种》这一课，就是跳出了传统课堂教学的圈子，充分体现了他的以学生为主体，教材为客体，通过启发、诱导和学生议论，发挥了教师的主导作用，体现了他提出的"六步课堂教学法"。在活泼课堂的氛围中，学生掌握了"宿""笼罩"等生字，领会了梁生宝"按照党的指示给群众办事，吃苦也是享乐"的崇高品质与细节描写的方法。

五、从学习过程看——理解、记忆、运用必须结合

《教育学》上有一条很重要的教学原则，从学生接受知识这一角度说，首先是理解，接着是记忆，然后是运用。三者从知识的深化来说，存在着层递关系：即在理解的基础上加以记忆，在记忆的基础上加以运用。

上海的陆老师在课堂上很重视思维的发展。他认为，语文课比其他功课更能发展思维。例如让学生理解，然后要求立即背诵，不一定要求一字不漏，大体上背出就可。傅翠莲老师在教学《岳阳楼记》一文，在理解洞庭湖景物描写的"浊浪排空，日星隐曜"等细雨霏霏、催人断魂的景物后，马上要求学生找出关键词语背诵。在总结写作艺术时，提到景异情移表现手法，并运用这一手法揭示"先天下之忧而忧，后天下之乐而乐"的中心思想。在文章结尾处，突出这一句在全文中的地位和作用。

魏书生很注重学以致用的教学原则。在教学《梁生宝买稻种》的第二课时，通过自己演示梁生宝付钱的细节，使学生对"打、取下、掏书、打开、拿出、付"等动词有了感性认识，于是当堂布置三组学

生分别写出放学收拾书包、栽花、擦玻璃的细节，每个话题刻画两个不同性格的人。结果，检查三组共 6 位同学的短文，基本上达到预定要求。

  我们农村中学的语文教学，往往没有很好地运用巩固性原则。这一方面，凡能必须记忆的，就应该在理解的基础上加以记忆，并在此基础上加以运用，使学生学得深一些，用得活一些。如新闻体裁中的消息、通讯、调查报告等，应用文中的电报、条据、计划、总结、合同等，应结合学生的思想、生活、知识实际进行练习，使写作水平提升一个新的高度。

1987 年 10 月

语文教学与美育

"重视中小学美感教育是当前教育工作的一个重要方面，它应与人生观、世界观教育一样，得到广泛的重视。"这是胡乔木同志在1984年11月19日举行的"人民教育出版社建社三十五周年"茶话会上提出的。就中小学语文教学来说，当前，审美教育仍然没有提到应有的地位。原因有三：

一是有的语文教学工作者没有真正认识到语文教学与美育教学的密切关系；

二是不清楚语文教学过程中的内容；

三是没有很好地掌握美育实施的途径与方法。

为此，笔者不揣冒昧，发表陋见，就教于同道。

一、语文教学应当进行审美教育

语文教学应当进行审美教育，这是语文教学的目的任务所要求的。修订本《全日制中学语文教学大纲》中写道："在语文教学过程中，要开拓学生的视野，发展学生的智力，培养学生的社会主义道德情操，健康高尚的审美观和爱国主义精神，提高社会主义觉悟。"在语文教学中，既要对学生进行思想政治教育，又要培养听、说、读、写能力，而在进行道德教育与智能教育的同时，又兼有美感教育。孔子在《论语·阳货》中说："《诗》可以兴，可以观，可以群，可以怨"。意思是说诗歌通过具体的形象，使人的情感受到激发；观察风物的盛衰，表现赞美与嫌恶的情感；交流人们的情感，导致群体的和谐；表现复杂的情感，对此事进行讽刺、感叹和愤怨。蔡元培在《饮冰室文集》

中指出，审美情感教育必须将情感善的、美的方面尽量发挥，把那恶的、丑的方面渐渐压伏淘汰下去。这种功夫做得一分，便是人类一分的进步。这就正确说明审美教育的广泛意义的重要作用。在语文教学中，重要的要通过分析艺术形象来进行美感教育。阅读小说《社戏》，学生要从中理解鲁迅对农民的真挚感情，学习阿发等农民孩子淳朴、无私、热情、勇敢的品质，同时，学习从不同角度描写景物的方法，学习运用语言、动作表现人物的方法，培养细致的观察力。经过分析，无论从思想内容上，还是艺术手法上，都是美的，对学生进行美的熏陶，也就是说，美，寓于教育之中。

语文教学应当进行审美教育，这是由文学的美感作用所决定的。文学作品的存在，实质上是语言文学符号的排列组合。语言，既是形象的载体，又是情感的载体。车尔尼雪夫斯基在《美学论文选》中指出：美感的重要特征是一种赏心悦目的快感。《孟子·梁惠王上》中又说："夫子言之，于我心有戚戚焉"。通过语言文字的感受，心理上获得满足，就是受到了教育。实际上，美感教育作用，是一种与美的感动相结合的教育作用，它同时影响人的理智和感情，影响人的整个精神，对人的进步思想和崇高道德情操修养的形成都有重要意义。文学的教育作用是通过美的感动来完成的。在老舍的散文《小麻雀》中，开始看到带伤的小麻雀，"我觉得好难过"；看到小鸟被猫衔去，心里很焦急，"不敢紧追""又不能不追"，看到小鸟再度受伤的惨象，"难过得几乎不敢再看第二眼"；当"用双手把它捧起来"的时候，感到"好像世界上一切的生命都在我的掌中似的"。这些细致入微的描写，表现出"我"同情与救助伤残弱者的美德，引起读者的共鸣。

语文教学应当进行审美教育，这是精神文明建设的必然趋势。物质文明与精神文明是时代前进的两个车轮，要建成一个高度物质文明的社会主义强国，同时必须建设一个高度精神文明的社会主义大国。精神文明与美育关系十分密切，有着内在的不可分割的联系。社会主义精神文明具有其特有的内涵，主要涉及社会主义社会中人的意识、思维和心理方面,在很大的程度上,主要表现了人的"精神美"。可以这样说,美是推动社会主义精神文明发展的一种力量;美育,是建设社会主义精神文明的重要因素。早在60年代,我国明确提出培养"德、智、体、美、劳"等全面发展的社会主义下一代,终将一改往日轻视美育的现象。十二大报告中指出:"十年内乱把人们的是非、善恶、美丑的标准搞乱了,消除了它在精神方面造成的严重后果,比消除它在物质方面造成的严重后果要艰难得多。"这里明确地告诉我们,是非、善恶、美丑的标准是紧密联系在一起的。十余年来,由青少年带头在全社会的范围内开展的"五讲四美三热爱"群众性自我教育活动,第一次把美学广泛地应用到群众的思想政治工作领域里来。作为教育工具学科之一的语文,文学作品因为是语言的艺术,应在它的灵魂与躯壳,即在讲'心灵美''语言美'方面,发挥它的特殊作用。

二、从语文课本中发挥现实美

美的存在领域是十分广泛的,它既存在于自然领域和社会领域,也存在于艺术领域和科学研究领域。在语文教学中,究竟应该发挥哪几个方面的美?根据语文学科的特点,主要是发挥自然美与社会美,即现实美。

自然美,是指自然事物的美,或自然界中的美。如泰山的雄伟、华山的险峻、黄山的奇特、峨眉山的秀丽、青城山的幽深、滇池的开阔、草原的畅旷、天安门的庄严,都是属于自然的美。柳宗元的《小石潭记》、徐弘祖的《双龙洞》、李健吾的《雨中登泰山》、刘白羽的《长江三峡》,都是描写自然美的文章。在语文课本中,有许多描写花草鸟虫、风云雨雪的文章。例如《看云识天气》中写的云,美极了。"天上的云,真是姿态万千,变化无常。"作者把云比作羽毛、鱼鳞、羊群、棉被、峰峦、河川、耀狮、奔马。为了具体写"变化无常",作者用"有时……美丽,有时阴森""刚才……阳光灿烂,一霎间……大雨倾盆"，将白天与晴天、乌云与雨天进行对比，这样，使云形象化，让人觉得自然界中的云是十分美的。除了得出：看云是可以识天气的这一结论外，还对大自然产生深深的爱。散文《春》中，从草、花、风、雨、人等的特征描写出万物苏醒、吐露生机的春天景象。

社会美，就是在同一的或相似的社会基础之上，普遍存在着事物的美。社会的主体是人，社会美因而往往是社会主体人的美。语文课本中有大量的作品描写是表现社会美的。《荆轲刺秦王》《林教头风雪山神庙》《大堰河我的保姆》《王贵与李香香》《党员登记表》《战火纷飞中的白求恩》等等都是表现社会美的。茹志鹃的短篇小说《百合花》，通过护送、借被、献被等情节的描写，塑造了通讯员和新媳妇这两个平凡而又感人的人物形象。请看："反动派不知从哪个屋顶上撂下颗手榴弹来，手榴弹就在我们人缝里冒着烟乱转，这时这位同志叫我们快趴下，他自己就一下扑在那个东西上了。……"卫生员让人抬了一口棺材来。动手揭掉他身上的被子，要把他放进棺材去。新媳妇这时脸发白，手夺过被子，狠狠地瞪了他们一眼。自己动手把半条被子平展展地铺在棺材底，半条准备盖在他身上。卫生员为难地说："被子……是借老百姓的。""是我的""她气呼呼地嚷了半句，就扭过脸去。"他们为革命甘愿献出自己年轻生命和唯一的嫁妆的品质是多么崇高啊！这些美的形象，这些美的品质，这些美的感情，就是社会美。《猫》中通过"我"对先后喂养的三只猫的好恶的惩戒，谴责了单凭印象、简单臆断的主观主义，肯定了用于自责、吸取教训的善德。

当今，尤其在爱国主义教育中，我们要强调发挥为国家、为民族而献身的行为美，为革命而斗争的行为美，为真理为正义而奋战的行为美。

三、语文教师必须具备审美修养

在中学语文教学中,要切实准确地进行审美教育,语文教师自身的审美修养是至关重要的。语文教师不同于艺术工作者,他面对的是活生生的青少年,他所从事的本来就是一项情感工程,要塑造广大学生美好的心灵,语文教师就必须高举美育的旗帜。

那么,语文教师应具备哪些审美修养呢?

首先,语文教师必须具有教育热情。由于美的本体特征是情感,而感情又总是伴随着情感,所以动情性是美的最核心的因素。别林斯基说过:"艺术不是三段论,不是教条,不是格言,而是活的激情,是热情"。巴金在给读者吴淑芬、凌意清的题词中说:"我不是文学家。我写作,不是我有才华,而是我有感情,对我的国家和人民,有无限的爱,我用作品来表达我的无穷无尽的感情。"巴金的作品之所以深受广大读者喜爱,就在于字里行间的深情。同样,要完成语文教学中的美感教育,教师跟作家一样,必须具有热情,具有"活的激情"。否则,我们怎能教好《祭十二郎文》《陈情表》《林觉民与妻书》等课文呢?

语文教师还应具有外观美的修养。外观美是跟前述的内质美相对而言的,即是表现美的技能美和手段美。外观美主要包含口头表达和书面表达的美。

语文教师审美技能的第一种功夫是语言。教师的语言除准确明白外,还要求风趣、生动。毛泽东同志在作《整顿党的作风》演讲时说道:"主观主义、宗派主义、党八股,现在已不是占统治地位的作风了,这不过是一股逆风,一股歪风,是从防空洞里跑出来的。"看,他的语言多么俏皮夺人,简直叫人忍俊不禁了。据美国人的观点,一节课如果不迸发出一声笑声,那节课就是失败的。今天,我们之所以强调愉快教育,道理也是如此。可是,目前许多中学语文教师不肯下功夫学习语言表达的生动性,老师"书生腔",难怪学生上课昏昏欲睡。以审美教育为职能的语文教师，应学习叶圣陶语言的平实简朴、老舍语言的幽默机智、巴金语言的热情真挚、鲁迅语言的精警风趣。只有语言运用自如，才能更好地完成美感教育。

　　语文教师应提高书面表达的载体——书法水平，即毛笔、钢笔、粉笔"三笔"书法水平。书法，是中国特有的文化产物（有人把书法与筷子、围棋、烹饪这四种列为中国文化的象征），是我国知识分子独特的骄傲，饮誉全世界。书法对于语文教师不是装点门面，而是给美感教育锦上添花，而且它还是一个语文教师的情趣和格调的表现。尤其是上第一堂语文课，假若教师的板书歪歪斜斜，"翘脚拐臂"的，就会给学生留下丑的印象，毋庸多说，就有碍于美感教育。作为生在书法古国、书法大国的中学语文教师，练得一手遒劲有力、潇洒漂亮的书法，已是美感教育中不可或缺的修养了。

1995 年 10 月 20 日

如何提高组织内部言语的能力

在小学语文课本中,"听说训练"是一项不可或缺的组成部分。正是这一训练,才印证语文教学大纲中把"听说"提到跟"读写"一样重要的地位。

在"听说训练"中,要提高说话能力,从口头表达过程的角度来看,要提高三种能力,即组织内部言语的能力、快速语言编码的能力、运用语言表情达意的能力,下面我就如何提高组织内部言语能力谈点粗浅看法。

何谓组织内部言语?

人们说话时,一般都是先想后说,边想边说,"想"得好,是"说"得好的前提。其实,"想"就是组织内部言语,即思考:为什么说、对谁说、说什么、怎么说、明确说话的意思与要点。这些内部言语,实际就是压缩的言语信息——"语点",这些语言的压缩点在说话过程中逐渐释放出来,形成一种连续的、线性的意义体系,即想要说的内容要点。

如何提高组织内部言语的能力?有的侧重于听,有的侧重于说,但两者是结合的。就"说"来看,因"说"的内容不同,所以,提高组织内部言语能力的渠道各异。

一是先看图后说语。能看图连贯地说一段话,首先要抓"语点"。如果是连环画,如《想个办法》《一缸金鱼》(第四册)要明确几幅图画的内容要点,《借书》(第四册)一课,共四幅图,其内容要点分别是丁丁向明明借书时怎么说的?丁丁为什么要把借来的书包上书面？丁丁看书看得怎样？丁丁还书的时候会说些什么？这样，就形成一种连续的意义体系。然后，就可以连贯地说一段话了，明明买来一本新书。1992年3月5日，丁丁向明明借书。丁丁问"明明，这本新书借给我看看好吗？"明明回答："好！"他立即把新书借给了丁丁。丁丁为了不损坏书本，一拿回家就用牛皮纸包起来。夜里，做完作业，丁丁就认真地看起新书。一个星期后，丁丁便把书送还他，"明明，这本书我看完了，现在还给你。谢谢！"如果图是单幅的，应根据画面的人、物、景及人物活动的要点，作有条理的介绍。如《介绍我们的学校》（第七册），学生可以从近到远，从中间到两边，从左到右，有层次地组织"语点"：从公路到校舍的大路是怎样的？大路左边的操场有哪些设施？操场四周长着哪些花木？操场后面的校舍是怎样的？这样，就可以系统地把学校介绍出来了。

二是先听后说。让学生先听广播，听录音，或听老师、学生讲故事，或介绍其他内容，首先要集中注意力听清题目，再仔细听内容，记住时间、地点、人物、事情等，结合阅读教学，可以结合学生的听后复述、听记的训练，结合说话教学，结合听辨、听测、听语组合力训练的要求找出"语点"。如《听广播》一课，先让学生听《在宇宙飞船里》的录音，我们从中找出几个"语点"：这次广播的题目是什么？宇航员在宇宙飞船里是怎样睡觉的？怎样洗脸刷牙的？吃的是什么样的饭菜？然后，把这些"语点"发挥开来，连起来复述一遍。再如《请到我家来做客》（第六册）一课，先听录音，从杨正讲述学校到自己家行走的路线，与插图对照，主要说出东西南北、左右前后的方位，以及走哪条街、哪条路，经过哪些单位等要点，经过大家讨论，辨别正误。最后归纳为：从学校出发，走过一座桥，沿着中山路靠右边向北走，经过少年宫、农贸市场和红星电影院，就到了中山河和人民路交叉口，然后向东拐弯走到人民路，找到新华书店。书店对面有一幢五层大楼，我的家就在三楼东面301室。在《未来的蔬菜》（第六册）一课中，让学生听懂广播的内容，记住要点，口述未来的蔬菜有多味蔬菜、彩色蔬菜、微型蔬菜等。

三是先做后说。在老师指导下,让学生动手做教具、玩具,做游戏、实验等,然后口述"做"的过程及谈感想与体会。学生必须"想"好"做"的几个过程,或有何感想,几点体会,才能"说"得正确、流畅。《做书签》(第四册)一课,先让学生剪下纸片上小白兔的头;接着用胶水粘在小长方形的白纸上,写上"虚心使人进步"的话;最后,在纸片上钻好的小孔里,穿上彩色丝线。《给熊猫贴嘴巴》(第四册)一课,老师先提供口述词语和词序,让学生组织内部言语;然后复述:老师把某同学叫上讲台,先拿出一块手帕,把他的眼睛蒙起来,然后递给他一张用纸剪成的熊猫嘴巴,最后又把他领到黑板前。游戏前的准备工作做好了,接着给熊猫贴嘴巴,复述前,应仔细观察,抓住活动要点:图上的熊猫是什么样子的?这位同学是怎样走上去的?是怎样给熊猫贴嘴巴的?贴得正确吗?同学们看了怎么样?他自己看了表现怎么样?他第二次是怎么贴的?根据这些"语点",同学们就可以把给熊猫贴嘴巴的过程复述出来了。

四是先读后说。此类课文,"说"是模仿"读"的。只有掌握"读"的要点,才能掌握"说"的要点。《打电话》(第五册)一课,学生读课文,明确电话这一现代化工具的作用与打电话应注意的几点事项。要知道对方姓名、电话号码、要说的事情、礼貌用语及对话的方式等,这样,学生才能帮助王林打电话给他母亲。《问路和指路》(第五册)一文,告诉学生问路时应注意:礼貌用语,问的内容。"指路"应告诉对方要到达目的地的路线中的方位、路道名称、十字路口的标记。在练习第3题中,才能告诉老师从学校到"你"家里该怎么走。《转告》(第六册)一课,通过丁丁向妈妈转告沈叔叔托她买火车票一事,指出转告别人的话,要听清、记住别人说话的主要意思,不明白的地方应问问清楚。特别要注意记住有关这件事的时间、地点等。转告的时候,话要说得简明扼要。明确"转告"应注意的要点,就能在练习第2题中,设计出一个话题,请对方转告。在今后长期的生活中,就会在"转告"中不会出差错。

综合上述,在"听说训练"中,要提高说话能力,就必须提高组织内部言语的能力。由于说话的内容不同,即图、听、做、读的感受的"语点",有形象与抽象之分,有详细与简略之别,因而说话有难有易。在课堂教学中反复指导,在生活中加强实践,就能组织好内部言语。"想"好了,也就"说"好了。

(与刘化莲合作)

1997 年 5 月 20 日

语文课堂教学要"实、广、活、新"

笔者在长期的教学实践中体会到，要提高课堂教学效率，必须改变目前仍然存在的"虚、狭、死、旧"的教学状况，而应向"实、广、活、新"方向努力。所谓"实、广、活、新"，即在课堂教学中应做到基础知识要落实，知识覆盖面要广，学生思维要活跃，课堂教学结构要新颖。

一、基础知识要落实

何谓基础知识？基础知识就是某一学段、某一学科所要理解与掌握的最基本的知识。如语文基础知识，即字、词、句、篇的有关最基本的知识。字，包括音、形、义及查字典、书写的知识；词，包括词的构成，多义词、同音词、同义词、反义词、成语等的知识；句，包括词类、词组、句子成分、单句、复句、句群、标点符号等的知识；篇，包括常用文体的概念、特点、分类、开头与结尾及作家、作品的知识。

目前，在教学过程中，切忌华而不实，有的教师课堂上口若悬河，天南地北无所不谈，学生听时有趣，课后复习练习，困难重重，收获不大，原因就是没有紧扣教材，没有落实知识点。例如，有的学生小学毕业了，连"事情很多的"的"多"字还是写成"都"字，"篮球"的"篮"字写成"蓝"字或"兰"字。原因就是"多"是形容词，表示事物的数量多，跟"少"相反。"都"是副词，表示全部。"都"与"多"音近，意义没有分清。"篮球"两字，应以篮球运动的起源谈起，最早的"篮圈"是用竹子做成的篮子，球投上去就搁在"篮子"里，后来改用竹篾做成球圈，后又改成带铁框边的球圈。如果说明清楚，学生乃至现在的体育老师就再不会写成"蓝"或"兰"了。老师多次指出有错别字，学生多次改正，错别字最后一定要减少直至消灭。

小学语文课后设计的练习题，大部分是有关语文基础知识的。如第八册第六课的《"私塾先生"》一课的练习为什么"私塾先生"要加引号？请读读写写12组词语就会明白。第十册第四课《春》的课后练习：有感情地朗读课文，说说课文是从哪几方面来描绘春天美丽景色的？请照样子写词语，说说句子的意思，读读写写16组词语，解释带点的词语。要落实基础知识，一是教师要备好课，掌握教学目标；二是讲课要紧扣教材，一一落实知识点；三是学生作业与教师批改都不能忽视基础知识。当前，课堂推行目标教学，即上课开始就在黑板上交代本节的教学目标，我们认为，这样使教师与学生都能做到教与学有的放矢，基础知识的教学将不会落空。

二、知识覆盖面要广

众所周知，一个知识贫乏的教师，是不会教出知识丰富的学生的。"给学生一杯水，教师要有一桶水"，正是从这个意义上说的。为数不少的教师都是照本宣科，没有补充新鲜的知识，学生听起来枯燥乏味。

如何做到知识覆盖面要广呢？

一、用介绍法。例如教《猫》（第八册）这一课，如果介绍作者老舍先生是我国著名的语言大师，曾获"人民艺术家"的光荣称号，那么，就能更好地理解作者用标准的北京人的表达形式准确地、精练地写出猫的古怪而又天真可爱的性格。教师介绍人民出版社出版的《战斗英雄的故事选》，书中的《为了新中国，冲啊！》一篇，就是记叙董存瑞的动人事迹，那么，就能引起学生阅读的兴趣，就能更深刻地了解董存瑞光荣的一生，给学生以爱国主义与革命英雄主义的教育。

二、用对比法。对比法有同向对比与逆向对比。同向对比，如多音词、多义词。"差"字读音有"chà""chā""chāi"几种，意思有"差不多""差异""出差"之别；《晏子使楚》中有"接待""招待""款待"之别；另有"冷笑、取笑、嘲笑"之别；还有照样子写词语，如举例打滚、踢球，让学生写出动宾结构的词语，他们可写出：打球、跳绳、跑步、爬竿等。二是逆向对比，即相反或相对对比。如找出反义词，如"矮小""节省""悲痛""防御""侵略""骄傲"等。另外还有缩句或扩句等。

三、用选择法。在选词填空题中。讲到"居然"，为了让学生理解掌握，便找来"果然""突然"与之并列写出三个句子让他们选词填上。在单项选择题中，如"爱不释手"的"释"字应理解为：a.放、b.落、c.掉，让学生选择正确的一项。

要做到知识面广，教师必须具备两个条件：一是知识丰富，否则，讲课时想"广"也"广"不起来。二是认真组织。如果教师敷衍塞责，纵使知识丰富，也不能传授给学生，这"丰富"也就等于"浅薄"。要做到知识覆盖面要广，讲话时要注意两点：一是恰到好处，不能牵强附会；二是适可而止，不能在课堂上喧宾夺主。

三、学生思维要活跃

有的老师经常说：我的班级"启而不发"，尽管提出问题，回答者却寥寥无几。课堂气氛活跃不起来，主要原因就是学生思维活跃不起来。

怎样才能使学生的思维活跃起来呢？

一是教师要热爱儿童。"爱"是儿童的基本心理需要。教育家陈鹤琴先生最基本的教育观就是"一切为了儿童"。不管学生答上来或答不上来，我们都应尊重儿童的人格，鼓励他们动脑，鼓励他们提问，鼓励他们回答。绝不能因为答不上来而"泼冷水",伤了他们的自尊心。教师只能以自己对教育的爱、对学生的爱,才能唤起学生对学习的爱,对知识的爱,对师长的爱。爱老师而不是怕老师,学生思想解放,便能积极开动脑筋了。

二是激发兴趣。我们常说,兴趣是最好的老师。如果学生对某学科丧失兴趣,就不可能对这一学科动脑、动口、动手。而要激发兴趣,除了对儿童的爱之外,老师应根据儿童的心理进行教学。例如:在课堂教学中进行愉快教育,让音乐、美术、故事、游戏、竞赛及现代的电教手段运用到教学中去。如教《马背上的"小红军"》(第八册)一课,开始让学生齐唱电影《红孩子》的插曲:"准备好了吗,时刻准备着,我们都是共产儿童团……"教《南泥湾开荒》一课,若在课堂中恰到好处地齐唱歌曲《南泥湾》,那么,学生学习这一课的兴趣就会大大增强。教听说训练课《看望长辈》,先看插图,再听录音,然后开展讨论,最后分角色表演,这样,学习此课的兴趣浓了,他们的思维也就活跃了。

三是激发创造力。爱因斯坦指出:"提出一个问题,往往比解决一个问题更重要,因为解决一个问题也许仅仅是一个技能而已,而提出新问题,新的可能性,从新的角度去看旧的问题,都需要创造性的想象力,而且标志着科学的真正进步"。由此可见,鼓励学生的创造精神,上课我们是鼓励他们思考,大胆质疑,鼓励他们要有主见、有创见。如给《汗水换来的欢笑》(第八册)课文加上开头与结尾,让学生发挥创造性思维,写出各种不同的开头与结尾。有的同学写道:"第二天课间,平平坦坦的操场上,同学们有的打球,有的踢毽子,有的跳绳,有的做游戏,洋溢着欢乐的笑声。"有的同学写道:"劳动创造世界。没有昨天的汗水,怎么有今天的欢笑?"多种结尾的写作,表现了学生各自的创造力。

四、课堂教学结构要新颖

学生学习情绪低落,甚至厌学,原因是多方面的,但是,课堂教学结构千篇一律,无论是什么课文,总是介绍作者,介绍时代背景—解释生词新词—分析段落—总结中心思想—概括艺术手法。这样从一个模子里倒出来的教学过程便"程式化"了。自然,教学需要程式,但不能"化","化"了就僵硬了。

怎样才能使课堂教学常新?

一、体裁不同,教学结构也不一样。分析课文,散文重在情境,小说重在人物形象,诗歌重在意境,说明文重在说明方法,应用文重在格式。

二、教学目标不同,教学结构也不一样。同样是记叙文第十册的第一单元,主要让学生领会中心思想,第二单元主要是让学生掌握词语,第三单元主要是让学生掌握过渡句与过渡段使文章意思连贯。教学时就要根据不同的教学目标采取不同的方法。第一单元,重点让学生找全文的中心句或概括中心思想;第二单元,重点让学生掌握丰富的词汇;第三单元,重点让学生会找过渡句或过渡段。

三、课型不同,教学结构也不一样。精讲课文与课内自读的教学结构不一样,"习作训练"与"听说训练"及"练习"的教学也不同。"习作训练"重在习作训练,"听说训练"重在口头表达,"练习"重在单元知识的巩固。

四、课文的长短不同,教学结构也不一样。同样是课内自读课文,说明文《陨石》较短、易懂,可以详细讲解。小说《小英雄雨来》课文较长,首先概括小标题,掌握故事情节,然后抓住重点段分析人物形象。

五、根据课文的实际,采取不同的教学结构。同样是第五单元,教学目标是读懂重点段,那么,结构因课而异。《落花生》一文,可以提问:同学们,你们喜欢吃花生吗?为什么?然后导入课文。《南泥湾开荒》可以用齐唱《南泥湾》歌曲入手。（若此歌未教，可以先学教唱）。《夏明翰英勇就义诗》，可以先提问："你们学习过哪些英雄就义的事迹？"学生答："刘胡兰、江姐等。"老师说："这两位都是女英雄。今天，我们来学习一位男英雄夏明翰。"然后板书课文题目。

要让教学结构常新，教师自己必须具有较高的业务能力、刻苦的钻研精神，否则，就是"炒现成饭""老板头"，教学结构单一，学生不产生厌恶情绪才怪呢？

1999 年 1 月 3 日

口语训练八法

口头语言训练,是进行书面语言训练的基础,而书面语言能力的提高,反过来促进口头语言能力的发展。说与写的关系十分密切。从说到写,这是发展儿童语言能力的规律。如何进行口头语言训练呢?笔者在实践中摸索出主要有八种方法。

一、组词造句。组词或者提供词、词组给学生造句,可以使他们加深理解词或词组的意思,培养连词成句的能力。如小学语文第三册练习五中提供的"熟、热、想、箱"四个字,学生就能组出"成熟""熟练"、"热情""炎热"、"思想""想法"、"皮箱""风箱"等词组。如提出"安全""幸福""单独"等词,学生就可以找出反义词"危险""痛苦""集体"等,也可找出某词的近义词。同时,也可运用选词仿说一句话,如参照第三册练习如八中的几个选词,学生就可说出这样几个句子:"小红有一张笑眯眯的脸""我第一次做出香喷喷的饭""春天的麦苗是绿油油的"。高年级学生还可运用练习口头扩句或缩句等方法,培养他们学写句子的观念。

二、上课提问。上课提问,是教师训练学生口语能力最常用的方法。几乎每一堂课都少不了提问,如让学生说出课文中的人物姓名、故事发生的时间、地点,划分段落、讲讲大意、说说中心意思。提问用得最多的是分析课文的时候。分析《上学去》(第二册)一文,可根据文后两题提问:①小树和浪花向丁丁说了什么?丁丁是怎样回答的?②丁丁为什么不在小树林里和小河边玩?《你今天怎么迟到了》一课练习里有两题:①早上,秋生上学怎么会迟到的?②秋生上学迟到了,老师为什么还表扬他?另外,还有说说整篇课文的意思,《锄禾》(第三册)就有这样一道题:"说说这首诗的意思。"《少年聂耳》（第六册）练习里，有"说说第4、5段的主要意思"。

三、说话训练。浙江省义务教育的小学教材，每册都增加了"说话训练"或"听说训练"等栏目，这是以往课文里所没有的内容。第一、二、三册重在"说话训练"，第四册重在"听说训练"，三、四、五年级逐步增加"习作训练"内容，而"听说训练"仍然进行。说话训练，主要通过课文前与课文中的插图进行。《朱德的扁担》（第四册）一文中有两幅插图：前一幅插图是"井冈山"。学生一看，就觉得"从井冈山上到茅坪，有五六十里，山高路陡，非常难走"十分形象。后一幅插图是朱德用扁担挑粮，"朱德穿着草鞋，戴着斗笠，挑起满满的一担粮食，跟大家一块儿爬山"。这就更能突出朱德总司令身先士卒，勇挑重担的崇高品质。在"看图说话"的图画中，有些是单幅的，如《您好！新年老人》（第三册），有些是多幅的，如《想个办法》（第四册），从一个少先队员发现两只羊逃进菜园吃菜至赶出羊的过程中，运用五幅彩图，表现了这个孩子"想办法"的行动过程，便于学生讲述。

四、角色对话。角色对话是让几个学生以课文中的人物身份进行对话。教学戏剧、小说、故事、寓言、童话等体裁的课文，常用此法。《夏明翰英勇就义》（第八册）一文，敌人再一次对夏明翰进行审问那一段，可选择情感表现较为明显的两位同学分别以那个反动军官与夏明翰的身份进行对话，就更能充分表现夏明翰英勇无畏的革命精神。《比金钱更重要》一课，让两位学生分别以红色小汽车主人与"我"的身份对话，能让学生直观地懂得"诚实与信任比金钱更重要"的道理。如《找骆驼》（第六册）、《打电话》（第五册）、《桌椅的对话》（第三册），都可运用角色对话，训练学生的口头语言。

五、口头复述。口头复述的目的在于教会儿童用口头表达读过的文章，听过的新闻、故事，看过的电影、电视、戏剧的内容，做过的实验活动，培养儿童连贯地转述别人思想的技能。口头复述以复述课文为主。复述的方式多样，有复述整篇文章的，如《私塾先生》（第八册），有复述个别段落的，如《我能到中国去了》（第八册）；有大体依照课文用自己的话复述；有详细复述或简单的复述，有扩大内容的复述或压缩课文的复述；有改变原有人称的复述或改变课文次序的复述。复述前，教师应启发学生回忆所要复述的内容，确定复述的要求。尤其是重点部分，复述要详细。如《黄继光》（第八册），要抓住黄继光壮烈牺牲这一重点，把黄继光艰难接近敌人火力点，身负重伤用胸膛堵住敌人枪口等情节复述详细。初次口述较长课文，能指导学生列简单提纲，这样学生复述会容易些。

六、讲述活动。生活是丰富多彩的，活动也是五彩纷呈的。班级、学校、社会团体经常举行这样那样的活动，如春游，参观展览会、纪念馆，访问烈军属，慰问贫困户、残疾人，祭扫烈士陵墓，参加报告会、公判会，观看杂技演出，举行文艺晚会，等等。假若在活动后进行回忆性的讲述，口头表达锻炼的机会就多了。活动前，教师要给学生说明活动的目的和意义，学生便会有意识地观察活动过程及其中的每一个细节，要求他们做点笔记，便于回忆复述。复述时，先指定一两个学生口述，然后教师与其他学生共同补充或纠正。

七、演讲比赛。演讲比赛是培养学生口语表达能力的有效途径。因为演讲比赛要求高，可以快速提高口语能力。无论是班级、中队、团支部、少先队大队部、团委，或其他单位，最好是全面发动，层层选拔。如在举行"假如我是班主任""我的一家""我村的变化""光辉五十年"等演讲比赛，教师应先辅导学生写好演讲稿，并指导演讲时的种种艺术，然后人人参与，从基层选拔到中层，然后选拔到高层。评分时，基层评判员最好也安排学生担任，在老师指导下掌握评分标准。通过这一实践活动，自己与别人、别人与别人，可进行比较，就能博采众长，弥补自己的不足。

八、参加讨论。许多教师认为小学生年龄小、知识少，讨论不起来；即使讨论，也达不到要求，因而忽视。其实，小学生天真无邪，尤其是高年级学生。例如，每个学期的班会活动，可以先让学生讨论，初步意见出来之后,写成草稿,再交学生讨论。通过大家发言,发扬了民主,活跃了思想,又锻炼了他们的口语能力。对学生的讨论会,教师要善于掌握动向,应启发学生围绕中心,不能脱离主题泛泛而谈,说不到实质。同时,对性格内向不善于发言的学生,也要尽量给予他们讲话的机会。讨论会最好以小组为单位,在有限的时间内,可以使更多的学生发言,讨论将会更充分,问题会更清晰明了。

(与富一琴合作)

1999 年 1 月

浅谈培养小学生的语文实用能力

随着九年制义务教育的实施，教育工作者面临教育方法的转轨，即从"应试教育"转到"素质教育"上来。在此，就小学语文实用能力（即快速阅读、实用写作、口语交际等）的培养谈几点粗浅看法。

阅读训练包括精读、朗读、默读、略读、速读能力的训练。何谓速读？速读是在有限时间内，迅速抓住阅读要求和中心，或要求捕捉读物中的某一内容的能力。显然，它是在精读、默读与略读的基础上进行的。速读训练在现代科技发展的今天显得尤其重要。

一、必须培养"快速阅读"能力。当今时代，是一个知识爆炸的时代。19世纪，每50年增加一倍信息量，20世纪中叶是每10年增加一倍信息量。现在呢？则是三五年增加一倍信息量。无疑，21世纪，信息量翻一番的时间将大大缩短。要想获得更多的信息，我们必须从小学就要开始培养"快速阅读"的能力。

以往，在"升学教育"指挥棒的指导下，教师着重培养的是学生"纯文学"课文的阅读能力，形式主要是精读。诸如阅读一篇文章，要求学生在词语解释、语法修辞、结构层次、中心思想、写作特点等方面做出满意的答案，因为从小学升初中，初中升高中，高中考大学的语文试题中，阅读考试不外乎这些类型，因而教师的"教"，已成定势，"学"自然而然成为习惯。显而易见，这样的教学，只能要求"慢速阅读"。有人认为"快速阅读"能力不仅不能培养，而且认为是没有必要了。我这样说，不是不要精读，相反地，应重视精读，这是课堂重要的阅读形式，如果说轻视或无视精读，那就大错特错了。

速读训练，常用的方法有好几种，即学生在规定时间内读数字或词语；遮盖训练法，即读一行遮盖一行，不得重看；闪示训练法，即词语或语段写在卡片或幻灯片上,显示后让那个学生说出或记下内容。

二、必须培养应用写作能力。 应用写作是人们在生活、工作、学习中所需要的常用问题的写作。如写信、日记、通知、电报、电话记录、说明书等。应用写作随着时代的发展,尤其时届改革开放时期,显得日渐重要。特别是义务教育完成之后,大多数青年走上工作岗位,应用写作简直是随身法宝。

当前,应用写作问题已渗透中小学课本,各级升学考试的语文卷中,应用文写作有一定比例,说明教育部门已经开始重视培养学生的应用写作能力。

但是,从"素质教育"角度来看,我认为,有两个问题值得注意:一是教师没有牢固树立"要重视应用写作"的观念。所以,部分教师,仅轻描淡写地教,学生敷衍塞责地学,临时抱佛脚地猜题、复习,出卷时没有对实用文体予以重视,没有达到"素质"本身的提高。二是语文课本内容已跟不上素质教育的新形势,一个是小学应用写作范文量过少,如日记、通知、演讲稿、读后感等,小学中高年级课文就可以渗透,不一定等到初中。如广播稿、广告等,完全可以在初中课本渗透,可是,目前还没有这方面内容,仅仅在职高语文课文中才有,我认为嫌迟了些。因为不是学生人人可进职高,而这种文体,几乎人人都有可能用到,而没有掌握这种工具性文体,在今后的日常生活、工作、学习中将会带来困难。建议教育部是否考虑在小学、初高中各段新增一本课外读物,安排一定课时教学。这样,可以弥补以往业已定型教材的不足。

三、必须提高学生的口语交际能力。 语言包括口头语言与书面语言,而口头语言比书面语言起着更广泛、更直接的交际作用,之所以要提高学生的口语交际能力,一是因为社交的需要。人们用口语反映情况、交流心得、讨论问题、宣讲材料、接待客人、技术咨询等,都应具备良好的口头表达能力。二是开发智力的需要。现代著名语言学家本维尼斯特在《普通语言学问题》中说:"思维的可能性总是同语言能力不可分割，因为语言是载有意义的结构，而思维，则意味着运用符号。"由此可见，语言能力的提高，有助于思维品质的改善。思维能力的提高，又有助于运用语言能力的发展。可是，在师生中，对口语交际能力存在不正确的看法：一是认为不用训练，无师自通。二是认为考学校只考读写，不考听说，没有必要训练口语。显然，升学考试的误导引起师生教与学的偏颇。三是"祸从口出"，认为少说为佳，所以，当前小学生的口语交际能力很不理想，常常表现为一是怯场，二是离题，三是啰唆。

针对上述问题，第一，师生应在教与学的实践中，不断提高说话训练的自觉性。第二，教师要求学生能够使用规范、简明、连贯、得体的口头语言。第三，多渠道地进行强化训练。浙江省义务教育五年制小学语文课本中，已在各册安排"听说训练"与"说话训练"。如第二册《语文·思想品德》的8个单元，每单元都安排一课时的"说话训练课"，如《小燕在家里》《小白兔搬南瓜》《小兔还桃》《买铅笔》等，第六册的语文，有《请到我家来做客》《未来的蔬菜》《转光》等听说训练课文。

说话训练的方法是多样的，可以结合阅读教学训练，如朗读训练、上课口头问答训练、口头复述训练等，也可以结合作文教学训练，如口头作文，如《我的家》《自我介绍》，还可以进行专门训练，如演讲、交谈等。

（与徐美娟合作）

2003年7月18日

要运用立体思维写作

2001年6月颁布的《全日制义务教育〈语文课程标准〉》中指出："多角度地观察生活，发现生活的丰富多彩，捕捉事物的特征，力求有创意地表达。"这一写作要求，是符合"现代社会公民既具有人文素养和科学素养，又具备创新精神、合作意识和开放视野"的精神的。我们在写作教学中，要求学生有创意地表达，运用立体思维写作是非常重要的。

何谓立体思维？立体思维就是从上下左右多个角度探讨一个事物，或者说多角度、多层次地对同一事物进行思维，这样在头脑中形成的事物形象才可能整体化、立体化。换句话说，形成的形象是球形的，而不是圆形的。如招收电影演员，需要四张照片：半身的、正面全身的、侧面的、背面全身的。根据多角度综合考虑考生的外表形象是否合格。论证《红楼梦》后四十回是否他人续作，前辈红学家研究后发现：前八十回写亭台楼榭的水上景物有77处，后四十回是5处；前八十回写"拘禁""拘紧"一类"拘"字用了572次，而后四十回仅用了36次；前八十回引用50次药方，而后四十回竟然一次也没有。这样，从用词频率、景物特征、构思方式等特色来看，有充分理由证明后四十回是他人续作，而不是原作。选择人才和评论作品运用立体思维，能够得到正确结论，那么，写作同样运用立体思维，就能达到准确、创造性地表达，使所写的东西具有科学性。

在写作教学中，如何运用立体思维呢？

一、全面分析观点。 落笔之前，首先立意，这就是"意在笔先"之说。文章的立意，决定文章的成败。在记叙文中，"意"叫主题或中心思想，在议论文中叫中心论点或基本观点。正如清人袁枚所说的

"意似主人,辞如奴婢。"词句是为中心服务的。如果观点片面,文章就站不住脚。在教学中,应该指导学生全面地看问题,而不能从单方面看问题。我在布置学生写《父母的话》这篇话题作文后,有的同学写道:"父母是过来人,有经验,有教训,他们的话要听!"于是就举了几个例子:期中考试,数学没有复习好,考试前很紧张。爸爸告诉我:"人生最大的敌人是自己。要镇定,不要慌。"我照爸爸的话去做,结果得了全班第三名。有的同学写道:我哥哥开了皮鞋店,结果亏了本。爸爸说:"你的厨艺好,还不如开饮食店",结果饮食店生意很红火,现在到意大利开餐馆就赚了大钱。他俩的结论:父母的话是对的,所以我听。相反,另外两位同学写了父母的话是错的。"我姐姐要学开汽车,爸爸说女孩子开车太危险,不要学。""我决心学电脑,妈妈的意思是浪费时间,妨碍学习,劝我勿学。"为什么会出现矛盾呢?父母看到的是学这两样东西可能存在的弊端,年轻一代看到的是学会了的好处。结论是:他们跟不上时代,太保守了,所以他们的话不要听。显然,上面几位同学反映的都是事实,但都犯有以偏概全的毛病。事实上,父母的话不会全对或全错,其中正确的要照着做,不正确的应平心静气地跟父母解释,进行讨论,予以纠正。

二、多角度地收集材料。写作材料主要来自生活与阅读的积累。可以这样说,没有积累就没有文章。构思时,要多角度地拓宽思路。如写以《过年》为题的作文,显然以记事为主。我从做家务、吃、住、玩等方面启发学生联想:掸尘、贴春联、搬新房、吃年夜饭、放鞭炮、拜年、玩电脑、逛公园等,让他们选择感受最深的一件事或几件事来写,反映改革开放后的新思想、新面貌。如以《书》为题的作文,经我启发后,相关的思路接踵而至:买书、包书、看书、抄书、借书、读书、教书、著书、书架、书房等。如果是写人的记叙文,必须交代学生多角度观察人物的语言、行动、外貌、心理、细节及衬托人物所处的环境,捕捉富有特征的方面,才能使丰满的立体人物在文章中凸显出来。指导学生写说明文时,除了交代体现事物的特点,抓住事物的形状、方位、构造、性质、成因、发生、发展过程、制作方法及功用等方面去写以外，面对多变的说明文样式，我们应练习写作多种形式的说明文，否则，学生就束手无策。如提供文字、表格、图画等材料写成说明文，就要抓住其特征来说明。在分析1994年福建省中考的一张"初三（2）班50名同学同一次作文中标点符号使用情况统计表"时，首先我们应研究表格项目，总体把握说明；其次要安排好说明顺序和确定要运用的说明方法；最后要分析归纳，得出结论。1997年宁波中考题的作文是看漫画写一段话，首先要看懂两幅漫画的意思，接着要从左边的一幅写起，然后再写右边的一幅，对比说明，揭示道理。我不厌其烦地列举了多个例子，无非是说明我们应该对需说明的同一事物在材料搜集方面，要从多种角度进行，才能做到说明准确、简明。

三、多方位地运用技巧。 我们发现有相当多的学生写作步履艰难，文不从、字不顺，其中原因是技巧运用死板。写作方法贵在求变、求活、富有创造性。写作创新跟任何创新一样，都是"既师法前人，又不泥古"。总结起来，下列几种方法将会使文章变得光彩夺目：一是繁与简。简繁得体，有利于写人状物。许地山的《落花生》中，种花生、收花生、吃花生用笔极简，跟父亲对话用笔极详。二是主与宾。主次分明，宾为主而设。《苦练》一文中写陪衬人物袁伟民教练，旨在突出主人公陈招娣的苦练精神。三是正与反。正反对比鲜明。《愚公移山》中的愚公与智叟、《一件小事》中的"我"与车夫、《故乡》中的闰土与杨二嫂的对比等，增强了表达效果。四是虚与实。虚写指一般抒情与议论文字，实写指具体写实在的事物。《三国演义》中有一段写关羽与曹操饮酒，忽闻帐外鼓声大振，（关羽）提华雄之头掷于地上时"其酒尚温"。此"四字"就是虚写，突出关羽的神勇。《抢财神》在结尾用上一段议论文字，揭示故事蕴含的深刻意义。五是曲与直。曲直并用。"文似看山不喜平"，写文章就需要层层波澜，步步曲折。《陈毅市长》通过喜剧的矛盾冲突，使你看到一个尊重知识、尊重人才、具有无产阶级革命家的远见卓识的陈毅市长。六是张与弛。

张弛有致,叙事节奏有快有慢。《曹操煮酒论英雄》一文写曹刘对话,一张一弛,交替推进,刻画了曹操的疑忌老练和刘备机智忍耐的性格。七是断与续。断续有度。鲁迅笔下的《一件小事》,用三个主要情节一气呵成,连贯地写下来。在每个情节中,都插入对"我"思想活动的描述。这种似断实联,犹如"横云断岭""横桥锁溪",让人有回味的余地。八是开与合。开合交用,开是情节的开展,景物的铺陈,论述的推进;合是点明题意,收束故事,归纳结论。《散文两篇》中《小院》的结尾:"油然而生醉意""未曾游山,心儿先自醉了。"总结全文,升华了感情。九是抑与扬。抑扬兼写,先抑后扬还是先扬后抑,都能创造"曲径通幽"的境界。《白杨礼赞》的先扬后抑,旨在突出白杨的伟岸与正直、朴质、严肃,实是更好地描写北方的抗日军民。十是藏与露。"露"是作者感情见解,倾向鲜明的流露。柳宗元的《捕蛇者说》的结尾表达了同情百姓、痛恨比老虎还毒的统治者的感情。"藏"是含蓄、委婉地表达,让文章达到言近而旨远的境界。若能指导学生掌握语文教科书中所表现的种种写作方法,自然就会增加含金量,使作文熠熠生辉,耐读。

2006 年 5 月

练写议论文的五步冲程

2008年12月15日的《扬子晚报》报道,九成作文高手不会写议论文。"能入围的同学应该是作文基础相当不错的,但是让我们评委痛心的是,90%的参赛学生都没写成议论文,写议论文的同学中能提出分论点的更是凤毛麟角"。著名杂文家、江苏省语文特级教师王栋生老师无奈地说。在江苏省第八届高中生作文大赛的领奖会上,丁帆、叶兆言、黄蓓佳等一批在全省及至全国都赫赫有名的重量级评委读到这次议论文比赛的文章都痛心疾首。

当前中学生写的议论文普遍令人不满意,主要原因在于教师对议论文写作的引导没有足够的重视。众所周知,近几年教师与学生在新概念作文、话题作文等新潮作文的导引下,都已淡化作文体裁,因而出现"记叙文、说明文、议论文"都不是的"三不像"作文,而是倾向于"随笔"(其实不是真随笔)一类的文章。这一问题,笔者早在几年前已经发现。因此,近年来,我在教学中加强对议论文知识的辅导与写作的实践,取得较为显著的成效。学生有的演讲稿获奖,有的小论文在报刊发表。

一、讲述作用,激发兴趣

学生阅读议论文普遍不感兴趣,而写议论文更甚。究其原因,一是议论文枯燥无味。自小学至中学,读的、听的、讲的、写的绝大部分都是寓言、童话、故事、诗歌、散文、小说等文艺作品,其中有故事情节,有感人的人物形象,有节奏和谐的语言,因而喜欢感性的形象作品形成思维定势,阅读写作形象作品成为惯性。二是认为议论文与我关系不大。提到议论文，学生觉得这对政府机关领导与报刊编辑有用，对学生用处不大。三是学生读得少，老师辅导得少。因为议论文在小学、初中、高中语文课本中占的比例很小，单元练习写作的概率很低，因而学生写议论文时会感到棘手，无所适从。

鉴于上述原因，我从讲述议论文的重要作用入手，激发学生的兴趣。宋仁宗时，契丹屯兵北境，要求遣使谈判，划地与辽。当时北宋朝臣因敌诡谲，不敢担当使者。时任枢密使的富弼挺身而出，两度出使契丹。在谈判中，摆事实，说道理，抓住契丹的无理要求，条陈双方之利害，致使契丹之主理亏，遂息兵宁事，此后南北数十年不见战争，天下称善。又举现代一例：1971年11月15日，我国外交部长乔冠华在26届联大上发言申明台湾是中国的一个省，居住在台湾的1 400万人民是中国人民的骨肉同胞。根据开罗宣言和波茨坦公告，台湾在第二次世界大战后，已经归还祖国。美国政府在1949年和1950年一再正式确认了这一事实，并且公开声明，台湾问题是中国的内政，美国政府无权干涉。现在有些地方散布所谓"台湾地位未定"的谬论，是在策划"台湾独立"的阴谋，继续制造"一中一台"。富弼的谈判内容、乔冠华的发言稿就是议论文，他俩用确凿的证据、严密的逻辑，粉碎了敌人的阴谋，捍卫了祖国领土的完整。作用可谓大矣！议论文是扶正压邪、扬清激浊的有力武器。同时，高考、考研、毕业、晋升、考公务员、诉讼等，都要用到议论文，中学阶段写好议论文，能为今后的学习、工作、日常生活打下基础。《义务教育语文课程标准》根据国际上作文教学发展个性与适应实际需要并重的趋势，提出作文教学要注重发展个性、培养创新能力是完全正确的。同时指出练写议论文，还能培养学生的逻辑思维能力和学生的独立精神、创新精神，因此，我们必须重视议论文的写作，从思想深处激发学生的写作兴趣。

二、对比体裁，明确要素

明朝的徐师曾在《文体明辨序说》中说过："夫文章之有体裁，犹宫室之有制度，器皿之有法式也。为堂必敞，为室必奥，为台必四方而高，为楼必狭而修曲。"显然，各种文体自有特征：记叙文写人记事描景，让人有所"感"；说明文介绍知识，让人有所"知"；议论文表明作者观点，让人有所"悟"。

议论文的目的是讲清某个道理，达到以理服人的效果。因而带有主观性。既然是议论文，其内容具有说理性，其材料具有抽象性，其逻辑具有严密性。

练写议论文，首先必须让学生明确议论文的三要素，即论点、论据、论证。《斯文尼的证词》一文，作者是美国空军将领，作为唯一两次参与对日本实施原子弹轰炸的飞行员斯文尼，他曾于1995年5月11日在美国国会发表证词。此文的中心论点就是文章开头旗帜鲜明亮出的"揭露日本在二战中的侵略本质及其暴行"。论据，证明论点的根据，此文的论据则是短文第3至第14自然段中所写的"大东亚共荣圈"、屠杀南京30多万手无寸铁的平民、日本轰炸美国珍珠港、科雷希多的陷落、巴甘省的死亡进军充满恐怖……日本战犯负最终责任，以这些无可争辩的事实与无懈可击的道理进行证明。其论证方法就是提示论点和论据之间的推理手段，如引证法、类比法、反证法、比喻法、归谬法等。如本文则运用演绎法、分析法进行论证，把日本在二战中的侵略本性与暴行揭露无遗。此证词是何等深刻、有力啊！讲述议论文三要素时，把记叙文的要素、说明文的特点进行对比，学生进一步明确议论文的三要素，这为日后阅读、写作议论文打下扎实的基础。

三、剖析范文，掌握结构

我国现代美学奠基人朱光潜先生认为，文学的创作需要遵循美学原则，即完整、严谨、和谐、自然。什么叫完整？指文章组织有头、有身、有尾，全篇文章连贯一气，成为一个有机的整体。

议论文的结构由三大部分组成，即序论，开头提出问题部分；本论，分析问题部分，是论述中心论点的重要部分；结论，解决问题部分，即全文的总结与提高。

以法国第一次世界大战时期法国之帅、法国科学院院士福煦写的《在拿破仑墓前的演说》为例，开头第一个自然段就是序论，交代了有关拿破仑的背景，并提出中心论点，"他把自己的天才不断地用于一生的丰功伟业之中"。

问题提出来了，那么，作者是怎样分析的呢？接着，运用分论点进行分析，"由于禀赋这种天才，他在人类军事史上走出了一条光辉的道路"，并用递进手法，进一步指出"他把战争艺术提高到从未有过的高度"。在本论部分中，用对比论证的手法，辩证地指出拿破仑在军事上"依赖个人的见识才智"，"也肯定会犯错误"的局限。

文章的最后一部分，就是结论，总结并升华："你英灵未泯，你的精神仍然在为法兰西服务。"

此文的三大部分，联系紧密，各个部分均衡匀称，布局浑然天成，不见斧凿的痕迹。

四、反复朗读，体验语言

请看一位初三学生在《谈立志》一文中的两段话："一个没有知识、没有人生经验的人，怎样生存于这个复杂的社会？剩下的只是孤独、恐惧、失败、无助！"结尾写道："有志之人永远生活在'正的无理数'中，享受种种目光的惊喜中。无志之人，永远翻滚在'负的无理数'中，处于坎坷黑暗的循环中。"

显然，这位学生是运用散文语言来写议论文的，简直像一位勇敢的军人穿着五彩缤纷的舞衣上战场，很不协调。这不是个别例子。由此看出，学生刚写议论文，仍然没有完全跳出记叙文的语言风格，很值得注意。

这也难怪，在多种有关议论文的著作中，往往忽视语言特点，而学生又存在写记叙文的惯性，我们必须明确告诉学生，在记叙、描写、说明、抒情、议论的表现形式中，记叙文的语言主要运用记叙、描写，议论文的语言主要议论、记叙，适当运用其他手段，否则就达不到议论文的写作效果。

议论文的语言要求正确、明白、朴实，不像记叙文语言的形象、华丽、含蓄。我曾推荐两篇文章让学生反复朗读：一篇是我国著名作家刘墉的《给女儿的一封信》，一篇是英国著名哲学家培根的《论礼貌》。前文是父女看美国网球公开赛，从"达文波特为什么没有表情"谈开，又列举高尔夫球选手"老虎"伍兹、世界溜冰大赛选手，又联系作文、演讲比赛参与者、学画女学生和太空人物杨利伟，最后让人悟出"在赛场上要有一颗平常心，赛前要保持体力"的道理。文字口语化、朴实、易懂：他们的"一飞冲天"，来自"三年不飞"，他们的"一鸣惊人"，来自"三年不鸣"。

培根在《论礼貌》中，引用名言俗语，如"薄利才能多销""礼节乃是一封通行四方的推荐书""看风者无法播种，看云者无法收获"，语言精辟，"愚者只能等待机会，而智者则造就机会"。末了，运用通俗的穿衣"既不可太宽也不可太紧"的例子，使人悟出"讲礼貌要自然，注意分寸"的道理。

五、多方引导　逐步提高

要写好议论文，除了掌握基本的知识外，还要多方引导，反复实践，逐步提高。

首先，要引导学生关心社会，培养身在学校，心怀天下的情怀。让学生参加学校、社会的公益活动，多看报纸、电视中的新闻，从中培养独立的批判性思维，从中分清是非，养成独立的人格。

其次，论点决定议论文的价值，论据决定议论文的分量，论证决定议论文的成败。因此，在写议论文的实践中，我们应注意学生对议论文三要素的正确运用。一位学生在《成于思，毁于随》一文中，除了摆上此一论据之外还用上学校纪律松懈的论点，这就文不对题了。在《谈立志》一文中，有位学生写英国物理学家焦耳在家念书，父亲支持他进行科学研究，后来他在热力学、电学方面都很有贡献。如此例子新颖、确切。对于写作中出现的优劣，应及时指出以便发扬与纠正。

然后，引导学生建立"论据库"。鼓励学生仔细观察，广泛阅读，把有关"家事，国事，天下事"记录下来，把作品的故事，富有哲理的诗句、生活中的俗语积累起来，便于选择运用。

最后，循序渐进，逐步提高。如在写《当班级干部吃亏吗？》一文，以社会现象的一事一议中，启发学生自由发挥真实思想，大部分学生认为不会吃亏，是利大于弊。一是培养为人民服务的观点；二是锻炼自己的能力；三是促进自己的学习；四是培养坚持真理的精神，让他们学会分论点写作。

南京某高等学校一寝室，4位男同学，经常不去上课，不做作业，甚至缺考，一学期内打烂了176副扑克，结果两人退学，一人留校察看，一人勉强升级。根据以上材料，让学生写一篇不少于600字的议论文。

经过思维发散，大家辐射出多个议题：从主观来说，一是学生没有树立远大的理想，二是缺乏是非观念；从客观来说，学校管理松懈。在这则材料中，让大家自由选择一个侧面进行议论。在"一事多议"的写作实践中，对论点的提炼、论据的选用、作文的布局，可由浅到深、由简到繁进行反复训练，螺旋式上升，获益匪浅。

（与徐登锋合作）

2009年10月

中学生作文个性化探索

《温州日报》《温州都市报》等多种地方报刊经常发表中小学生的优秀作文,媒体为提高学生写作水平搭建平台,激发学生的写作热情,这是十分可喜的。我们希望此举能继续坚持下去,培养更多的写作苗子。但是,我们千万不能看到这百分之一二的佼佼者就盲目乐观。实际上,大部分学生还是怕写作文的,相当一部分作文仍然存在"四缺"现象:缺乏个性化的内容、缺乏个性化的体验、缺乏个性化的形式、缺乏个性化的语言,这是广大语文教师有目共睹的事实。

《全日制义务教育语文课程标准》中对学生写作的要求提出:"写作感情真挚,力求表达自己对自然、社会、人生的独特感受和真切体验。"《全日制义务教育语文课程标准》根据国际上作文教学发展个性与适应实际需要并重的大趋势,提出我国作文教学要注重发展个性,培养创新能力,这是完全正确的。为此,我们务必在作文教学实践中创新,让学生的写作水平步上新的台阶。

一、拓展思路,撷取"我"的题材

《文心雕龙》写道:"文附质也。""文"指形式和语言,"质"指内容和感情。两者相得益彰,质因文而美,文因质而实。著名文学评论家雷达最近提出:"任何文学,任何文体,都在'质文互变'中走着自己的路程,现在我们的散文也到了以'新质'冲破'旧文'的关头了,从而建设新一代的质文平衡"。雷达说的也正适用于我们作文教学。

要做到中学生作文个性化，我们应该用发散思维，让学生从不同角度、不同层面寻求题材，找到"我"最熟悉的题材。我曾经在任教的初一（5）、（6）两班进行一次对比实验。教《第一次真好》（七年级上册）时，让他们课后写作半命题作文《第一次_____》。（5）班学生不辅导，仅参考本课倒数第二自然段，那么，（5）班48个学生除了文中提示的"第一次露营，第一次动手做饭"等六点内容，仅仅增加8点，一共14点。（6）班学生经启发后，先思考，后发言，要求经讲出"你"为什么要写"这个"第一次，而不是"其他的"。大家发言踊跃，全班50个学生就有28点不同的题材，如第一次参加运动会、学骑自行车、游泳、演讲、朗诵、独唱、下围棋、游西湖、钓鱼、当班长、拼七巧板等。

为了庆祝中华人民共和国成立60周年，反映在中国共产党领导下改革开放后的新人、新事、新气象，安排学生写《我家的喜事》。对这篇记叙文，学生往往写家中具体看到的"喜"，全家人集体的"喜"，如办起工厂、公司，买来电视机、空调、汽车、摩托车，搬进新房等。我们要启发学生的立体思维，让他们做上下左右、多角度、多层次的思考，题材范围就扩大了，延伸出"抽象"的、个人的"喜"，如工厂扩大、产品销往国外、姐姐考上大学、妈妈被评上先进工作者、爸爸加入中国共产党、自己加入共青团、演讲获得一等奖、一家人去香港旅游等。

拓展思路后，他们各自选择生活中最熟悉、最深刻、最有趣的事来写，避免了"滥""旧""假"的弊端，文章充满生气，形成万紫千红的局面。

二、深入体验，抒发"真"的感情

从写作理论来说，写作主体的境界决定着文章的境界。文章的魅力，说到底，乃是一种人格魅力的呈现。要写出感动人心的文章，必须让写作主体对写作客体有深入的体验,才能抒发"真"的感情,这就是新概念作文要求的"真体验"。

春节,几乎每一位小学生、初中生都会收到"压岁钱",于是我就以"压岁钱"为题,让他们表现真实的生活、真实的思想。一位姓夏的男生写道:"……奶奶这么老了,还把压岁钱递给我,于是,我决定把压岁钱还给她老人家"。末了写道:"奶奶在店里缝衣服,每天只挣二三十块钱,奶奶,你真辛苦啊!"一位姓赵的男生写道:"……我见了,忙把钱还给了外公。外公看我这么做有点不高兴,又说:'如果你不要,外公今后就不再来了。'我听了,勉强地收下了"。一位姓李的女生写道:"只要我一拿到压岁钱,便去买漂亮的衣服。我和妈妈来到梧田镇的服装店里……"另一位姓王的女生写道:"年年要发压岁钱,我觉得好笑!报纸上宣传这是旧习俗,应改一改,例如送一些适合的书籍,文具……"一位姓郭的男生写道:"……今年我收到的1 000元压岁钱,最后全部被妈妈'没收'了,真讨厌!妈妈说:'人家给我们,我们也要给人家的啊!'"有位姓葛的男生说:"……家里有一个规定,凡是收来的压岁钱,一律交给母亲存到银行,将来给我读大学用。多年来,我大约已有8 000元啦。我感谢妈妈的持家计划!"等,这些举例简直是绘出了收送"压岁钱"的"众生相":有感激、感谢,也有高兴、建议,也有怨恨。这应验了胡适先生的一句名言:"有什么话,说什么话。"学生的这些话,让我们窥见一群少年儿童纯真的内心世界,也了解了学生父母及祖辈的不同心态。

在这里,值得提出的是,"有什么话,说什么话",并非漫无边际地胡侃,其意义在于自由、纯真、诚挚。"据报载,去年某县初一学生作文统考,题目是《20年后的我》,近两千人中,除了少数学生选择在20年后当老师之外,大多数学生的选择是当县长、市长、经理、老板,为的是'自己拥有高档的轿车、住高级别墅,把父母接到城里好好享受,把兄弟姐妹的工作安排好……'"这虽然是说真话,但对作文的价值取向我们千万不能掉以轻心,应对此加以引导。因为我们不仅教他们学知识，更要教他们学做人，这样，才能达到我们的教育目标。

三、指导方法，运用"新"的形式

文章的形式，主要是指文章体裁与文章结构。中学生，尤其是初中学生，主要学写记叙文，间或写点说明文、随笔，至于诗歌，有的学生上了九年学连一首习作都没有写过。这是作文教学的一个误区。诚然，初中学生主要练写记叙文，但议论文、说明文、应用文、诗歌也要练写。《全日制义务教育语文课程标准》明确提出写作的总目标："能具体明确，文从字顺地表达自己的意思。能根据日常生活的需要，运用常见的表达方法。"

就结构来说，记叙文总是按顺叙的"开头—经过—结尾"的"三段论"，议论文离不开"启—承—转—合"的"四字论"。初学者是需要的，但长期跳不出这个框框，专门按一个模式去写，不免有千人一面的感觉，更会文笔僵化，文章老化。

要克服上述弊端，主要在于老师的多方指导。先来谈谈标题。为了发挥学生的个性，根据语文新课标的要求，少安排一些限制学生自由发挥的命题作文。于是，除练习话题作文外，还要安排一些空白结构语言的题目。文学语言空白结构，是指文学作品所存在的语言空缺、叙述中断和叙事要素的缺席等。萨克雷说过："作品最有趣的地方正是那没有写出的部分。"为了让学生关注"人与自然和谐"，我出这一个题目：《啊，塘河……》，让他们自己运用联想与想象，各自填补省略的内容。我首先带学生参观温州市图书馆举办的"塘河，我的母亲河"展览；然后启发他们，分别从下面几个角度自由切入：塘河的过去与现状，塘河的功能与作用，塘河的文化，塘河污染的原因，塘河的整治、建设与保护，我们青少年应怎样保护母亲河等。之后，请大家选择适合表达内容的文体，他们除采用记叙文外，还别开生面用上诗歌、散文、日记、书信，调查报告、倡议书，童话等文体，让人耳目一新。

四、积累词汇，使用"美"的语言

我曾读过郭敬明的文章。2001年，他获第三届全国新概念作文大赛一等奖，当时他是四川省自贡市富顺二中高二学生。在自述《一个仰望天空的小孩》中，写了五个片段：音乐、电影、阅读、疗伤的方式、写作。每个片段都很自然地用上几行诗句收束。"音乐"中："那些如天如地如梦如幻如云如电如泣如诉如花如风如行板如秦腔的歌／我的黑夜的挽歌。""阅读"中，他把读书比喻为走路，最后写道："骆驼的头／流水的酒／下雪的城市空空的楼／我要拉着荞麦的手／向着风走／向着云走／走到落满桃花的／河的源头／谁的右手／拎起银针／挽起袖口／将一枚一枚铜扣／缝在我的世界尽头。"蕴藉的内容、空灵的意境、新奇的句式、有个性的结构，让你不得不读他，难怪千万粉丝把他奉为80后的圣人，他简直就在文坛的九仞高台之上。

我写上段无非说明这样一个问题：课外阅读会使自己的文章"美"起来。郭敬明直言，苏童笔下的那口关于宿命的井，许佳的《我爱阳光》，总会"闯进我的梦中"。可以这样说，没有前一辈作家的"哺育"，80后、90后是长不大的。

回过头来，再看初中部分学生的作文表达。有小部分学生的语言很有个性，有的平实，有的华丽；有的张扬，有的含蓄；有的活泼，有的深沉。但相当一部分学生语言贫乏枯燥，写天亮，离不开"东方泛起鱼肚白"；写晴天，总用"蓝蓝的天空，飘着几朵白云"；写急躁，用"急得像热锅上的蚂蚁"；写高兴，用"一蹦三尺高"；写惊讶，用"哇"，好一串陈词滥调。又如写父母，称"老爸""老妈"；假若对有"怨气"的上辈，称"死老头""老不死""老太婆"；写程度大，用"超强""超高""超大""超好"等。他们的语言"口袋",还是像小学阶段一样干瘪,甚至还装进许多语言垃圾。

究其原因,主要是阅读太少,缺乏积累。升学考试的重压,挤走了阅读课外书的时间。假若阅读课外书,除语文老师之外,许多任课老师、班主任、家长的指责会接踵而来,如洪水猛兽,害得学生灰头土脸。其症结是唯恐课外阅读挤占的时间和精力会拉下班级考试平均分,教师及其家长会受到指责。也正如此,校图书馆"门庭冷落车马稀",市图书馆、温州书城,许多学生尚不知"其在何方",悲哉!如此的阅读生态,学生怎能茁壮成长?在形而上学观点指导下,割断了适度阅读与全面发展的辩证关系,其结果,阅读与写作的世界,便会由草原逐渐成为荒漠。

在统计第三届全国新概念作文大赛一等奖获得者的《"我最喜欢"调查表》中,像杨佳、吴越、马天牧、李菡、徐仲秋、郭敬明、李想、张悦然等33位同学,哪个不是业余时间爱读书报的?他们之所以成为"状元",完全是在"十年寒窗无人问"的环境里,焚膏继晷地阅读写作,最后才"一举成名天下知"的。

教育家徐特立先生指出:"不动笔墨不读书。"教师指导学生做阅读笔记十分重要。一边看书,一边记下词汇、句段、名言,自备语言仓库,一旦写作,则取之不竭,并融会贯通,写出个人风格。实际上,从小学至初中,要求背默的词汇上万,名篇、名段不下一千,为什么写作仍然不理想?其间存在一个读写结合、学以致用的问题。要想语言彰显个性,写得美,既要解决思想问题,又要解决方法问题,治本治标,双管齐下,学生的写作景象,必定会形成"满园春色关不住"的局面,让我们殷殷期盼吧。

2010年3月21日

文学评论

《橄榄》的回味

读了吴天林的小说《橄榄》，原载《浙南日报》"瓯潮"第73期，犹如尝了一枚橄榄，回味无穷。

小说的情节谈不上复杂，只是通过瓯海市某剧院门口买卖橄榄的两个迥异不同的片段，塑造了"高个子"富有个性的形象：风趣、热情而富有民族自尊感。

小商小贩在一般人的心目中，不免给人以自私、狡猾的旧印象，但是，作者从现实生活出发，深入人物的心灵，挖掘出一个平凡人的思想光辉点。高个子唱着顺口溜叫卖橄榄，笑容可掬地接待顾客，使人暖如春风。当长头发青年多拿橄榄，反而耍赖皮威胁时，他在买卖公平的原则下寸步不让，半分不少。接着，作者重墨浓彩地描写了"高个子"不顾少数人的怂恿，在"财神爷"面前不发半分洋财，表现了中国人"富贵不能淫"的骨气，维护了中华民族的尊严，赢得国际友人的赞誉。

文学是塑造人的。作者在不到2 000字的篇幅里，惜墨如金地省略了对主人公外貌、服饰、出身、经历的描述和交代，却完成了对人物的塑造。其中最重要的手法就是准确而细致地抓住了既真实又富有特性的细节，较好地运用了对比手法，使人物形象浮雕般地凸现出来。作者同时很注意语言的个性化，如"橄榄两头尖，好吃回味甜""我高个子卖橄榄，跟黄翠英卖花一样，三等六样""我家住在公安局隔壁"等，都给人以如闻其声、呼之欲出之感。

稍嫌不足的是对"高个子"行为的思想基础描写不够，因而人物形象缺乏支撑，但是，瑕不掩瑜，它仍不失为一篇较好的作品。

1981年12月17日

浅谈泰戈尔散文诗的艺术成就

罗宾德拉纳特·泰戈尔是近代印度伟大的诗人,著名的文学家、作家、艺术家、社会活动家、哲学家和印度民族主义者,他尤其以自己卓越的创作成就为印度近现代文学开拓了道路,是复兴印度的文化里程碑式的人物。他不仅是印度的文化巨人,而且是东方巨人,是屹立在整个世界文明之林的东方巨人!

泰戈尔创作的文艺门类是多方面的,有诗歌、小说、剧本、绘画、歌曲等,其中最出色的要算散文诗,《吉檀迦利》曾于1913年荣获诺贝尔文学奖,成为亚洲获此种荣誉的第一人。现就其散文诗的艺术成就进行探索。

一

美学思想史早已表明、以艺术形象的感知方式来分,文学属于想象艺术。文学形象并非眼睛所能看见,也非耳朵所能听见,而文学欣赏者只能通过自己的想象去感受和体验,而如见其人,如闻其声。因此说文学是一种想象的艺术。

泰戈尔的散文诗之所以享誉世界文坛,首先是他纯熟地运用了文学这一"想象艺术"。

《新月集》中的《孩子的世界》《开始》《金色花》《告别》等篇,是泰戈尔代表性的诗作,塑造了一个迷人的儿童世界。散文诗中的孩子形象之所以如此可爱迷人,这与诗人非凡的想象力是分不开的。孩子们大胆好奇,富于幻想。在这幻想与好奇的翅膀上,常常附丽着孩子们的思想、性格、爱憎以及向往和追求,从而进一步丰富了孩子们的形象。《金色花》中,诗人让年幼的"我"张开幻想的翅膀,希望自己能变成"一朵金色花",能在树的高枝上,"笑哈哈地在风中摇摆,又在新生的树叶上跳舞"。当母亲沐浴后,穿过林荫的小庭院时,"你会嗅到这花的香气"。当母亲吃过午饭读史诗时,"我便要投我的小小影子在你书页上,正投在你所读的地方。"通过这些寻常而又不寻常的想象细节,把一位孩子天真可爱的形象树立在读者的面前。

《告别》这篇散文诗,叙述儿子离家时的告别情景。作者不是明晃晃地用"留恋"呀,"想念"呀,"难分难舍"呀地去表达哀叹,而是通过一连串有关最能表达情感的事物去描绘,形象、逼真地传递母子分别之情。当儿子要走的时候,道一声"妈妈,我走了"之后,便用铺排手法表达。先变成"一股清风抚摸着你""变成水中的涟漪""把你吻了又吻",大风之夜呢,儿子又变成"雨点",愿你听到他的微语。他还变成"电光"从窗口闪进你的屋里。作者继续想象,儿子坐在月光上,"偷偷地来到你的床上,乘你睡着时,躺在你的胸上"。异乡儿子思念母亲、亲近母亲之情跃然纸上。在祭神大典举行时,儿子还要融化在"笛声"里,减除邻家孩子来家游玩时的母亲那种触景生出的寂寞之情。

散文集《吉檀迦利》中的第31节,以"囚徒"的口吻悔过,教训今人。为什么被"囚禁"?"我以为我的财富与权力胜过世界上一切的人,我把我的国王的钱财聚敛在自己的宝库里。"是谁铸了这条坚牢的锁链?"是我"。因为"我以为我的无敌的权力会征服世界,使我有无碍的自由"。显而易见,通过诗作者与"囚徒"的对话,道出了凭权力骄横与贪图财富的统治者,最后必被推翻的真谛。

二

泰戈尔是一位著名诗人,也是一位伟大的哲人。富有哲理性是他散文诗的一个普遍特点。

《采果集》收入泰戈尔的哲理散文诗86节,其中一些寓言体散文诗,有着寓言的一些特点,往往通过一个简单故事的讲述,或赞扬一种精神,或讥嘲一种行为,深含哲理,有着深刻的启示意义。第12节,门徒拉古纳斯夸耀自己的财富,并向大师高文达献上一对嵌着宝石的金手镯,而后一只手镯从大师指头滑出,落入水中,门徒跳下,找得精疲力尽,还是没有找到,老师又把另一只当着他的面丢入水中,指点道:"就在那里。"通过这个寓言故事,歌颂了大师"视财富如草芥"的高尚境界,和讥讽门徒爱财如命的肮脏灵魂。第57节,写出一个悲惨如人的"枯竭爱情"。全文运用三个重复段落:"我"给她载上花环,讴歌赞美她,叫道:"你不能使我快乐";"我给她买了镶着珠宝的脚镯,用嵌着宝石的扇子给她扇风",她喊着:"我不喜欢这些";"我让她坐上一辆凯旋的战车,走遍天涯海角",还是喊道:"征服不能使我欢乐"。第四个小节总结道:"告诉我,你寻找谁?"这位永远孤零的女人说:"我在等待那个我不知道他名字的人。"散文入木三分地讥嘲像这些悲惨的没有正确爱情标准的女人,是永远找不到真正爱情的。

泰戈尔在许多寓言体散文诗中,运用"梵我合一"的古老哲学,往往披上神秘主义的面纱,虽显得艰涩,却注重暗示寓意。

哲理散文诗,往往把某一思想或哲理,寄寓某一情景、某一形象之中,读者只有对诗作加以揣摩玩味,才能捕捉作者的思想锋芒,才能从中得到启示与借鉴。《采果集》的第二节,一共两个小节,第一小节写出生命在年轻时像一朵花,"当和煦的春风来到她的门前乞求的时候"。第二小节,写出当青春逝去,"我的生命像一个果实""等待着把它自己和它充盈的甜蜜全部呈献"。全文不到120个字,却点出一个人如何有意义度过一生的道理。

形式短的哲理散文诗,泰戈尔的《飞鸟集》是一个典型的集子。全书325章,每章都是用一两句组成的。这些形式很特别,却深含哲理。郑振铎评论说,泰戈尔的这些短诗,"往往在短短的几句话里,包涵着深邃的大道理"。如"当我们是大为谦卑的时候,便是我们最近于伟大的时候",(57章)"麻雀看见孔雀负担着它的翎尾,替它担忧"(58章)因为孔雀常常开屏炫耀自己的美丽。"白云谦逊地站在天之一隅。晨光给他戴上了霞彩。"(100章),显而易见,诗作者明白地赞颂了"谦卑"的美德。作者同时歌颂了那种崇高的自我牺牲精神。如"刀鞘保护刀的锋利,它自己则满足于它的迟钝。"(89章),"谢谢火焰给你光明,但是不要忘了那执灯的人,他是坚韧地站在黑暗当中呢。""昨夜的风雨给今日的早晨戴上了金色的和平。"此外,诗人还在不少的诗篇里教导人们如何诚实、质朴地生活,讽刺迷醉权势、贪婪财富的统治者。

有人认为《飞鸟集》不能算作散文诗,类似小诗或警句格言,仅仅几句,原因是她只表现了心灵、情绪,却没有表现心灵的波动,情绪发展,好比是一幅照片,而不是电影,这种看法不免失之偏颇,因为诗也好,散文诗也好,都是心灵、感情、情绪的记录,所以感情沸腾的稍纵即逝的感觉,情绪的记录,都能是诗或散文诗。相反地,这种形式简短的散文诗,是其形式的创造。

三

泰戈尔的散文诗表达了细腻深沉的感情。阅读他的散文诗,不能一目十行,浏览只能用于小说,快速阅读会使人产生错觉,感到作品的浮浅。在他的作品里,有泪水,也有痛苦;有失落,也有怅惘;有欢笑,更有火一样的豪情。尤其体会深刻的是童真,是母爱,是爱情。

《吉檀迦利》第60节,写孩子们在无边的世界的海滨聚会。开始,上写无限的天空,下写喧闹的大海,重复"在无边的世界的海滨""孩子们欢呼跳跃地聚会着"。接着,又细致地写孩子们聚会时的活动形式,用沙子盖房,用空贝壳游戏,用枯叶编成小船。后来,又用采珠的人潜水寻珠与商人们的辛勤劳动创造财富,衬托孩子们把收集的石头丢弃，活生生地勾勒了孩子天真无邪的心地。文章的海滨聚会，精心设计了风影在飘游、船舶在破碎、死亡在猖狂，在一幅构图着色细腻的水彩画般的画面上塑造了一个迷人的儿童世界。

在散文诗里，诗人不是将童真看成独立的因素，而是让它与母爱紧紧联系在一起，加以讴歌、赞美。在《新月集》中的《开始》《被注意的花饰》等散文诗里，尤为明显。他这样做，不仅为表现孩子们的童心童真提供了一个更广阔的背景，而且还写出了童真赖以存在的感情基础。在生活中，我们会看到，没有母爱的孩子，是不可能幸福的；而没有幸福的童年，则是黯淡无光的。他的天真烂漫，他的无忧无虑，都将随之失去。相反，只有在"母爱"的抚育之下，"童真之花"才会越开越艳丽。

《园丁集》里有多篇散文诗是歌颂爱情的，由于经历、性格、环境不同，初恋男女的心理往往是不平衡的。第9节写了一个初恋女子独赴幽会的矛盾心理。开始等待：在静夜中，"是我自己的脚镯越走越响使我羞怯"，当我站在凉台上倾听情人的足音时，"是我自己的心在狂跳——我不知怎样使它宁静。当我爱来了，坐在我身旁"，她震颤，眼皮下垂，不知道怎样把她胸前的珍宝遮起；以免闪光的一刹那使自己的羞容给情人看到。这位少女的矛盾心理是刻画得多么丰富、复杂啊！再看第18节那位躲在树后的男人窥看姊妹俩打水的场景。散文诗用顺叙的手法安排情节，总叙妹妹去打水微笑；她们来到这地点，"一定觉察到""那个站在树后的女儿"，接着写走过此地，"姊妹俩相互耳语"，又写她们一定猜到"那在树后站着的秘密"。又写她俩激动得"水瓶忽然倾倒，水倒出来了。"还写"他们一定发觉"树后人的心跳。当她们来到这地点的时候，"姊妹俩相互瞥了一眼又微笑了"，最后，姊妹俩飞快的脚步里带着笑声，"使这个每逢她们出来打水的时候站在树后的人儿心魂撩乱了"。作者十分细腻地写出初恋中的男女之间息息相通且日益发展的情愫。诗作者用跳跃的笔法，给读者留下空白，其丰富的潜台词多么令人耐读！

四

泰戈尔说过:"文学也就是美学,离开了它,只是一个文字仓库。"散文诗更需要美的语言。

正因为泰戈尔对语言有如此的追求,所以他的散文诗文笔秀美飘逸。

先说秀美。诗句整齐,是一种美,参差不齐,也是一种美。过多的整齐排列,失之呆板,文句长长短短,更能灵活表达感情色彩。泰戈尔的散文诗,多数采用错落美。《采果集》中的第十章,开头用五行一百字叙述自己被神拉上高高的宝座,深感不妥,"唯恐踩上人们蔑视的荆棘"。第二小节第一段8个字,是"我终于获得了解放?"短促的一句,表达了兴奋的感叹。第二段写"我的座位坠落在尘埃之中",第三段再跳过去写"我的道路已经在我面前敞开"。第三小节写对自由的向往,衬托被权力束缚的痛苦。作者想象自己与天空的星星会合,如暴风雨追逐夏云,欣喜若狂地奔跑在"卑贱者行走的尘埃飞扬的小路上"。第四小节三行两句,用比兴的手法,写出"我"进入自由的王国。错落有致的语言,抒发感情的篇什不一而足。

再说飘逸美。飘逸,这是从文风或行文来说的。我们平常所说的语言如行云流水,便道出语言运用的轻松活泼。如《吉檀迦利》中的第60节写海滨孩子的聚会、《新月集》中的《告别》,还有《园丁集》中的第21节写一个游子追求一位女子的热烈场面,写得飘洒多姿。"他为什么特地来到我的门前",散文诗一开始提出了疑惑。下一句写来门前时是在黎明之时,接着自己被吸引。然后写矛盾心情:"应该同他说话还是保持沉默"。再重复"他为什么特地到我门前来呢"?下一自然段便写女子独居的情景,七月的黑夜,秋日的蓝空,南风的春天,反复衬托相思的孤独与郁闷。"他每次用新调编着新歌"。女子呢?"我放下活计眼里充满雾水"。最后又重复开头一句,文章写得既流畅灵活,又复唱回旋,把这位女子羞涩、矛盾、激动的复杂心理惟妙惟肖地描绘出来。

《游思集》第2部分的第27节，写"我"与曾经相爱过的姑娘邂逅对话。散文诗开头写了两人的神态：现在男的已不认识她。女人便补叙当年的不愉快："我是你在年轻时候遇见的第一次最大的烦恼。""'我'感觉到她的眼泪已经学会了微笑的语言了"。最后，"我"涨红了脸，并握起她的手。她说："往日的烦恼，如今已化为和平。"一个女子从追求的"烦恼"化为今日"和平"的过程，写得何等轻盈洒脱！

综上所述，印度诗人泰戈尔的散文诗作之所以受到世界各国读者的喜爱，除了蕴含深刻的内容，其高超的艺术表现是一个重要原因。非凡的想象力，富于哲理性，细腻的手法，秀美飘逸的文笔，影响世界各国的读者近一个世纪，这位伟大的印度诗人，我国人民诚挚的朋友，永远为人民所怀念，他的不朽诗作也将为人民永远所吟诵。

1983年6月

试析《凡人小事》的蒙太奇艺术

电视剧剧本《凡人小事》是编剧于永和、陈文静根据杜保平小说《绣花床单》改编的。剧本叙述城郊北庄中学教师顾桂兰工作调动的故事。两年前,顾桂兰的丈夫不幸病故,顾桂兰自己一个人拉扯经常生病的小女儿翠翠。既要教好书,完成繁重的班主任工作,又要包揽全部家务,况且学校离家又太远,上下班要换五六次车,单程得花3小时。为了照顾孩子,曾向学校王书记提出申请,调到较近的九十九中工作。然而,财迷心窍的王书记收受贿礼,将把调动条件不如顾老师的李老师优先调动,而每每将顾老师以"调动确难"搪塞。后来,新的张书记上任,她又提出申请。学校多数老师怂恿她送礼,但她不愿拉拉扯扯。据说张书记的女儿要结婚,她违心地听从老师们的劝说,借机以半个月的工资去买来一条绣花床单。一天,张书记走访顾老师家。第二天,张书记便拿着王书记抽屉存放两年的顾桂兰申请调动的申请书,向教育局的马局长汇报研究。张书记前脚走出家门,后脚顾老师就送来名酒与床单。一个星期后,张书记带回酒钱与床单,去顾老师家告知批准调动,并让她马上去办理手续的好消息。

《凡人小事》之所以获评1981年的全国优秀电视节目一等奖,是因为除了生活的真实与抨击社会的弊端外,还得益于剧本蒙太奇艺术的科学运用。

何谓蒙太奇艺术?"蒙太奇"是从法国建筑学上音译过来的一个名词,原意是"组合""装配",现在已成为电影、电视学上一个国际通用的专业术语。所谓蒙太奇艺术,实际上就是组织镜头画面的艺术技巧。可以这样说,没有"蒙太奇"就没有电影与电视。

事实上,电影电视工作者在实践中摸索出来的"蒙太奇"艺术手

法是多种多样的。根据苏联著名导演普多夫金的剪接方法,蒙太奇艺术手法主要有下面六种:

一、对照式。把完全相反的形象接在一起,因而造成强烈的对比,它的感染力和说服力是很大的。

9、(回忆)王书记家
一个盛夏的晚上。
……

文弱瘦小的顾老师埋在沙发里痛苦地说:"我爱人在世的时候,还不觉得怎么样。现在,我自己一个人带个孩子,家离学校这么远,孩子又经常生病,真有点忙不过来了,而且班主任工作又非常重要。所以希望领导考虑我的实际困难……"

王书记用亲切的口吻打断了顾老师的话:"你的处境我是深表同情的,困难很大,需要帮助……不过,这人事调动的事情,的确是难哪……"
……

"咚咚咚",敲门声打断王书记的话。

王书记:"进来。"

两年前的李老师提着一大包花生米、名酒、土产等物出现在门口。

三个人一下子都愣住了。
……

王书记家的三个人物在同一画面中,对比是何等强烈:顾老师为公提出调动,仅仅是向领导反映要求,表现了她的正直;李老师用物送人情,要求解决他家的调动问题,显示李老师人格的卑琐;王书记接受了礼物,在以后的镜头中交代已解决了李老师的调动要求,而顾老师的偏偏没解决,揭示了王书记受贿赂的肮脏灵魂和当前党风不正的现象。

二、平行式。两处事件同时进行。镜头时而交代这头,时而交代另一头。由于这样处理,两处事件就显得互相烘托,互相补充。请看:

19、火车路口

黑白两色的栏杆随着火车要经过的铃声缓缓落下。

许多车辆被阻塞在路口。

顾老师乘的汽车缓缓停下。

车内顾老师焦急的脸。

20、幼儿园医务室

翠翠躺在小床上,脸色绯红,呼吸急促。

小床前围着几个阿姨。

一个医生从翠翠腋下抽出温度计,说:"还是四十度。"

工友推门进来轻声地说:"小车马上就到。"

上述两个镜头"火车路口"与"幼儿园医务室",是发生在同一时间的事。这样,就把顾老师听到女儿翠翠发高烧消息迅速赶回的焦急心情进一步衬托出来了。

三、相似性。这种手法是利用观众视觉圆滑的感觉而产生的。请看:

2、路上

……

母女俩挤上汽车,车身慢慢启动,渐渐远去。叠出片名:

凡人小事

(推出演员表)

字幕衬景是远去的汽车和路边闪过的景物。

母女俩下了汽车又匆忙地向一个胡同走去。

3、利群幼儿园

翠翠老远就向利群幼儿园跑去,边跑边向正在扫院子的王大爷喊着:"王爷爷早!王爷爷早!"

4、路上

……

郊区景物闪过。

车又到站了。顾老师第一个跳下汽车,又匆匆地向前走去。

……

5、城郊中学门口

门口上挂着某市北庄中学的牌子。

……

有三个同学站在门口,似乎是在等什么人。

顾老师匆匆向城郊中学走来。

  前面写的"路上"与"利群幼儿园"联系较紧;前出现母女俩,后出现翠翠;"路上"与"城郊中学门口",前写顾老师下车,后写顾老师进校门口。这样,相同的两个人物的镜头联在一起,使人感到紧凑。

  四、象征性。象征,原是散文、小说中经常运用的修辞手法,在电影、电视文学中,也经常出现,拍成画面后,使观众的印象深刻,对某一事物的理解加深。请看:

16、教室里

……

顾老师:"请坐,今天我们考作文,题目是……"顾老师转向黑板,随着她手的移动,黑板上出现了一行秀丽的粉笔字:

春天的到来

——记一件小事

  《春天的到来》这个作文题目,寓意很深;党风不正的王书记调走了,而刚调来的张书记体谅顾老师的艰难处境,因而圆满解决了她的工作调动问题,说明党风端正的春天到来了。这样一个细节,深化了主题。

再如剧本结尾,雪地上两排长长的脚印,它象征着张书记一步一个脚印、踏踏实实的工作作风,象征着把党的温暖默默地送到千家万户的张书记就在我们身边。

五、复现式。代表着一定主题思想的事物,在关键时刻一再出现在银屏或银幕上,可以提醒观众对情节发展的注意。如:

27、病房里
这一节的"闪回"镜头,共六个。
①清晨翠翠附在妈妈的耳边悄声地说:"妈妈,你早点来接我,噢?"
②秋天的晚上。翠翠孤单地站在幼儿园的门口,看到在路上匆匆走来的妈妈,飞快地跑过去。
……
③一天晚上。翠翠趴在窗口生气地坐着,楼下,突然,用双手用力地拍着玻璃大声叫着:"妈妈!妈妈……"
④又一天晚上。班里的阿姨抱着翠翠在等顾老师。……
⑤又一个晚上。幼儿园的游艺室里空荡荡的。只有翠翠一个人踩着小板凳趴在窗台上。……
⑥又一个晚上。翠翠在阿姨的怀里流着眼泪,轻声地呼唤着:"妈妈,唔……妈妈……"

这样一个"晚上""又一个晚上"的翠翠等待妈妈来接回家的镜头,重复多次,使观众看了,对顾老师艰难的生活处境深表同情,越发显示出顾老师的工作调动问题应急待解决,从而紧紧地抓住观众的心。

同样,顾老师在接到翠翠生病的电话以后,她急忙赶回,那焦急的脸,在多处出现:"门边、路上:顾老师焦急的脸。""18、汽车内:手握车扶手的顾老师满脸焦急地望着窗上。""19、火车路口:车内顾老师焦急的脸。""21、顾老师站在汽车内不断地看表,焦急地等待着火车通过。"

这样,观众的情绪也随着顾老师起伏,同样有创造气氛、深化主题的作用。

六、积累式。影片里常常运用许多性质相同的镜头,积累起来,造成一种特定的气氛。如写中学生写《春天的到来》一篇作文时:

16、教室里
白色的试卷一张张地放在同学们的桌上。
同学们有的握着笔望着试卷思索;
有的手托着腮,眼望着右上方定神细想;
有的笔尖正在试卷上沙沙地走动。

这样积累聚精会神的镜头,营造学生紧张学习的气氛。又如:

17、路上
急速走动的双脚。
顾老师焦急的脸。
顾老师向去共汽车站走去。等她跑到,车已开走了。
顾老师焦急地向来车的方向看。
车来了,她不顾一切地往上挤着。
汽车缓缓而行。

此节,一连用了六个画面,重复顾老师"紧张""焦急"的心情,使观众通过多幅画面而同情顾老师的困难处境。

1983 年 7 月 10 日

弹给《她的哥哥》的心曲

读了孙伟权的"小浪花"《她的哥哥》，原载《温州日报》"瓯潮"第290期，我不禁想为她这位可爱可敬的哥哥弹一支心曲。

她和她的哥哥是酒鬼的儿女，失去了母爱，实际上又得不到父爱。生活使19岁的哥哥早熟，虽然哥哥是泥工，思想却是那样丰富，感情却是那样细腻，哥哥本来跟音乐"不搭界"，但他感到音乐是洗涤心灵的良药，能够为双目失明的妹妹解除痛苦，使她的生活过得充实一些，就自己学会弹琴，然后教会妹妹。小说虽"微"，涵义却"深"：我们要像这位乐观、奋发、纯真的哥哥一样，给社会带来文明，给人们播种幸福。同时，还提出一个值得深思的问题：我们将如何当好父亲。

运用对比塑造人物是这篇小说的特色之一。开头，就把爸爸与哥哥安排在同一环境中，一弃一寻，疏朗几笔，勾勒出人物的轮廓。学音乐前，忧郁烦闷；学音乐后，琴声叮咚。"她是不幸的，她是酒鬼的女儿；她是幸运的，有她这样的哥哥。"诗句一般收尾，人物跃然纸上。

1983年9月19日

"村头巷尾""眼睛"亮
——浅读标题艺术

《浙南日报》的"村头巷尾"专栏,之所以能使许多读者获得先睹为快之感,这与编辑独具匠心地拟制标题是分不开的。

标题是文章的眼睛。它关系到一篇文章的"精神、格调和色彩"。多年以来,我一直认为贵栏的标题,无论是跟主题的关系,还是艺术形式的美感,都是很值得品味的。现取4月份第23期的标题略作分析。

先谈标题与主题的关系。

——正面叙述,直接揭示。如《装乞丐 挨家骗钱露真相;卖冰棒 沿街敲箱不文明》一题,就把乐清读者在4月11日中午遇见的假乞丐和温州市随天热而敲打冰棒箱之声渐高的两则新闻所表现的"不文明"直接地揭示出来了。

——引人注目,发人深思。《生蛋变熟毋需煮 并非魔术;亲娘赌气掷婴儿 令人发寒》这一标题,就从市区18家某食品商店中发现的怪事和泰顺县司前中学女教师周某的奇闻中,用"橄榄回味甜"的方式提出问题,引起读者深思:前者,有关部门不该以假充真,以坏当好;后者不该因区区小事而残害性命,丧尽天良。

——形象概括,暗示主题。《夜归醉醺醺 撞人险酿祸;领车话滔滔 戒酒叙原由》,这两个标题,把市制砖工人卢德权戒酒前后两个镜头活画出来,告诫人们饮酒(其他事也一样)要适可而止,狂饮必然酿成大祸。

再说标题艺术形式的美感。

像"村头巷尾"栏目中文章的标题,除了一般标题要达到的贴切、简洁、新颖之外,还由它褒抑社会琐事的独特内容和多条不同消息组成的独特形式形成独特的风格:一是趣味性;二是对称性。从这一角度来说，拟编此栏标题比确定某篇文章的难度要大，这就要求编辑需要更高的水准和花费更大的精力。

基调及时变换。有时专为褒奖。如《华盖山已生改观　八单位协同见成效；杨老师省吃俭用　做好事不惜献千元》。有时单为贬抑。如《阴沟阻塞　浊水成河；强制装卸　自食其果》。有时褒抑结合，对比鲜明。如《耍诡计　骗子充工友诈钱财；避雷雨　影院为观众播音乐》。这样，根据内容组稿，及时变换基调，使读者耳目一新。

形式活泼多样。同是针砭弊端的三栏标题：《休矣　牛山路上送葬队；差也　扫墓坟前敲杠人》《闹哄哄　汉子领款拒示身份证；凄惨惨　病孩误医半途见上帝》《驾车兜风　三青年被拘留；玩弄雷管　两小孩炸破手》，手法迥异，各有千秋。前则，开头用简洁而贴切的形容词和语气助词，表示编者对后段实事持否定态度；中则，开头用形容词加迭词，渲染时间气氛，加深了读者印象；后则，开头用四字词组，写出发生事件，然后用六字句指出事件的严重性，给读者敲起警钟，引以为戒。同时，还运用讽刺、幽默手法，如《贵气佛手不举》《花猫沉睡红枣篓》，真是入木三分。

1984年5月25日

有声有色的土地
——陈思义诗作印象

我们阅读陈思义近年来在省内外报刊发表的几十首诗作，仿佛置身于生机蓬勃的江南山乡，时而和作者相伴着湿润的南风，漫步"舴艋船首尾相接"的溪岸，听到如歌似诉的"流水叮叮"；时而和乡亲们进入"黄瓜缠斜篱笆，扁豆开了紫花"的农家小院，闻到"丝瓜炒蛋花"的香味，欣赏着"像一把古老的琴弦"的棉花弓"弹响了新的乐章。"……诗歌从各个方面描写了农村面貌的巨大变化，使读者感受农民在这场历史性变革中心灵的颤动。而作者也在这一片有声有色的土地上吸取营养，辛勤地耕耘着自己那块"有声有色的土地"——诗歌。

饱含炽热的感情，歌唱农村弥新的生活，是陈思义诗歌的最大特色。作者生长在山村，他熟悉这儿的田野、花圃、果园，他熟悉这儿的农舍、山道、溪边。他观察了劳动主人的生活风貌，并以饱满的政治热情，去体验和发掘他们的心灵，因而作者不能自已地放怀歌唱。歌唱采茶姑娘，"春在姑娘指尖跳／落入竹篮伴嫩芽／春在姑娘眉梢上／鸟儿啁鸣笑喧哗"；歌唱大嫂割稻，"露珠吻湿花衣／小侄子水沟摸泥鳅，一身泥""荡起大叔微笑的涟漪"；歌唱花木专业户"一园花木／旋动画的色泽／诗的音韵"。作者总是给这批"大写的人"的生活谱下轻快的调子，绘上绚丽的色彩。

作者唱给农村、唱给农民的每一首诗，都充满了对祖国、对党、对人民的一片深情。作者直抒胸臆，自己和作品中的主人公一同欢呼，一同歌唱。《歌从农家来》写"党的政策结果了，一串串"。在《彩云间的辙印》里，写道："看那两行闪亮的辙印／从彩云里向明天延伸。"《金凤凰》写大婶："驮着收获的丰满和甜蜜／不摇不晃飞向初升的太阳。"如此诗句，使人得到鼓舞，心灵受到净化。

毋庸讳言，我们的祖国、我们的党、我们的人民，在极"左"思潮的冲击下，几经蒙难，身受灾害。这是不能回避的历史事实，作为一个时代的歌手，作者肩负着历史的责任。请看《家乡的情思》，开头重墨浓彩地描绘了山村的秀丽、妩媚、富裕景象之后，便插进给读者思考的一个小节："一场暴风雨袭来，铺天盖地／淹没了山村的秋黄春绿／山泉——冷却的泪滴／一溪流水泛起苦涩的涟漪。"嗣后，作者以充满信心的笔调收束："雨过天晴，山村又转生机／舴艋船归来，捎回满舱欢喜。"《清晨，他走进橄榄园》一诗，写老汉"曾有时不知橄榄滋味／枝头／结了半辈子苦涩和辛酸"，接着，笔锋一转，"成熟了""尝到了淡淡的甘甜"。如此诗例还有不少，作者总是把昨日的痛苦和今日的欢乐交融在一起，读了痛而不伤，给人以感奋，以力量，催促我们"把绿色的信念栽上去吧／耕作的自主权要长出一柱栋梁（《农家小唱》）。"

陈思义的诗作，初步形成了自己纯朴、明快、流畅、清新的田园诗风。恕我直言，陈思义的诗写农民欢乐有余，写胸襟开阔不足。如果把新时期的农民，从如何处理个人、集体、国家、世界四者关系上去挖掘，就会折射出时代的光芒，增加诗歌的思想深度。当今，在党的号召下，千军万马，向"四化"进军，让李瑛同志《写在党的六十年后的第一个清早》诗中的两句，与我们共勉：

"立在一条新的起跑线上，你信心百倍地试着脚腿……"

愿陈思义在这块"有声有色的土地"上耕耘得更加有声有色吧！

1986 年 1 月

《枪手》里的好枪法

陈文的《枪手》，原载《温州文艺》第五期，《山风》第1期，在3 000字有限的篇幅里，写出"外公"漫长的一生，塑造出一位热爱祖国、憎恨敌人、关心同志、喜爱劳动的老一代普通劳动者的可敬形象。

《枪手》叙述上有如下可取之处：

打破按事件本身发展描写的传统手法。故事以外甥女谢冰拜访外祖父的行程展开，如行云流水，轻曼自然。全文分3部分：谢冰在水碓巷会见别后4年的外公；外公特地带领小谢去青锋山老枫树下讲革命斗争故事；3天后小谢送外公至墓地。这样，仿佛一篇人物访问记，把外公一生的关键经历和盘托出，没有为写小说的结构而结构的斧痕凿迹。

运用多种叙述手法，安排故事情节跌宕起伏。如果按事物内在发展规律安排，故事就是这样：四五十年前，外公在水碓巷用铳射击欲轰炸W镇的日本飞机，开头就接触标题：外公是一位枪手。正因为外公当年射出仇恨的子弹，枪法又高明，所以地下党组织派他和鲁勇护送刘英去青田，后遭伏击、被捕。鲁勇舍身救人，外公左眼受伤。新中国成立后，因"左"的路线多次干扰，外公被时褒时贬，遭受挫折。至今退休，仍然拾废纸攒钱，抚恤烈士家属。结尾点题：还是称外公为"枪手"好。可是读毕全文，并没有平铺直叙之感。作者根据谢冰与外公的行程这一明线，和外公的身世发展这一暗线进行交织，把几个故事的顺序重新做了巧妙的安排。如果把各个时期用序号表示，其故事次序调整如下：插叙抗战初期放铳打敌机（1）；倒叙如今退休以后拾废纸（4）；顺叙社会主义建设时期多次遭挫折（3）；补叙抗战中期跟国民党反动军队作斗争（2）；顺叙外公死后人们对他的怀念（5），这样，就会收到"文似看山不喜平"之效，尤其适应90年代读者的审美水平。

设置悬念，引人入胜。说文讲故事，导演影视，写小说，假若常用悬念，这位"有趣的向导"，总会把听众观众读者带到故事的末了。本文第一部分交代两个悬念：谢冰的男朋友鲁直想"探明当年在 W 镇失踪的父亲"，谢冰与鲁直疑惑："外公是不是精神有问题？！"一波未平，一波又起，这两个问号未拉直，就在第二部分追上两个问号："枪壳与外公有什么关系？"与"有人说……从此成为独眼龙"。可谓是"山重水复疑无路"。当外公带领外甥女去青锋山老枫树下讲鲁勇因保护"我"而牺牲自己这一情节，前面的四个问号全都变为感叹号：鲁勇举枪往自己脑袋扣下了扳机，他倒下了，"我挣扎着和敌人拼命，一个兵上来一刀刺中我的左眼""……我和鲁勇打光子弹扔掉的手枪，只找到一只枪壳，那是鲁勇的""我就去拾废纸，我把用自己积攒的钱每月寄给她，我的心才稍稍安宁。"岂不是"柳暗花明又一村"？！

上述三招，便是《枪手》里好枪法，陈文不愧是写《枪手》的枪手。

老猴难免失足，枪手难免走火。我认为，如果在文章的结尾，改为谢冰与鲁直同往青锋山老枫树下，看望父亲牺牲的地点，引起遐思，不仅故事发展更加自然，而且新一代的爱情与老一辈的革命友谊，就在人们共同的追求上得到维系，这样，意味着新一代接过老一辈革命的传家宝，在新时代的建设中做出贡献，主题就会得到进一步的升华，文章的现实主义就会更加深刻。

1992 年 3 月

浅谈先秦两汉女子文学的思想意义

我国的文学发展源远流长，自先秦有文字记载的公元前5世纪的《诗经》之后至今，作家多如银河的星星，但是，漫长的封建社会，妇女在政治上、经济上、文化上被奴役被摧残，因而女作家却寥若晨星。游国恩等人主编的《中国文学史》，介绍了191位作家，女作家仅有东汉的蔡琰、南宋的李清照、清末的秋瑾；唐弢主编的《中国现代文学史简编》，专题介绍了43位作家，女作家仅有冰心与丁玲；李达三主编的《中国当代文学史》介绍了49位作家，女作家仅有柯岩、宗璞、舒婷、茹志鹃。女作家地位低下的现象，即使是在五四运动以后，仍然没有多大改变。

先秦与两汉的女子文学，开创了我国女子文学的先河。这一时期有记载的女作者有22位，而文学史上介绍的仅仅一位。她们就像一串闪闪发光的珍珠，湮没在文学海洋的海底而未被采集。笔者不揣冒昧，对这一时期女子文学的思想意义进行探讨。

一、表现女子热爱劳动的思想感情。周朝及其以前的时代，女子跟男子一样参加农事劳动。"饥者歌其食，劳者歌其事"，在长期的群体劳动中，自然出现了歌咏劳动之作。《列女传·贞顺传》认为《诗经·周南》中一篇的《芣苢》，就是一首写妇女们采摘车前子时唱的歌。

采采芣苢，薄言采之。采采芣苢，薄言有之。
采采芣苢，薄言掇之。采采芣苢，薄言捋之。
采采芣苢，薄言袺之。采采芣苢，薄言襭之。

全诗三章用复迭方式，只换了六个采摘动作的韵字。从泛说的

"采",至动手采、拾取、抹取、用手执衣襟把东西兜着,让衣襟塞在衣带里把东西兜着的全过程,表现了妇女们采的车前子从无到有、从少到多的欢乐情景。正如清人方玉润在《诗经原始》中说:"读者试平心静气,涵咏此诗,恍听田家妇女,三三五五,于平原旷野,风和日丽中,群歌互答,余音袅袅,若远若近,忽断忽续,不知其情之何以移,而神之何旷。"我们从这简单的节奏中,受到劳动欢悦的感染,想象她们长期从事农务而养成熟练的劳动技能。

周南《汝坟》中的"遵彼汝坟,伐其条枚""遵彼汝坟,伐其条肄",无名氏的《谷风》中,写的"采葑采菲,无以下体",这些片段描写,都描绘出妇女辛勤劳动的情景。

《国语·鲁语下》中的《敬姜论劳逸》一文,是两千多年前的春秋时代,鲁大夫公父穆伯之妻敬姜写的一篇散文,她从理性方面来论述劳动的重要。这是针对她的儿子文伯劝她不要缉麻而发表的议论。文章列举各阶层的人都必须参加劳动。天子"祖识地德,日中考政,与百官之政事",诸侯"朝修天子之业命,昼考其国职,夕省其典刑",士"朝受业,昼而讲贯,夕而习复,夜而计过,无憾",庶人以下"明而动,晦而休,无日以怠"。还列举王后、夫人等,都只要这样做了,才能安心。否则,"恣则有辟"。敬姜作为一个贵妇,她从上而下,看清了劳动的重要。道理就在于"民劳则思,思则善心生。逸则淫,淫则忘善,忘善而恶心生。沃土之民不材,淫也。瘠土之民,莫不向义,劳也。"我们认为,从劳与逸的辩证关系中,作者强调了全国上下人人都应该劳动、日日应该劳动这一点,从热爱劳动这个意义上看,古代贵族妇女尚且如此,遑论备受剥削与压迫的广大贫妇?

二、抨击统治阶级的暴政。苏联文学评论家顾尔希坦在《文学的人民性》一文中写道:"列宁用特别顽强的态度,觅文学中人民对剥削与压迫的抗议与斗争的反映,换句话说,就是想寻觅出组成真正的人民性的本质成分的东西。"这话能够帮助我们更加深刻理解先秦两汉女子文学的人民性。

古时候，桀纣的残暴统治、秦朝的虐政、汉代的逆施，许多女子作品都得到了充分的反映。

长期生活的贵族妇女，耳闻目睹统治阶级内部尔虞我诈的丑恶行径，有识之士便以诗咏之。汉高祖的宠姬戚夫人，"生子如意，封赵王。高祖死，惠帝王，吕后为皇太后擅权，囚戚夫人于永巷，令舂米"，戚夫人便边舂边歌："子为王，母为虏。终日舂薄暮，常与死为伍。相离三千里，当谁使告汝。"（《汉书·外戚传》）吕后听后大怒，召儿子赵王杀之。将戚夫人砍去四肢，剜眼熏耳，用药使之哑然，放置厕所，叫为"人彘"。戚夫人善鼓瑟击筑，歌《出塞》《入塞》《望归》之曲，是写汉诗最早的诗人。后来如此悲惨的遭际，正是统治阶级为私利而实施暴政的结果。而戚夫人的《歌一首》，正是宫廷内讧的真实写照。

《上书求赎父刑》，更是反对封建虐政的典型作品。西汉的淳于缇萦，是著名医学家淳于意之女，汉文帝时，淳于意为齐太仓令，因事获罪。他无子，有五女，骂其女曰："生子不生男，缓急非有益也"。少女缇萦悲痛，随父至长安，写下此文。"妾伤夫死者不可复生，刑者不可复属"。她下决心，"愿入身为官婢，以赎父刑罪，使得改行自新"。这不仅表现了淳于缇萦反对统治阶级的酷刑，而且表现了她大无畏的精神。

三、揭露战争的深重灾难。先秦两汉时期春秋五霸的诸侯争霸、战国七雄的兼并、楚汉的战争、匈奴的入侵，等等，给人民带来沉重的灾难。反映这一内容最典型的作品是《悲愤诗》与《为兄超求代疏》。

东汉女诗人蔡琰的五言《悲愤诗》，赤裸裸地揭露军阀混战、胡兵入侵的罪恶。蔡琰是东汉著名学者蔡邕的女儿。汉末董卓叛乱，她被董卓部将掳到长安，辗转至南匈奴，被迫嫁给了左贤王，沦落异地12年。曹操看蔡邕无后，以重金将她赎回，再嫁给同郡董祀。这首诗，是蔡琰再婚后的痛定思痛之作。

猎野围城邑，所向悉破亡。斩截无孑遗，尸骸相撑拒。马边悬男头，马后载妇女。……或有骨肉俱，欲言不敢语。失意几微间，辄言毙降虏。要当以亭刃，我曹不活汝。岂敢惜性命，不堪其詈骂。或便加棰杖，毒痛参并下。

　　诗歌是从自己身陷泥淖开始写的。她形象地描绘"马边悬男头，马后载妇女"的抢杀现象。接着写被掳百姓在途中所遭受的苦难，字里行间流淌着控诉的血泪。

　　诗歌的第三段，写出自己家乡战后的荒凉景象。"城郭为山林，庭宇生荆艾。白骨不知谁，从横莫覆盖。出门无人声，豺狼号且吠。"字字句句，都道出了广大人民群众反对穷兵黩武，要求和平生活的心声。

　　东汉女诗人班昭的《为兄超求代疏》，是从征兄长班超 70 而未归这一侧面，揭露战争的深重灾难。班昭是史学家班彪之女，班超之妹。汉永平十六年，班超从窦固击北匈奴贵族，巩固了汉在西域的统治。永元三年，任西域都护，活动达 31 年之久，后封定远侯。永元十四年，汉和帝诏准班超回洛阳，是年病死。此文是班昭为其兄年老多病尚远戎西域而向皇帝请求解甲归乡之奏疏。班超是一位"道路隔绝，超以一身转侧绝域""每有攻战，辄为先登。身披金夷，不避死亡"。的虎将，但在西域，"至今积三十年。骨肉生离，不复相识。"如今 70，"衰老被病，头发无黑，两手不仁，耳目不聪明，扶杖乃能行"，尽管班超"自陈苦急，延颈逾望"，但"三年于今，未蒙省录"。由此可见，一代名将班超成为劳师远征的牺牲品。

　　四、抒发热爱祖国的情怀。汉朝的统治阶级，为了睦邻，采用汉胡通婚的方法。这在客观上达到了安抚异邦的作用。殊不知，汉朝一批批美女被迫送往西域，无论在感情上、生活上、还是肉体上，都备受摧残。她们虽在异邦，但对生之养之的故国有无限的眷恋。西汉江都王刘建之女刘细君，以公主身份嫁给西域乌孙王，在那儿过着"穹庐为室兮旃为墙，以肉为食兮酪为浆"的生活。居住胡地，常思故土，内心极为痛苦。她的"愿为黄鹄兮还故乡"这首《悲愁歌》，正是当年中华民族子女向往祖国的代表作品。

春秋时期，卫女的《竹竿》开头两章：

籊籊竹竿，以钓于淇。岂不尔思？远莫致之。
泉源在左，淇水在右。女子有行，远兄弟父母。

意思是尖而细长的竹竿，用来在淇水边钓鱼。难道不会对你思念？只因路远难以归去。

泉源在西北，淇水流向东南。女儿已经出嫁，远离父母兄弟。

显然，一个卫国贵族妇人，现身在异国，远离故国而想念亲人。第三章又说，"淇水在右"，说明泉源、淇水都在卫国，而自己却远离祖国，不如二水，思念祖国之情跃然纸上。

《诗经·邶风》中的《泉水》、《诗经·国风·鄘风》中的《载驰》更是表现爱国主义精神的名作。许穆夫人，春秋时期人，是卫国公族卫昭伯与宣姜所生次女，卫国国君卫懿公的妹妹。卫懿公昏庸腐朽，养鹤成癖，不理朝政，周惠王十七年（公元前660年），狄人伐卫，卫军溃败，卫懿公被杀，宋桓公迎接卫国700多遗民并渡过黄河，聚在漕邑，并立戴公为君主，不久戴公死，卫人又立文公，许穆夫人得知祖国覆亡的消息，立即赶到漕邑吊唁，并且策划向齐国求援。但遭到许国贵族的反对。许穆夫人在《载驰》中反问：

既不我嘉，不能旋反。视尔不臧，我思不远。
既不我嘉，不能旋济？视尔不臧，我思不閟。

看到许国大夫们要把她追回，许穆夫人感到十分愤慨。她坚信自己：即使你们全部不赞成我的主张，我也不能立即渡水回去。我看你们的意见不对,而我的主张不会闭塞,考虑的比你们要深远得多。在诗歌的结尾处,许穆夫人的态度又非常坚决:大夫君子,你们不要责怪我,"百尔所思,不如我所之。"你们有上百个主意,不如我自己去一趟。作者看到,"控于大邦,谁因谁极?",谁就会急我卫国之难啊!这表现了作者为援救祖国而坚持自己的正确主张、勇敢地与反对者进行不调和斗争的精神。

五、控诉封建婚姻制度的罪恶。在先秦与两汉的女子作品中,此类作品占相当大的比重。在我国封建社会,她们在"夫权、族权、政权、神权"四条绳索的束缚下,备受剥削与压迫,正如《妇女自由歌》里唱的那样,"旧社会好比是黑格洞洞的苦井万丈深,井底下压着咱们老百姓,妇女在最底层",相反地,男子可以胡作非为。恩格斯说,一夫多妻制,则成为男性的权利……女性大抵被要求严守贞操,要是有了不道德的情事,便残酷地加以处罚。在这种残酷的封建婚姻制度桎梏下,许多女子从内心爆发出不满和反抗的火花。《行露》《谷风》《柏舟》《大车》《白头吟》《怨歌行》《古怨歌》等,都是旧中国广大妇女的血泪控诉。

西汉班婕妤的《怨歌行》中,写妻子在多心丈夫的身边,过着战战兢兢的生活。"常恐秋节至,凉飚夺炎热。弃捐箧笥中,恩情中道绝。"比喻自己的被遗弃像秋扇一样不幸。

《谷风》的女主人公成年累月为丈夫持家,可是丈夫娶了新人之后,就要把她抛弃。尽管"有洸有溃,既诒我肄"。她还是对残暴无情的丈夫逆来顺受。直到最后,被夫驱逐,竟然还说"不念昔者,伊余来塈",对丈夫的旧情总是念念不忘。她为什么这样做?诗歌第一章就业已点明,"德音莫违,及尔同死"尽管窦玄妻在《古怨歌》中说,"衣不如新,人不如故"、息夫人在《大车》中道"榖则异室,死则同穴",但是,这些善良而可怜的妇人,还是成了封建婚姻制度的殉葬品。

相传我国历史上的大美女王昭君,她的遭际是十分不幸的,汉元帝时，她被选入宫廷，王昭君的《怨词》，正是大多数宫女被锁深院、备受冷遇的绝唱："离宫绝旷，身体摧藏。志念没沉，不得颉颃。"结尾又怨恨地发出叹息："父兮母兮，进阻且长，呜呼哀哉！忧心恻伤。"

许多人只知道西汉临邛的卓文君是位貌美且善鼓琴的贵族女子，一个封建婚姻的叛逆者，却没有听说她是一位出名的诗人。卓文君的丈夫死后，她寡居娘家。在卓家的一次宴会上，她被司马相如的琴声挑动，与之双双私奔至成都，生活十分窘迫，只得当垆卖酒。后来，司马相如被武帝拜为郎。卓文君的父亲大富豪卓王孙不得已便分给卓文君"僮百人，钱百万，及其嫁时衣物"。司马相如要纳茂陵女为妾，卓文君因此作《白头吟》，发出"男儿重意气，何用钱刀为！"的感慨，一心追求"愿得一心人，白头不相离"的美满婚姻。

综上所述，先秦两汉的女子作品，或歌颂劳动，或抨击暴政，或揭露战争灾难，或抒发对祖国的热爱，或控诉封建婚姻，都在一定程度上反映了当时的社会现实，反映了女子尤其是被压迫女子的真实情感，及其强烈的愿望与迫切的要求，因而作品具有强烈的人民性。嗣后一千七百年来的诗文，其思想与内容继承与发展了先秦两汉文学的人民性，可见，这一时期的20多位女子作者成为后来作品具有进步意义的自然倡导者。这些作品对后世女子文学起着承前启后、继往开来的作用。今天，重温与发掘这些作品，对开拓文学视野，了解中国女子的高尚情操，认识女子文学的本来面目、从而改变人们轻视女子文学的恶习，提高她们的社会地位，繁荣新时期女子文学的创作与研究，促进社会主义精神文明建设，均具有积极的现实意义。

1994 年 8 月 5 日

表现时代的重大精神
——读项有仁的《花生上市》

当代著名文学评论家雷达在《思潮与文体》一文指出:"文学与时代的关系毕竟是一切关系的根本,不管用何种方法,何种流派,没有哪一部伟大作品不是表现它的时代的重大精神问题。"百年来获诺贝尔文学奖的作品如此,我国文学名著概莫能外。

读罢项有仁的小说集《花生上市》,一连串的人物形象在我脑海盘桓。与这同名的那篇小说,写于1980年,时届改革开放初期,刚刚"解放"的农民,虽然没有"资本主义尾巴"的精神枷锁,却又遇到以县保护环境卫生办公室为典型的官僚主义的重压,精神又被扭曲了。老人花生丰收,仅仅躲在角落零售,"四周争先恐后的顾客也仓皇四顾,个个像是下菜园拔菜的小偷",不一会,一个"红臂章""探身伸手就夺去了老人手中的秤杆上的秤锤"。另一个"红臂章"说:"你们这些种地的,一不懂文明,二不讲卫生,就好故意破坏政府规定。"面对强势,老人只好匍匐着拾净附近地面的花生壳,"充分发扬了中国农民一不怕脏,二不怕苦的'天赋'优势"。其中一个"红臂章"还抓下他心爱的新呢帽,往地上一摔,大声命令:"兜到墙角里去!"这一动作,真不亚于黄世仁拖着杨白劳的手按指印叫人心碎。至此,政府工作人员那种"语言美""行为美""心灵美"已荡然无存,而鄙视劳动农民、恃势凌人、鲁莽的旧社会兵痞作风昭然若揭。

作为一位正直知识分子的"我",便"忍无可忍",大步跨到"红臂章"面前"打抱不平",高声责问:"人家并没有通令关闭果品店而去整理市容,上面有规定叫你们可以抓下农民的帽子当簸箕使吗?"直逼得"红臂章"哑口无言。这时"我"却感到意外的是卖花生的老人,他快步过来扯着"我"的衣袖说:"不,不,帽子是我自己取下的，不关这两位同志的事。"尔后，老人又满脸歉意地对"我"说："对不起你，总怪我不好，不该冒犯政府的规定。"这样一位勤劳、憨厚、善良、逆来顺受、麻木得跟"阿Q"何其相似乃尔！作者同情弱者，更是"哀其不幸，怒其不争"，使"我精神崩溃"。

"白多黑少的眼睛，朝司机嘟噜的这些种田人就是不懂礼，见车就上"，"红臂章"又叱责："……包袱撂在那里谁还吃了你的！"寥寥数语，把一个"为人民服务"的公务人员的外衣剥得一丝不挂，剩下的只是一具鄙夷劳动者的"木乃伊"。

作者用极其俭省的文字，勾勒出"姐姐"为粉碎旧社会的"义仆图"而献身的光辉形象。如今又把老人与"红臂章"把那位"义仆"与"小主人"联系起来，这是对我国社会主义精神文明建设中存在"阴影"的一个极大的讽刺。

《花生上市》就是这样以朴实、幽默、富于个性化的语言，多层面地刻画人生世态，揭露新时代一批人变形的灵魂。

《稻香村札记》之二的《倾斜的乾坤》，又以十分辛辣的笔触，大胆地描写当前农村计划生育的矛盾。全文沉痛地叙述了父女嬗变为夫妻的乾坤颠倒的故事，赤裸裸地暴露我国贫困山村重男轻女思想造成的人间悲剧，而那至死不悟的十一郎，被几千年沿袭的封建思想逼成疯女的水生，多让人撕心裂肺，欲哭无泪！

项有仁之所以值得尊敬，是因为《花生上市》小说集正视现实，揭露问题，鞭挞迷信愚蠢，针砭封闭保守，尖刻地表现农民生存的艰难。一句话，写出精神文明建设中真善美与假丑恶的斗争，他写出的不是世俗人生的感叹，而是从"精神天国"投向世俗人间的救赎之光。

当前，某些作者为突出文学的消遣、娱乐功能，将历史与现实加以搞笑化、煽情化，因而产生了一系列的"泡沫文学"，这是跟社会主义精神文明建设背道而驰的。我们的文艺工作者应该深刻领会党的二十大报告精神，写出优秀作品。

2002年1月4日

出新　取新　创新　求新
——《留守大山亦风流》赏析

晓春送给我他最近出版的新闻作品集，读完后，一幅绘有蓝天、白云、大山、小屋、草地的风景，缓缓地移下《留守大山亦风流》的封面，印在我的心间。

此书我已细读两番：第一次是付梓前，我以第一读者的挑剔眼光去审稿，曾提出一些建设性意见。第二次以知心读者的视角去赏析，《留守大山亦风流》一书确是一部难得的新闻精品。

一是立意出新。立意就是文章中所表现出来的基本思想。意在笔先，只有新的见解、新的认识，才能写出水灵鲜活的作品。唐代李翱说："创意造言，皆不相师。"有"创"才会"新"。《山里崛起劳务劲旅》《"打工族"里起新潮》等篇目，写出了山区劳务的新趋势。这是作者"站在市长的位置上"，为缓解汹涌的民工潮，在舆论上予以引导。写改革开放后的新气象，往往会从农村衣食住行的表面现象入手，而作者却从最活跃的"打工族"着眼，选用手扶拖拉机进城运输、山外来的"打工族"、离而不休的"留守族"来写，从深层反映本质的变化。

二是选材取新。作者采遍三十六行业，写出七十二贤人，现出世相百态。看了真有"秀才不出门，全知天下事"之感。"春节"这一老掉牙的题材，到了他的手里，却花样翻新，在旧坛子里装新酒。在《悄然生变新年景》中，写了过年不杀猪、不贴"门神"，压岁时兴"压书"来诠释新气象。在《欢欢喜喜过个年》中，写了农民烧灰备春耕、山民往市场购物、办歌舞厅等新事。显然，若不是作者深入生活善于观察，那山姑、村婶、孩童、老翁的新故事是难能呼之欲出的。

三是样式创新。包装奇异方显眼，商品如此，新闻也如此。样式创新有三：一是内容安排新颖。139篇新闻作品间插入55则发自肺腑的"题外话"，并附有"民间俗语""题外话索引"，这样虚实并举，使读者随作者从实践走向理论，又从理论走向实践。二是系列报道出彩。如《田园打工风景线》《乡风民俗俏变脸》《大山消费流行色》等，此类题材更需作者深沉的思考、高度的概括、勤奋的积累。三是擅长写经济新闻。此类题材不易驾驭，但作者却易如反掌地写了一大部分。既有人物故事，又有经济的个案与数字，既有叙述，又有议论。四是文术多变。文术就是表现方法和技巧。韩愈在《答刘正夫书》中说，文要"自树立""不因循"。如运用多种人称，灵活运用散文、故事、杂文的笔调，让读者从中获得教益。

四是语言求新。法国著名作家福楼拜认为"风格就是生命，就是思想的血液"。因为只有独具风格的作品，才能在文苑中独放异彩。风格主要通过语言来表现。晓春的语言不同于一般人的学生腔、书生气，而是具有个性化，已达到即使不看作者名字，一读文章就悟出是他写的程度。他已形成平实、清新、活泼的文风。先看独具匠心的标题制作。既有诸如《农村盖房新景观》《乡村市场新视角》这种"说白题"，又有《跳动在乡村的红十字箱》《搬家"搬"出新风气》此类"形象题"，还有像《文盲借书学法》《赔麦？赔牛？》这样的"悬念题"。"题好一半文"，标题醒目，读者眼睛自然亮了。再看他的民间俗语运用。作者出生农村，长期在基层工作，接触群众多了，对那些凝练、幽默、形象、易记的俗语，信手拈来，皆成文章。"上管天文地理，下管媛主儿做月里""想吃鸭又怕杀""钱财压筋骨"等与作者固有的平实口语水乳交融，浑然一体，形成自然奔放的气势。如"咱婆娘过惯了俭省的日子，凡事精打细算，再说生意场大都'好男不跟女斗'，这生意比男人好做"。他的语言印证了清人孙麒趾在《词径》所云："陈言满纸，人云亦云，有何趣味？"

2003年12月31日

情爱是颗永恒的星
——读吕人俊散文诗集《情·爱风雨路》

中国作家协会会员吕人俊的散文诗集《情·爱风雨路》于2002年11月出版以来,受到社会的广泛好评。中国散文诗学会副会长、诗人、诗评论家中流先生在《心灵的凯歌》一文中指出:"《情·爱风雨路》是吕人俊诗歌的一部分,是他作品中的精品,也是他为人最生动的一方面。""我且将他这部诗集,看成是中国散文诗歌的一部分,看成是诗歌与生命的一部分。"

该诗集是从1989年6月出版的《流蜜的江南》以及相继出版的《南国风景线》《梦圆月也圆》《花季蜜》《诗旅绿叶》《欧亚走笔》等六部散文诗的1 300余章中,精选出歌颂爱情的散文诗197章,讴歌祖国秀水名山、人文景观、海外风情的散文诗146章结集而成。其中爱情诗就占了大半部分。中国散文诗学会会长柯蓝先生曾在《散文诗的空间》一文中对吕人俊的爱情散文诗予以很高的评价:"我说它是最符合标准化的散文诗。从内容的凝聚到形式的凝聚,完全符合散文诗的标准。又从行文流畅、叙述的舒展,也完全符合散文诗的标准。"在上述两位先生的推荐下,我拜读了这部约40万字的散文诗集,获益颇深。现就爱情部分散文诗的艺术成就,发表管见,求教于同道。

一是善于抓住触媒,喷发爱情的火焰。何谓"触媒"?触媒就是触发感情的物体,即平日所说的能触景生情的景。例如"月亮",自古以来就是人们生发感情的媒介,曹孟德看到明月,便发出"月明星稀,乌鹊南飞"的慨叹;唐代诗人李白看到月亮,就写下"床前明月光,疑是地上霜"的《静夜思》;苏轼见到月有阴晴圆缺,便产生人有悲欢离合之感,于是有了流传千古的名句:"但愿人长久,千里共婵娟";作曲家石祥面对"十五的月亮",便想到军功章里,"有你的一半,也有我的一半"。吕人俊在《月亮·太阳》一诗中就把月亮引喻为女人,在一味追求不舍的女人面前,把太阳形容为男人。《走在轮月的夜晚》里,轮月就是美好爱情的象征:"也许多情的圆月为她俩依依相许／留下双双倩影／也许月下朦胧的云彩／为她俩勾勒成颇具诗意的一帧抒情画。"以月为触媒写成的还有《让月亮走进我的梦里》《倚窗面对一弯新月》《望月》等篇什。男女之间的爱情往往从"握手"开始,因此,"握手"就成了触媒,"这一握,是结合的开始;这一握,意味着爱之火找到了燃烧点"。相识之后,双方便鸿雁传书,互相表白心意,于是"邮筒"就成了挥发情感的导火线。在《走向邮筒的路上》一诗中,便写:"它是友谊在这里聚集的驿站""它是恋情的起点""一架桥梁连接着思念的两地"。作者见到"生日蛋糕",就以《爱,不是生日蛋糕》为题,写出爱情必须纯真、专一,不是"让人随心所欲地切成一小块、一小块,或用它作为投人所好的施舍,或用它去打发慕名而来的求乞者"。诗集还以"信""红豆""红叶""舞会""贺卡"等作为喷发爱情火焰的山口。这些触媒,都是生活中常见的东西,为什么有的人就没有发现?而作者借此写下多篇爱情散文诗?这正如法国作家莫泊桑说的"所谓才华,不过是持久的耐心。""对你所要表现的东西要长时间很注意地去观察它,以便能发现别人没有发现过的和没有写过的特点。任何事物里,都有未曾被发现的东西",哪怕被别人写烂了的事物里,也会有未被认识的东西。让我们去发现它,这就是作家获得独创的方法。

二是善于创造意境,开辟爱情的天地。意境是文学艺术作品通过形象描写表现出来的境界和情调。诗歌必须有意境,多数散文也离不开意境。散文诗的本质是诗,所以散文诗,尤其是抒情散文诗,同样离不开意境。青年女诗人梁彬艳的《网》,写了如烟似雾的雨网中,在林间飘飞的红叶间,橘黄的伞下,有幽微的语音;在碧梢的紫燕里,传出婉转的恋歌,他便深深步入圣洁的银网。看,这是一幅多么富有温馨甜蜜的伊甸园中的图画!散文诗运用多种象征,创造了美术与音乐结合、静与动结合、情与景结合的和谐意境。

吕人俊是运用姊妹艺术创造意境的高手。例如：

柳　巷

月牙，悬挂在柳丝编织的青纱帐上。唯独你的脚步声，在寻觅一个重归于你的绿梦……

爱亦同样，恨亦同样。

不必责备天涯海角给我们留下了太不公平的命运安排。

让多情的柳语，捎去我对她的一腔痴情。

托明月拍下相思，遥寄那在千里之外的她，

别忘了带上几句口信：

就说只要柳巷不曾老去，柳絮仍然年轻，我啊，等待依旧，思恋也依旧……

诗人运用美术的方法，撷取柳巷、月牙、柳丝，独步的他，与千里外的她，遥寄"等待依旧，思恋也依旧"的相思图。《风景线里的剪影》用快速镜头，摄下一幅有春的翠绿、夏的红火、秋的橘黄、冬的洁白、月色下的林荫、林中幽幽的花径、用绿色围巾捂住羞脸的少女、在等待"切近而遥远"的恋人彩照。《感应》选用电影蒙太奇的手法，如用五个单独成行的排句，写出树因山的感应、鱼因水的感应、鸟因天的感应、蜜蜂因花的感应，点出"爱也是人的感应而升华，心因找到知音而一往情深"的主旨，如此诗篇还有《爱神会为你捧来拥有》《想你的时候》等。借用小说的对话曾是创造意境的新法，俄国著名作家屠格涅夫的《门槛》，是运用对话的典范作品。诗歌创造一个女性站在监狱门槛与众人对话，热情地歌颂了民意党人勇敢战斗、不畏险阻的高贵品质和为人民事业勇于献身的崇高精神。吕人俊的《对话》，写象征感情缠绵的细雨，写细雨中亭台中男女的对话，把抽象的情感再现成"张目可观、伸手可摸"的意象：黄土里的种子、春风中的萌芽、归宿的孤鸟、生命树上的筑巢,用"你说""我说"的短语连接出这对"鸾鸟"的"海誓山盟"。《河畔夜语》《缘分与等盼》《依稀记得》《秋雨里的伞花》就是运用蒙太奇手法的篇章。作者的创作是从60年代写现代新诗起步的,曾在《人民日报》《文学报》《诗刊》《星星》等报刊发表诗歌,并出版《诗林回眸》诗集,因此,作者的散文诗字数往往在200—400字之间,形式与内容均具有浓烈的诗歌神韵。按照评论家徐志超的分类,我认为是属于偏向诗歌B类的散文诗(偏向散文的A类散文诗,介于上述两大流派之间的属AB型散文诗)。他的散文诗用诗歌的简短,凝练的句子来表达情感,如《是第一次,也是……》《毕竟还年轻》《何况相识论恨晚》《你,选择了雨季》等。《心海上的港湾》一篇,一共四句,前三句借用"假说",你是"飘荡的船""啼血的杜鹃""开不凋的丽花",便把自己喻成"一条江""一排林带""一只蜜蜂",表达了点题的末句:"为的是不让你这只不再飘荡的船,驶错了港湾,泊错了码头。"作者还采用了雕塑等手法,让男女在一个富有情趣的"爱河"里游泳、拥抱、接吻,不禁令读者心旌摇动,为他们的幸福、烦恼、痛苦而祝贺、而担忧、而悲哀。

三是长于细腻描写,表现爱情的深邃。由于作者步趋老年,是爱情的过来人,其阅历之深,是年轻人所不及的。作者洞察了爱情发展各个阶段的男女心态,因而描写细腻,表现了爱情的深刻。凡早恋、初恋、失恋、复恋,还有大龄青年、老年人的爱情,无不跃然纸上。《早春的不了情》写"不到二十岁"少女的早恋,"因为意念还没有确切的归宿地址",结果是"生日夜月在圆,难圆却是不了情"。又如:

别说,你也别问

因何无花的草地,构不成一幅多彩的风景?为何笼里啼鸣的画眉虽然动听,可它却略带几分深沉的恩怨?

岂能回避,又怎能不说,怪只怪"没握紧她伸出而且迅又缩回的手;怪只怪过了羞怯,没对她倾吐尘封于心底的话儿;怪只怪没有超越意念之舟,载走值得珍惜的一幕情浓的风景……"

不过,尽管可采撷到手的花,被"人为的"风飘向远去,而愿作护花绿叶的我,依然青青,若回用啥来抚慰我伤感的心,还是同龄人中爱说的那句话:"别说,你也别再问。"

散文诗运用两个设问句,创造了"视"与"听"的意境,吊起读者的胃口。第二段写因"羞怯",没握紧她的手,没对她倾吐心底话,而作了明确的回答。第三段笔锋急转直下,写因被"人为的"风飘向远去,"而激起一圈无伤感涟漪"。初恋在此诗中得到淋漓尽致的表现。

从《让爱,留在南国的三月》一诗,开头运用连锁、回环修辞,渲染了美好的爱情意境:"南国的三月是雨的三月,三月的南国又是孕育爱的三月。"接着,描写"短暂的一夜间"的相恋,重叠写出"爱在雨三月"的"田野上","绿遍"和"果园里,漫漫一片桃林也红遍"所象征的爱情萌发与开花。第三段写对方表白"要真心真意过一生"之后,转至篇末的决心:"让爱留在南国的三月"共同播种"绿野",共同耕耘"桃林",用层递、照应手法,使热恋的爱情得到凝固而不会流失。《河畔夜语》通过一系列的意象:"水乡""纱帐""榕树""星星""银镰""河畔""红心果",幻化成童话般"你我依偎"的意境。最后,作者又用通感(移觉)的修辞方法,"夜语,啊不,是一番贴心的对话,放在嘴里品着甜,嚼着香",把听觉、味觉、嗅觉一齐调动起来,共同表达夜语的甜蜜,真写得入木三分!在情海上,总可能遇风浪;爱河里,不可能没有潮汐那样的涨落,就像存在着初一与十五那样的月圆月缺,正如诗人洛夫写的"你相不相信爱也会有月蚀?"《听不听由你》一诗,正是对书名《情·爱风雨路》的诠释。在物欲横流的当今,往往出现"金钱爱情""权力爱情",于是乎,作者在《宝石·金子与爱不等价》中劝诫青年,"纯正的爱岂能标码出卖。"作者在《相望着的山妹子》中,把"历史上形成的一条小小的溪流，从两个村庄中间穿过"，这显然用"溪流"象征对农村传统婚姻的偏见。黄昏的"夕照"，"把一时不可组合在一起的两幅动着的剪影"，隔岸相望在水的一方，此暗示爱情的结局，表达一对男女被恶势力袭击成新的牛郎织女式的爱情。"夕照"象征相思到晚年，或恋爱不成的凋谢了的青春。正因为是纯洁的爱情，所以"夕照"前加上定语"壮丽"，这表达了作者的歌颂之情，同时也包含作者的怜悯之心。"世欲的闸门"是什么呢？诗人没有交代，仅用跳跃的诗句留下"空白"，造成"断裂"，"此时无声胜有声"，给读者留下想象的张力：对方或许没有职业，或许家庭贫穷，抑或没有势力，抑或文化不高，抑或……这样，更觉得散文诗的含蓄美、飘逸美。

四是长于提炼警策，表达爱情的真谛。散文诗的具有哲理性，似乎是在这种文体产生时就具备了的一种特质。如法国波德莱尔的《巴黎的忧郁》、屠格涅夫的《爱之路》，尤其是泰戈尔的《飞鸟集》等作品，几乎每章散文诗中大都包含启迪人生的哲理。我国五四时期作家刘半农、鲁迅、冰心等不少的散文诗，同样提炼警策，具有很强的哲理性。吕人俊吸收中外散文诗作品的精髓，在《情·爱集》的爱情散文诗中，得到很好的体现。一是揭示自然物中蕴含的哲理。大自然的每一事物都有自己的特征，这跟社会人生有某些相通之处。《在南方的丹桂树下》，写一个女子当男友辞别远航的前夜，在十月海滨的丹桂下和他相会，女子回来后，便把一枝馨香的丹桂插在花瓶，从此，"让我们共同分享在南方的丹桂下"的飘香。新春三月，一盆逗人喜爱的水仙花，就想到一位冰清玉洁的少女。它立足于清水，朝夕相伴雨花石，借些许阳光，揽几缕清风，不时展示清贫的自己。她表白："金钱能买到爱的纪事，可它却难兑换到一个人的平生高洁。"作者又在《种花少女的自白》里写出山地上的"含羞草"的本质："值得珍惜的是一碰而卷叶的含羞草，她垂头，是对侵略者的一种蔑视；她卷叶，是维护自身圣洁的一种象征。"这些哲理语言出自上述的对应物，是何等的妥帖、自然！二是从某种物体写出哲理。《点燃生日蜡烛》中作者描写了一位在北方考察，一位在南方旅行，一位在客房里各自点燃了的生日蜡烛，"如同点燃了你我同龄人的一片黎明，即两个同龄恋人的共同的美好祝愿"。《贺卡》，不管是节日贺卡，还是生日贺卡，它将是一对男女恋人"爱之路上的一座鹊桥"，也是"一只忠诚的信鸽""是祈祷""是祝福""是寄语"。三是从人的行为中悟出哲理。人的某些行为表现出某种思想，因而从行为的过程中悟出带有某些普遍规律性的哲理。相见的目光是最公正的裁判，首次的相遇，一旦出现距离的"越规"，无形的一块黄牌，便是一条提醒的暗示："你我相见的第一次，也是最后一次"，即《是第一次，也是……》一篇的意旨。《珍惜这一握》里写一握是结合的开始：这一握，意味着爱之火"找到了燃烧点"。并宣告着永恒，如同天长地久。《爱的误区》还告诉年轻人："如果一味浸泡在灯红酒绿的天地里，旋走了的是你的贞洁，吃掉的毕竟是你爱的灵魂。"由此提示我们要谨慎地走好生活的每一步。此外，还可从人生的经历中找出哲理。如《人生的成熟》中，"多了一圈岁月的年轮，从此，多了一份对爱的理解，随之也就多了一份人生的成熟"，等等。

　　由此可见，吕人俊娴熟地驾驭散文诗的写作技巧，并创造性地探索出爱情散文诗的写作方法，使作品的艺术圆熟，让其成为我国爱情散文诗的"珍馐"，因此，吕人俊的名字与作品一同步入爱情散文诗的堂奥，占有令人瞩目的一席，正如中流先生说的，吕人俊的散文诗成为"中国散文诗歌的一部分"。愿这位温州籍回族的散文诗作家，在《情·爱风雨路》上越走越宽，在晚秋的写作季节里收获更加丰硕的成果。

2004 年 5 月

古词赏析

一析代序"满江红·文成县中五六届校友会"

此词抒写初一（2）班蓓蕾班班主任江国栋老师与学生相聚的欢乐情景。上片主写"蓓蕾""朝阳"两班学生大有作为，称为"青山佳儿女"。下片着重写师生精神抖擞，"举芳樽""为君寿"。全词特色有三：一是有地域特色。文成地处洞宫山脉，飞云江上游，又有特产"鹤泉"烧酒名扬四海，词中一一点到，让大家倍感"归家"的亲切，一扫"故人故情怀故宴，相望相思不相见"（王勃《寒夜怀友杂体二首》）的惆怅。二是有时代特色。"百年方半"与"满斟白鹤泉""绿鬓皓首""春水皱"与"秋林瘦"，点出半个世纪前后的沧桑，更显出召开学友会的重要意义。三是有专业特色。"墨浪"与"笔花"，"弦歌奏"，字字句句与教育相关，用词恰到好处，犹如重返学校。

"序"或"跋"，是古诗词常见的一种体例，旨在述作词的背景、过程。此词的跋，不同于常人三言两语的介绍，而是一篇精美的骈文。骈文即骈体文，其特点就是这个"骈"字。两马平驾一车叫骈；是比喻，意指全篇文章基本是"俪词倡句"，两两相对。纵看"跋"，在语言形式上，符合对偶、声律、用典、藻饰的要求。如"蟾圆六百度，一别五十秋""举杯话契阔，把臂慰平生"，"诉不尽"与"总难忘"所领的两句等，对仗工整。"绛帐春风一席"与"绿窗灯火三更"，"海屋添筹""青女降霜"包含典故，用法自然。跋语形象突现，用词华丽，似六朝骈文，形式整齐，音节和谐，语言典雅。此"词"此"跋"可谓珠璧联辉，更让词显得蕴藉深厚。读后，确有唐朝王维在《齐州送祖三》里所写的"相逢方一笑，相送还成泣"之意。

二析柳永的《雨霖铃》

江老师在文成中学初中五六届毕业50周年的文娱晚会上，极尽兴致地演唱《雨霖铃》。此词系宋仁宗时代柳永之杰作。《雨霖铃》者，因唐明皇驾回至骆谷，闻雨淋銮铃，因令梨园弟子张野狐撰为曲名，后传于世。帝方悼念贵妃，采其声为《雨霖铃》以寄恨。词属慢调，长一百零三字，前后两片各五仄韵，例用入声部韵，"切""歇""发""咽""阔""别""节""月""设""说"。60余岁的江老师，有着青年人的歌喉，用温州话唱《雨霖铃》，情感之投入，竟像柳永那样幽怨，声音顿挫，尾声短促，更能表达哀婉之情。

此词有两个特点，首先是情景交融。前片作者选用"寒蝉""长亭""骤雨初歇""暮霭沉沉"等富有特征性的景物，衬托"冷落清秋节"与恋人分别的痛惜感情，这是由景生情。后片却以"今宵酒何处？"，点出"杨柳""晓风""残月"，这无不成了引发离人伤感的物象。"此去经年，应是良辰好景虚设"，寄寓失意幽怨。这是化情为景。其次是结构如行云流水，几无滞碍。词从送别起笔，写出凄凉气氛，再写饮别时的伤心，后写分手时的痛楚，最后想象别后的渺茫，跟孙光宪《菩萨蛮》中写的"极浦几回头，烟波无限愁"一样催人肝胆。可谓一路行程，一路思念。况且江老师以低沉悲调唱出，声情并茂，令我们坠入李清照《武陵春》的"只恐双溪舴艋舟，载不动许多愁"的境地。

词绝！

唱绝！

三析红楼梦的《红豆相思》

《红豆相思》一曲选自《红楼梦》第二十八回《蒋玉菡情赠茜香

罗　薛宝钗羞笼红麝串》。曲名是江老师根据贾宝玉唱的曲子意思而概括的。

　　红豆，即相思豆，生于岭南，木质蔓生，茎细长，叶为羽状，秋开小花，花冠为蝶形，果实成荚，子大如豌豆，微扁，色鲜红，亦有半红半黑者。相传因丈夫死在红豆边上，其妻在树下哀哭而卒，故名相思豆。诗中以红豆形容血泪，又以红豆表达相思之情。"红豆生南国，春来发几枝。劝君多采撷，此物最相思。"王维的《相思》最具代表性。

　　宝玉为何要唱此曲？

　　话说林黛玉只因前夜要进怡红院，恰薛宝钗来约而晴雯不开门一事，错疑在宝玉身上，便在次日残花之期，掩埋残花落瓣之时伤己，哭了几声，随念了几句，不料宝玉在山坡上听见："侬今葬花人笑痴，他年葬侬知是谁""一朝春尽红颜老，花落人亡两不知"等葬花辞，不觉恸倒山坡之上。次日，冯紫英邀宝玉等人喝酒唱曲，宝玉推为令官。继云儿唱后，宝玉提议"如今说悲、愁、喜、乐四字，都要说出女儿来，要注明这四字的原故。"宝玉先说——

　　女儿悲，青春已大守空闺。

　　女儿愁，悔教夫婿觅封侯。

　　女儿喜，对镜晨妆颜色美。

　　女儿乐，秋千架上春衫薄。

　　后来，云儿用琵琶伴奏，宝玉唱出《红豆相思》这一刻骨铭心的曲子。

　　全曲意思：滴不尽的相思血泪，就像抛不完的一粒粒相思红豆。春天是何等漫长啊，画楼上有开不完的春花柳絮。风雨敲打着黄昏后的纱窗，怎叫人入睡呢？此时此刻，新的、旧的愁绪涌上心头。香喷喷的大米饭、浓醇醇的陈老酒，也哽住喉咙咽不下去。日复一日，衣带渐宽人憔悴，也不敢照那菱花装饰的镜子。前后多少事，愁肠寸断，令我展不开眉头。计时的更漏（古时定19—21点为一更，21—23点为二更，23点—凌晨1点为三更，凌晨1点—凌晨3点为四更，凌晨3点—凌晨5点为五更），总是难以挨到天明。啊，这愁绪犹如遮不住的青山绵绵，流不断的绿水悠悠。

全诗十句，描写了"红豆""画楼"等九种形象的事物，点出了抽象的"愁"字。这是一首《春愁曲》。开头一句可谓"诗眼"，托红豆，寄相思，言近旨远，风神摇曳，引发读者共鸣。全曲就是一首"不"字诗。十句就有十个否定词"不"，紧跟在动词谓语之后，组合成补语，让十种事物作宾语，表达了海誓山盟的爱情。作者选取"画楼""纱窗""玉粒""金波"与"菱花镜"等典型的物象，点出了"白玉为堂金作马"的豪华贾府。尽管"风雨"摧残"春柳春花"，始终不能遮住"隐隐青山"，截不断"悠悠绿水"，用物意结合的象征手法，写出宝黛"无奈云沉雨散，凭阑干、东风泪眼"（宋·王诜《忆故人·烛影摇红》）的深情缱绻，又用汉赋的铺排艺术，写出"剪不断，理还乱""别是一番滋味在心头"（南唐后主李煜《相见欢·无言独上西楼》）的缠绵哀婉。江老师在宝黛情感的浸润下，用悲戚的音调，让凄绝在听众心中拔节。

难忘的一支曲子！

难忘的一次晚会！

2006年5月9日

《中国古典文学作品精讲》的新视角

由于教学需要，笔者曾阅览《中国历代文学作品选》《中国古代文学读本》《简明中国古代文学史》《中国古代文学名著》等多部高校中文系教科书和参考书，获益匪浅。最近，又拜读了斯声先生经过20余个寒暑编著400余万字的巨制《中国古典文学作品精讲》（中国文联出版社），此书以全新的视角展示给读者，创意火花不时闪烁着，它像打开一扇全新的窗户，揽进独特的风景，令人叹为观止。

一、文史纵叙，突破编排旧规

《中国古典文学作品精讲》"凡例"中说："本书编辑体制打破成例，即以历史发展为线索，按作品大类进行归纳编排。"这就是把中国古典文学作品辑成三编（五册）：第一编韵文（诗、词、曲和民歌），第二编散文（辞赋、骈文和散文），第三编故事（神话传说、古典戏剧和小说），分别纳入中国文学史分期的先秦，两汉三国两晋南北朝，隋唐五代，宋、辽、金、元和明、清，近代等五个历史时期并进行讲解。这样，每一编文与史分别纵叙，就像京广铁路的双轨并头前行，承载中国古代文学的精华，可谓匠心独运也。

《中国古典文学作品精讲》在当代科学系统论指导下，如此编排体例，具有明显的优势。

一是将我国纷繁复杂的文学作品归类清晰。《中国古典文学作品精讲》把中国古代文学作品分成三类，类别少而明，条理清晰。以往传统的"史经文纬"的"条块结合"以块为主的架构，难免失之烦琐，几乎每一个时期都要"全面开花"，将诗词、散文、戏剧、小说叙述一番。诚然,历史背景相同,文学的思想内容比较容易理解,但随之而来的却是文体发展脉络不清,艺术特色的形成与演变较为模糊,而且作家作品往往同历史背景脱节,评议作品缺乏社会支撑,因而削弱了文本的影响力量。

二是便于探索文体内在的发展规律。第一编上下两册,从先秦诗歌叙起,原始社会产生"远古歌谣",其特点是表现形式上的口头性,在创作过程中的集体性,在创作体制上的综合性,题材与主题上的现实性,艺术风格的明净性。奴隶社会产生的《诗经》,系西周初年至春秋中叶500多年间的作品,是现实主义优良传统的开拓者。《诗经》仍然是贵族与平民大众的集体创作,由于阶级分化,反映现实矛盾和恋爱婚姻的诗歌占着很大比例。屈原的《离骚》,开我国个人创作的先河。汉魏时期,由于经济的发展,朝廷乐府的成立,于是出现了配乐的"乐府诗"。唐朝,是中国封建社会空前繁盛时期,也是我国古代诗歌发展的黄金时代。两宋期间,为迎合市民大众的兴趣,宫廷、歌楼、妓馆,与演艺场的演唱,原来整饬划一的律绝句式向着长短参差的"诗余"转化,使句式和乐词完全合拍,这样,一种新型的诗体——曲子词就应运而生了。元朝,又由于宋词的僵化和衰微、"外族音乐的影响与催化"等原因,散曲逐渐取代了文坛的统治地位。明清近代,资本主义开始萌芽,商业与手工业迅速发展,民间茶肆酒吧遍布,市民大众喜爱"讲古",因而说书的话本趋盛,白话兴起,而散文相对衰落。由此可见,《中国古典文学作品精讲》以史带文,以文联史,环环相扣,一路写来,其产生、发展、成熟、衰落的脉络,读者读后较为清楚。后三册,同样如此,辞赋、骈文和散文,以及戏曲、小说等文体的兴衰历程也十分明晰。

三是容易把握作家的创作风格。讲究对偶、讲究声律、多用典事、重视敷藻的骈文,源于东汉,魏晋之后,日趋定型化。南北朝是崇尚骈文的时代,优秀作家辈出,作品不可胜数。南朝宋·鲍照的《芜城赋》与《登大雷岸与妹书》、南朝齐·孔稚珪的《北山移文》、南朝梁·江淹的《恨赋》与《别赋》等，均为佼佼者；南朝梁·刘勰的《文心雕龙》，更是一部用骈体写成的我国第一部体系最完整、结构最严密的系统论述文学理论的专著。学者一致认为骈文、俳赋成就最高的作家是北朝的庾信，《哀江南赋》是其主要的代表作。赋中哀叹了他的身世，详述了"侯景之乱"、梁元帝为西魏所灭和梁敬帝为陈霸先篡位等一系列史实，有揭露，有谴责，有怀念，感情沉痛，文辞凄恻。他的这篇赋同颜之推的《观我生赋》，同为人们所赞扬，是"梁末史事的实录"，且有史诗意义。庾信的另外一些抒情文赋，善用比兴手法，技巧娴熟，成就很高。

唐代骈文，从初唐至盛唐，骈文风格直袭六朝。中唐的古文运动中，骈文也发生变革，出现了一种新体骈文。新体骈文的主要标志有四：一是融合古文的风格，使骈体发生"一振"之变；二是讲究丽辞修饰，但又刻意避俗就新，"词气质直"，用典少而醒豁；三是常借嵌入虚词，带动文句和行文，使其具有流转的节奏感；四是坚持骈文不用韵（至少不全篇用韵），以便同用韵的辞赋区别来。中唐新体骈文的主要代表是韩愈与柳宗元。如韩愈的《为裴相公让官表》《为韦相公让官表》。柳宗元的《永州韦使君新堂记》《龙安海禅师碑》《为王京兆贺雨表一》等均为佳作。

宋代骈文，当推欧阳修、王安石、苏轼三大文豪。北宋后期，是宋式骈文新风格之肇始。这一时期的朝廷诏令和奏章等文字，不少都用骈体写成。欧阳修经手这类文字时，则大力倡导以古文气势，运用骈俪之句，尽量让骈文向散文靠拢。苏轼、王安石仿效其体，于是，宋代骈文不同于六朝的骈文，与唐代的也有很大差异。如欧阳修的《上随州钱相公（惟演）启》，是公认的名篇，其佳处在于：它从欧阳修早期骈文的"雕绘纷华满眼"风格中跳了出来，成为高步瀛所说的"言情运事皆佳，然已纯为宋调矣"。王安石的祭文名篇《祭欧阳文忠公文》，被明茅坤认为"欧阳公祭文，当以此为第一"。自北宋末年至南宋初期，破除"四六"旧格，骈文散文化了。南宋后期，散体化的宋式骈文仍在延续。

二、信息量大，知识辐射广阔

作者博闻强记，写作时信手拈来，恰到好处。著作信息量大，知识丰富，辐射广阔，涉及文字学、训诂学、古汉语、鉴赏学、修辞学，和文章学、哲学、史学，以及历史地理学与博物知识等，读一部《中国古典文学作品精讲》犹如读遍中国古典文学作品百科全书。其知识在古诗文解说中，带讲文字学知识。如讲文字来历、造字法和文字演变法。讲《诗经·周颂》中的祭祀诗《载芟》，详尽地描写一年的农事进程，同时简述丰收后秋飨大典。作者便附上"从商殷文字中看农具及其使用状况"与"甲骨文所见奴隶名称例举"叙述汉字的演变，以加深理解。

读懂古诗文，关键是要突破难词难句。作者在这节骨眼上，借助于训诂学。最典型的例子，是《焦仲卿妻并序》(又名《孔雀东南飞》)中的诗句：

媒人去数日，寻遣丞请还，说有兰家女，承籍有宦官。云有第五郎，娇逸未有婚。遣丞为媒人，主簿通语言。直说太守家，有此令郎君，既欲结大义，故遣来贵门。

此十二句，是该文难解之处，尤其"寻遣丞请还，说有兰家女"十字，疑义多多。傅庚生、余冠英、王焕镳、林庚、冯沅君、朱东润等之说各不相同。"寻遣丞请还"五字是症结所在。通过训诂，"寻"作"续"解，"丞"即"郡丞"，"请"作"恳求"之义，"还"作为"旋"的第二义，作"疾速"说。"兰家女""兰家"即"某某家"之意，"承籍"作"继承先人的仕籍"，"通语"作"传达"解，"直说"的"直"，除了"不弯曲"之外，还可作表态副词"特地"解释。

为了理顺情节,可以作如下释义——(县令的)媒人走了几天以后,紧接着太守又派郡丞向刘家请婚求亲,并予即速还报。郡丞(对刘母)说:"太守说你家有位兰芝姑娘,是官宦人家之后;太守又说他有一个最娇美文雅的第五郎尚未婚配,派我郡丞来说媒。这是太守通过主簿来传言的。"按照主簿的意见,郡丞特别强调地说:"太守家里有这样一位难得的好公子,要想同你令爱结亲,故特派我到府上做大媒。"这样,破译了多年迷惑的难题。杜牧诗歌《山行》的"停车坐爱枫林晚"的"坐",不能作坐立的"坐"解,而应作"因为"解,乐府诗的"但坐观罗敷"(《陌上桑》)等,它们都是把动词作介词用。《山行》中的"斜、晚、红"为警策之字,作者通过分析,挖出了微言大义。

《中国古典文学作品精讲》为了疏通文字,常常引进古汉语知识。清代散文家方苞的《狱中杂记》是很典型的例子。文中对"一词多义与多音多义""名词活用"等说明详尽。为了便于理解写作词与曲,在第三编中,附上古汉语才有的《常见词牌简介》《常见曲谱与曲韵》等,读者无不喜欢。

作者运用鉴赏学,使诗词曲意境开掘得更广更深。《诗经》的《蒹葭》一诗,从赏鉴出发,着重点出:一是辞章、结构、句型等大体相同,但又有细微差别,且各有特色;二是全篇三章都写凄清秋景,但又都写了"怀人者"的热烈追求,可又求之不得而出现的惆怅心情;三是每章之结尾,更是甚妙的"神来之笔"。总之,全诗营造的是一个"找到了,找而不得""看见了,见而不及""望着了,可望而不可即",令人心驰神往而又似是而非的朦胧境界。曹操的《短歌行》,斯声先生从"忧国伤时的感慨""爱才若渴的心情""招纳人才的时机""求贤建业的抱负"等四个层面分析,表现了曹操统一天下的雄心和招纳贤才的意志。全诗感情充沛、慷慨悲歌,抒情气氛浓厚,诗之格调悲凉沉雄。"忧国伤时"是基调,末句"周公吐哺,天下归心",道破"求贤建业"的主题。

在分析李清照的《如梦令·暮春》与《醉花阴》两词中,斯声先生借重修辞学点出其凄清的意境。前阕的"知否?知否?应是绿肥红瘦",其"绿肥红瘦"妙绝,"瘦"表明明媚的春天将逐渐消逝;而"肥",象征繁茂的夏景即将到来,四字表达了一种按规律发展的生态,也大大提升了内涵。后阕"寻寻觅觅,冷冷清清,凄凄惨惨戚戚……"运用声调的抑扬顿挫,与双声、叠韵及舌音、齿音的语言技巧,凄清哀婉的基调和盘托出。

本书应着重指出的,作者始终站在哲学与史学的高度进行解说。如对先秦诸子思想体系的梳理,对中国辞赋文学的认识,中国小说、散文的发展史简介,对中国若干文学思潮流派的评价上,运用唯物史观与辩证思维,看待文学史现象与作家、作品的问题,获得公允的评价,备受读者的欢迎。

三、多方比较,拓宽读者视野

(一)同时代同文体不同流派作品的比较。先秦诸子散文,通过思想流派与创作艺术的比较,突出诸子各自的散文特色。

春秋后期思想家老聃,是道家学派的创始人。《老子》是由其门徒辑录的一种语录式著作。全书内容涉及面广,蕴含深刻的辩证思想。我们不能把古人现代化,一味求全责备,用任继愈的话来说:"老子的哲学本身包含着向唯物主义和唯心主义发展的两种可能趋向,只看到老子哲学的一个趋向,而否认另一趋向,都不符合哲学的本来面貌。"其文章的最大特色是用诗歌语言表达哲理,辞约义丰,朗朗上口。

庄子,是道家学派老子之后的又一个重要代表人物。他们虽然为后期并称为"老庄"以"道"作为宇宙万物的本源。但在哲学上,却有不同:老子是积极问世的政治哲学,庄子则是要求超脱的形而上学。李泽厚道:"庄子很少真正讲治国平天下的方略道理",他讲的主要是"齐物我,同生死,超利害,养身长生"的另一套。他在认识论上,以相对论为基础,强调"天地与我并生,而万物与我为一"。(《庄子·齐物论》),要求"独与天地精神往来",倡导一种逍遥自在的生活。《庄子》开篇《逍遥游》,指出高飞九万里的大鹏,小至蜩与学鸠,都是有所待而不自由的,只有消灭了物我境界,达到无己、无功、无名的境界,才是绝对的自由。实际上,这种追求绝对自由的生活在现实中是不可能存在的。

孔子是春秋时期鲁国人,是我国儒家学派的创始者。《论语》是其弟子收孔子平时言行及弟子问答提炼、编撰而成的是语录体散文集。孔子思想体系的核心是"仁"。战国时代邹国的孟轲,被尊称为"亚圣",是继孔子之后儒家重要的代表人物。《孟子》的政治主张基本上仍然是孔子的"仁义"。《孟子》说理周详,文笔畅达,激情荡漾,气势磅礴,富有雄辩家气概。书中富有讽谕的文学性寓言故事,耐人寻味。正如苏轼所评:"溢乎其貌,动乎其言,而见乎其文,而不自知也。"(《上枢密韩太尉书》)《论语》与《孟子》是我国儒家学派非常重要的经典著作,对后世思想发展和散文写作影响很大。两书,也正是当前国内外学习"国学"的主要参考书籍。

荀况,是战国时代出色的思想家、教育家与大学者。郭沫若在《十批判书·荀子批判》中说:"荀子是先秦诸子中最后一位大师,他不仅集了儒家的大成,而且可以说集了百家的大成。"

同样的思想价值体系,即"荀子之儒"与"孟子之儒",但在下面四个方面有着明显的区别:

1.在人性上,孟子言性本善,荀子言性本恶;

2.在义利上,孟子重义轻利,荀子重义不轻利;

3.在史观上,孟子专法先王,荀子兼法后王;

4.在统治方略上,孟子专尚王道,荀子王霸并用。

由此,有人称荀子是由儒家到法家的一个过渡人物,荀子思想是与时俱进的,是代表当时立于历史发展先进行列的统治利益的。

墨翟,战国时期鲁国人,出身于手工业者家庭。墨翟是我国墨家学派的创始人。《墨子》是墨子门徒及后学编纂而成的墨家重要的经典著作。由于他们出身于小生产者阶层，所以表现了反剥削的要求。因此主张"赖其力者生，不赖其力者不生"。（《墨子·非乐上》）"官无常贵，而民无终贱"，使整个社会达到"饥者得食，寒者得衣，乱者得治"。（《墨子·尚贤》）

《墨子》一书，文章结构严谨，语言质朴，逻辑性强，又能引入比喻、对比、排比等修辞手段，增强言理的说服力，且接近口语，在先秦散文中独具一格，论辩散文由墨子开始。

韩非，出身于战国末期韩国贵族门第，著有《韩非子》一书，范文澜给予很高的评价，"战国末期总结了诸子学说的大思想家"。他汲取了荀子王霸并用学说、老子的道家学说以及东周以来郑国传统法家和名家的学说，构成韩非的"刑名法术之学"，确是先秦法家思想的集大成者。他强调"事在四方，要在中央；圣人执要，四方来效"的中央集权主张，后为秦建立统一的中央集权的封建国家提供了有力的思想武器。

韩非是一位思想家，也是一位杰出的散文家。其文"严刻峻峭"，周详细致，文笔犀利，切中要害。正如郭沫若所说的："韩文峻峭。《五蠹》意有七千言；《亡征》一文，把一个国家的'可亡之兆'，一口气列举了四十七项之多。""韩文"还善于以浅近寓言说明抽象深刻的道理。

有比较才有鉴别，通过上述对先秦诸子的道、儒、墨、法等四家学说的比照，我们认识了各家独特的思想流派和创作风格。

（二）**同时代同文体不同作家作品的比较**。例如宋代，同样是"记"这一类作品，有许多作家表现的是同一艺术手法，即"以祠论人"的手法。王十朋写的《颜范祠堂记》（选自上海古籍出版社出版的《王十朋全集》），通过描写颜范祠堂全景，表现唐书法家颜真卿和宋散文家范仲淹的高贵品质。

王禹偁的《待漏院记》，就是通过记写待漏院之事，进行"论相"

描写的。贤相、奸相与庸相的不同心术、不同面貌以及不同结果,并借此表达作者自己的政治抱负。

在范仲淹《岳阳楼记》中,作者也是假岳阳楼,自写景抒情楔入,从而重点言志。"忧在人先,乐在人后",万代传颂。

如此之例,不一而足,苏轼的《石钟山记》、周敦颐的《爱莲说》等,都是借题发挥的实例。

(三)同文体同题材的不同作家作品的对比。这类作品,要算以"马嵬"为题材的诗歌最为典型。马嵬,即马嵬坡,故址在今陕西兴平市境。唐天宝十五年(756)夏,安史叛军逼近长安之时,唐玄宗李隆基携爱妃杨玉环出逃。途经马嵬驿时,随驾禁军兵变,迫使玄宗不得不处死杨贵妃及其兄杨国忠。贵妃自缢于佛室,时年38岁。

历代诗人作有诸多"马嵬诗",各有特色,题旨不同。

1. 怪罪杨贵妃,斥其为"祸水"者,以晚唐诗人温庭筠的七律《马嵬佛寺》最具代表性。他把杨贵妃同夏桀时的妹喜、商纣时的妲己和周幽王时的褒姒并论。其诗第二联"才信倾城是真语,直教涂地始甘心",斥责杨贵妃是"倾城""涂地"的祸根。

2. 同情杨贵妃,谴责唐玄宗者,以李商隐的七律《马嵬》最为著名。尾联"如何四纪为天子,不及卢家有莫愁",谴责唐玄宗枉为皇帝,连一个宠妃也保不住,还不如民间的卢家媳妇莫愁女幸福。

3. 不斥责杨贵妃,即为唐玄宗开脱。晚唐进士郑畋的七绝《马嵬坡》。"终是圣明天子事,景阳宫井又何人",虽说此事可悲,但迫不得已,反而说是一桩"天子圣明"之举,岂不是为唐玄宗涂脂抹粉吗?

4. 既同情又批评,且爱且恨者,白居易的长篇《长恨歌》最能说明问题。煞尾两句:"天长地久有时尽,此恨绵绵无绝期",既言爱情,又痛失国,具体说来,正如斯声先生分析的,"既有丧偶之恨,又有自省卑弱之恨;既有丧权之恨,又有辱国失尊之恨;既有殃民之恨,还有祸及社稷之恨,恨、恨、恨!真是'此恨绵绵无绝期'哟!"

5. 不怪罪杨贵妃和唐玄宗,而认为是天意注定论者,请看晚唐黄滔七言诗中的末了两句"天意从来知幸蜀，不关胎祸自蛾眉"。这种说法，当然缺乏科学根据，也就不足道了。

6.百姓苦难更值得同情。清人袁枚的《马嵬》："莫唱当年《长恨歌》，人间亦自有银河。石壕村里夫妻别，泪比长生殿上多。"这种超凡脱俗的论点，很受读者青睐。

再者，斯声先生选取晚唐罗隐的《荆巫》与明朝方孝孺的《越巫》，通过样式、梗概、内涵、手法、兴慨五个方面进行对比。两文都是通过寓言式的讽刺性小品文来写"巫"的，其内旨：《荆巫》是写荆巫先后两次不同的祈祷，得出一个"既为己则不能为人"的道理。《越巫》先写巫设坛欺骗病家。后写恶少年恨他荒诞不经，夜里隐藏在树上投沙石吓巫，结果"巫至死不知其非鬼"。读后，均感"巫"自欺欺人的可笑。

（四）运用对比手法，突出相同主题。如对武则天的评价，古今历来多有争议。在古代，因受"封建卫道士"的影响，认为她是"女妖"，是"窃国大盗"。斯声先生便旁征博引，多方证实她是一位利国利民的女皇帝。作者搜罗了国内著名历史学家范文澜、白寿彝和英国汉学家崔瑞德等人的评论材料，通过正反多方比较得出了较为客观的评价，不会因某些人的偏见而否定武则天的政绩（详见《中国古典文学作品精讲》有关章节，此处略）。

同样，在评论周敦颐的《爱莲说》一文时，列举我国文学史上善于以"莲"为题材的诗文，如隋朝的杜公瞻，唐朝的卢照邻、李商隐、郭恭，宋朝的杨万里、范成大，元朝的于石，明朝的陈敬宗，和清人钱谦益、郑燮等10位诗人的诗歌，供读者鉴赏，大大拓宽了知识领域。

四、教案特色，体现讲读规律

《中国古典文学作品精讲》，循名责实，就是运用"精讲"来解读"中国古典文学作品"。由于作者长期任教高校中国古代文学，其讲稿几乎就是此书的蓝本。书中分析的一篇文章,就是一个教案。所以,具有教案特色,体现讲读规律,这是其他任何一部中国古代文学作品集所没有的。我认为,《中国古典文学作品精讲》即是一部含金量很高的学术著作。

(一)作品疏通文意的方式带有教案特色。语文阅读教学自有规律:字、词、句、段、篇,层层深入,这是符合求学者认识规律的,由局部到整体,由感性到理性,层层深化,步步升华。

对于字诠、词解、句串、段意和篇译诸项,综合梳理方法的运用,俯拾即是。以杜牧的《阿房宫赋》为例。第一部分:作者介绍。第二部分:阿房宫赋原文。第三部分:题解。第四部分:内容分析;并在这每一部分的开头,罗列全文各段段意。第一段:刻写阿房宫穷奇极丽;第二段:暗示秦始皇莫能长乐;第三段:点明六国之亡,乃秦速亡之因;第四段:可怜焦土,垂戒万世。第五部分:综合分析思想与艺术特色。段末,先是诠词释句,后是略述大意,这样井然有序的分析结构,贯穿全书每一课。

无论是文或诗,还是戏剧或小说,斯声先生大都以"思想内容—艺术赏析—链接其他"的环节展开,让读者对作品有一个既全面又深刻的了解。

(二)文史结合,史为文服务。在语文教学中,常常介绍作品时代背景与写作常识,以便让学生更深刻了解课文的思想内容与写作技巧。斯声先生十分重视其"史"的介绍,几乎在对每一体裁作品讲析之前,都介绍一段精要的"文学史"。第一编下册的唐五代宋清近代词,开始有"唐五代词"的概述,分"词的常识""词的由来与成长""词的类别与内容""词史分期与作家"等四部分叙述。第三编的"中国古代小说发展历程"分"小说的起源""小说的萌生""小说的雏形""小说的成熟""小说的发展""小说的繁荣"等六部分进行叙述,然后才开始作具体讲解"南北朝志怪小说"(如干宝的《搜神记》)、"唐传奇与宋明话本"(如李朝威的《柳毅传》和明清小说(如《三国演义》《红楼梦》《水浒传》《西游记》《儒林外史》《聊斋志异》等六大古典名著）。这样，"史"为"文"作了铺垫，"文"为"史"作了很好的诠释；"史"是"面"，"文"是"点"，"面"为"点"作了背景，"点"便是"面"的"个案"。

（三）图文并茂，增强视觉冲击力。这也是其他"文学作品选读"集所没有的。我们认为，"直观性"是课堂教学的一个重要原则，此书运用许多图表人像，大大增强读者的视觉冲击，便于直观感受，提高"精读"的趣味性，并易于理解与记忆。

全书三编五册，附图表人像八十二帧。讲解第一编上册的《诗经》时，说"风"诗主要分布在黄河流域，作者便附上"十五国风"地域分布图。第二编上册附《春秋形势图》与《战国形势图》，《先秦诸学派一览》（其中列明道、儒、墨、法、纵横家、阴阳家等十家的代表人物与作品篇数），这对读者理解头绪纷繁的先秦散文，犹如添上一翼。"徐霞客旅游线路图"，是我们阅读《徐霞客游记》的最佳导游。

《周处》与《师说》是中小学教科书中的常选课文，为了便于教师分析，就附上文章的"架构"。第三编末了，还附有中国历史年代简表与中国文学大事年表，这是其他古代文学作品集所少有的。这样就给广大读者带来极大方便，节省了许多翻检之劳。读者对古代文学家往往知其名，不知其形，作者介绍作家生平时用上其肖像，这对读者在读其文的同时，从容貌、服饰、神态了解其人，确有面对面的亲切感，大大提高了阅读兴趣，从而激发敬仰之情。

2010 年 12 月 25 日

叶秋文诗情的独特魅力

一

我常对文学圈子里的人说,文成县城很美,白天美在地上,夜晚美在水下。最近,我读了中国文联出版社出版的《情·时光的花朵》一书,发现泗溪岸旁的高楼上,有位常戴白帽、着一袭白衣的女子,凭栏眺望"地上""水下",一切都能在她的情感里发酵,酝酿成诗的醇香。"我在桥上看风景",她在楼上也看我看的风景,不期然地,我与她真的成了卞之琳笔下的准主角。

这位女子是谁?是雪莲,是双桂人,是70后,她还是文成医院的医务人员,是护理本科生,竟然又是手握"古词"与"新诗"的县作协和诗词学会的"双枪"女诗人:叶秋文。

二

大凡会写诗的人,都善于捕捉触媒。何谓触媒?触媒就是感情有所依附的艺术。说具体一点,就是生活中最能激励自己的那个感情的发射点。未央的《祖国,我回来了》一诗,就是抓住"车过鸭绿江"这一场景,抒发"祖国,我的亲娘"这一主题。著名诗人艾青利用古罗马的"大斗技场"这一遗址,回忆血腥的残杀,号召人们"把那些拿别人生命作赌的人钉死在耻辱柱上"。

叶秋文同样是捕捉触媒的高手。她看到冬夜"新月浅弯",传出"瘦若黄花的相思";看到三月的"烟花",便有"一朵相思之花／正开在山海之间";她感受"春风",希冀"明天升起的／将是／另一个更温暖的太阳";她感受"情人节",便写出《情·时光的花朵》一诗,祝福"天下有情人终成眷属"。总之,她能灵活运用"阳光""月色""岸柳""秋水""红枫古道""烟雨""歌声""七夕""轻叹"等触媒的梭子,运用"相思"的丝线,编织出"爱情"的锦缎。

我又颇感兴趣地读了《春蕾》第十四期发表的叶秋文的31首诗,她同样地仔细观察生活,敏感地抓住触媒。她看到"飞红落尽",便写出《九张机·吟春》;她"凝眸望远风千缕",便升起"春夜人凄楚"的相思;遇到"重阳节",就发出"西山秋叶离人恨"的慨叹;见到"玉兰花",便滋生"夜长愁更长"的悲凉。如此之例,不一而足。

触媒,实际就是主观情感相对应的一种客观产物。构思时,必须有一种相同或相近的向度,即找到题材的核心意念,并通过对事物的想象创造形成特定的情境,向核心意念靠近。无论是古诗词,还是新诗,叶秋文都能恰到好处地找到触媒,驾轻就熟地成篇,这对于一位刚刚涉足诗坛的年轻作者来说,无疑是难能可贵的。

三

如果说捕捉触媒是构思诗歌的起始,那么,选择多种物象创造意境便是构思的继续。台湾著名诗人余光中选择有象征意义的"小小的邮票""窄窄的船票""矮矮的坟墓"的物象,写出了脍炙人口的诗作,抒发了耐人寻味的乡愁。这一点在中国古典诗歌里就十分明显,元代马致远的《天净沙·秋思》,选择了"枯藤""老树""昏鸦""小桥""流水""人家""古道""西风""瘦马""夕阳",以"动静相济,而以动制静"的艺术方法,形象地表现了一个漂泊天涯、极度忧伤的游子的愁思。

请看叶秋文的《我与春风共消瘦》,这既是标题也是主旨,作者选用"春雨""黄昏""彩灯""雨帘""梦""清泪""泗溪岸""春风"等多种物象,运用"哀乐对照,以乐显哀"的艺术手法,生动地描绘了一幅"愁人独坐潇潇风雨中"的水墨画，明确地表达了那种"多情自古伤离别，诗意总在别离后"的情境。《今夕又相思》中，"涟漪""灯火""瘦月""远望""独坐""月影""晓月""夜幕""杨柳岸""霓虹""天涯路"等物象，以形、以影、以声、以色写出深夜对远人的无限眷恋。

作者的《三字令·读木人》《唐多令·一缕春风愁半阙》《一剪梅·春欲回归雪满眸》等，都是娴熟运用"叠物"技巧的佳构。

四

从文学的内容与形式来说，打一个比喻，散文如饭，诗歌似酒。诗歌的语言贵在形象、准确、凝练，富于音乐性，这是连小学生都知晓的道理，可是一旦运用，往往难以驾驭。我想，英国诗人柯勒律治的"诗是最佳词语的最佳排列。"一语，很经典，可作为写作诗歌的座右铭。

叶秋文发扬"绿""推敲"的字斟句酌、精益求精的精神，把自己的诗句进行锤炼。如动词，"轻挽半袖晓月"的"挽"，"我的相思缀满了夜幕"的"缀"，都把深夜相思不眠的动作与程度写活了。"很快就灵动成一滴泪，擎住了这 唯美的印象画面"，凄美的泪要滴下，作者立即用上高高举起的"擎"字接住，突出了"印象画面"，不是恰到好处吗？"泊""风干""植入"，还有把"灵动""婉约"等形容词活用为动词，都把事物当时的情境"动"了起来，显得有生气。

又如"倚在霓虹点点的小城亲水台上／用清泪挥毫一副透明的忧思／水墨轻轻地点染　慢慢洇开／洇染了那一江多彩寂寞的画图／落款处　是一汪蓝色的秋水"，其中带点的词，实际上是绘画艺术中的专用术语，借用在这儿将"泪流"诗化成一副深藏相思的图画，因而觉得十分贴切。再看"有会唱歌的雨滴／跳舞的云朵／儒雅的春风／涓美的流水"，将这些无生命的事物人格化了，绘声绘色地写出四月烟雨迷濛的清晨。

贬义褒用，又是作者不可忽视的手法。"贫血的伊人""如炼狱般的诱惑""透支诗意和赤诚"，以贬显褒，写出女子外貌的美丽与挚爱的深沉。

古诗词用典是普通常识，新诗用典却别开生面，如"高山流水呜咽／声声伤"。《列子·汤问》中写伯牙鼓琴，钟子期善听，借他俩一对知音之喻，表现当时的思念之深。"不说巫山／也不说云"，《白雪遗音·七香车·十二月》："斜倚着门儿作了一个梦。梦里梦见郎回家，巫山云雨多有兴。"作者借用这个典故，表示相思之甚。"多少相思／都因那轮明月／或圆或缺"，大家一看，这是从苏轼《水调歌头·明月几时有》中衍化出来的。"岁岁年年／我还是那个女子／年年岁岁／春一样　于梦中期待"，此句从唐刘希夷《代悲白头翁》的"年年岁岁花相似，岁岁年年人不同中"信手拈来融化，觉得自然。"为你低吟一首——长相思"，我们便想到白居易的"汴水流，泗水流，流到瓜州古渡头，吴山点点愁"。"又如一阕声声慢／不期而遇浓缩了一个季节的凄美"，李清照的《声声慢·秋情》又在此复活过来。"映现的尽是　平平仄仄的情景——"，"平平"，照现代汉语的解释：平平就是阴平阳平，即汉语拼音音标的第一声、第二声。"仄仄"，即汉语拼音音标的第三声、第四声，就是上声与去声，也就是不平之意。将古诗词的术语嵌入现代新诗中，既准确又形象，真是锦上添花。作者又多处运用"在水一方，任由风拍水湄""有白衣伊人，在水一方"，采撷三千年前《诗经·春风》中《蒹葭》的"所谓伊人，在水一方"之句，营造了一个"找到了，找而不得；看见了，见而不及；望着了,可望而不可即"令人心驰神往而又似是而非的朦胧境界,这样，扩大了读者的想象空间，也让读者增强情爱是古今永恒主题的印象。

诗歌的结句，作者独具匠心。如《月半弯，幽思满怀》中的"今夜，君梦中必定也有月升月落／有很轻很轻，花开又花落的声音／有淡淡的花香，自你眸中流转"，又如《以高原蓝落款》里的诗句"我想成为你心中的蓝／向天空泼釉"等，有语已尽而意不绝的含蓄。有的如响鼓、如洪钟："昨日等你，是为完成我　今日的这首诗。"《以诗的方式·写你》结尾道出："相信　美丽的终究是美丽的／升华的终归会升华"，拔出全篇的主旋律，成为诗意的哲理名言。这些不仅要有深刻的生活体验为功底，更要有缜密的思考，才能提到一定的思想高度。

五

初读叶秋文的诗歌，我认为，她已具有自己的独特风格，这也是她诗歌成熟的标志。王朝闻在《美学概论》里指出："艺术风格作为一种表现形态，有如人的风度一样，它是从艺术作品的整体上所呈现出来的代表性特点，是由独特的内容与形式相统一、艺术家的主观方面的特点和题材的客观特征相统一所造成的一种难于说明却不难感觉的独特面貌。"大家都有这样的感觉，郭沫若的文章，气势磅礴，热情奔放；茅盾的细致入微，老舍的诙谐幽默，赵树理的朴实无华。就宋词而言，从《念奴娇·赤壁怀古》看，苏轼写长江、赤壁，表现豪放；从《雨霖铃》看，柳永写雨后秋景，表现婉约。从叶秋文诗歌的整体看，选择的是离情别绪的传统爱情题材，运用娴雅清婉的语言，写出了缠绵悱恻的思念，似乎有"两李一柳"——晚唐李商隐和两宋柳永、李清照的诗风。如《思念千年》的开头："今夜／在西窗前／在潇风中"与《又见烟花》的开头，都有李商隐《无题》中的"昨夜星辰昨夜风，画楼西畔桂堂东"的影子；《邀你共享一首倾城的诗》中的"在一杯茶的清香中酝酿诗意／在一首清歌中坐看风景"、《三月，赴一场美丽的烟花之约》中的"我会夜夜为你温一壶酒／抚一筝曲　低唱一首情歌／低吟一首情诗"，似乎从北宋晏殊《浣溪沙·一曲新词酒一杯》的"一曲新词酒一杯，去年天气旧亭台。夕阳西下几时回？"中演化出来。《夜枕春华》中的"又将　瘦若黄花的相思／

续写至 晓风残月时",《你的笑颜·月亮花》中的"日夜与瘦瘦的宋词为伴／采撷清照的婉约 与岁月的手相牵……花瓶里的宋词／开出了一朵／与你的笑颜一样灿烂的月亮花",更是直接挑明了作者自己从李清照的词《醉花阴·重阳》《声声慢·秋情》中汲取琼浆。《孤独的相思词》《夜枕春华》等多首诗,也都能与柳永的《雨霖铃·寒蝉凄切》一样倾诉难以割舍的离愁。

综上所述,作者因为阅读古诗词很有心得,写作古诗词也很出彩,因此,在新诗中,她高举中国古典诗词的文化传统旗帜,便"拖着唐诗长裙袅袅而来","轻踏着宋词脚步翩翩而至"(《在梦的出口处等我》),"以低吟轻唱的相思为韵律"(《孤独的相思词》),抒发"在水一方"伊人那"望着倾国的天荒／守着倾城的地老"(《一场诗情画意的相思》)的美丽情感。

六

人生不可无诗。读诗,写诗,都是人生的一种幸福享受。作者在《代序》中已竖起路标:"惟愿 从此煮字疗饥／以诗美丽心情／以诗美丽人生。"由此可见,她写诗不追求功利,而是给人间撒播大爱。我读她的诗,已经汲取"触媒""物象""语言""风韵"的营养,收获"以诗美丽心情"的硕果。

在中共中央十七届六中全会大力推进文化强国的大背景下,在文成县文联的支持下,县作协召开叶秋文与金邦一的新书首发式,这是作者的第一次新书发布。我相信,以后他们会有更多的作品问世。

爱情是永恒的主题,写爱情诗更是年轻作者的专利。望作者继续发挥思想、艺术的优势,继续在爱情诗的跑道上张开想象的翅膀。艺术贵在创新,不要重复自己,更不要重复别人。为了提高作品的思想与艺术品位,我希望作者扩大写作题材,跳出婉约诗风,写出更多、更好振奋人心的作品。如果原地踏步,或许让作者与读者长期沉湎伤感的诗情之中,便会"审美疲倦",既不利于自己,也不利于他人。

笔者在文章的结尾处,重复本人在魏丽红的诗集《曾经迷惘的少女》(四川民族出版社)序言的一段话:"我喜欢读诗,也曾经发表一些诗,但觉得越来越不懂诗。因此,对评论诗感到有些冒失。好在诗作者和读者都有自己的主见,不会凭我道长说短所左右。作为相识的诗友,仅谈点印象而已。"

2012年1月9日

林铮的《溪口廊桥楹联》赏析

渡头已弃艄公桨　溪口终闲织女梭

属"嵌名联","溪口"之名不拆,整体嵌入,为"对句横格"。作者运用"已弃""终闲"词组,以"副词+动词"之式,表现溪口曾经是一个旅客来往靠艄公划渡,与男耕女织方式生活的山村结合的渡口。今天,两岸通桥和现代纺纱厂分别让"艄公桨"与"织女梭"成为历史的符号,表现时代的发展、社会的进步,反映了工业社会代替农业社会,联意描写了溪口的历史特色。

此联用古韵,"织"为入声字,古韵为仄声,跟上联平声字"艄"相反,属工对。如用新韵,"织"属平声,位在第五字,亦合宽对律。

兰榭楹藏兰麝气　桂溪水带桂花香

美好的水边楼台楹柱,蕴藏着令人陶醉的麝香般的香气。上联"兰+兰",下联"桂+桂",以"自累"与"相对"修辞,从人们的视觉与嗅觉着眼,强调了长廊所处环境的美丽,也表现出桂溪上游双桂乡中多桂花树的地理位置。

十里蛙声鸣响鼓　一弯桂水架飞虹

联语写出溪口的夏天雨后景色。"十里"为夸张,但桂溪十余里两岸为农田,亦合实际,此名也暗含齐白石一幅"十里蛙声出山泉"的画面。"响鼓"为拟物,为鼓蛙引申而来。"飞虹"为隐喻,也喻指桥,同时写出溪口纯朴美丽的形象。

村近秋江常见鹭　桥通柳岸早闻莺

一副对联两幅图,上联描写出溪口近飞云江白鹭齐飞的秋景,下联绘出廊桥柳浪如烟、莺声鸣啾的春色,自然让人联想到杭州西湖柳浪闻莺,溪口之美跃然纸上。

静坐怡心能致远　凭栏矫首可遐观

上联由诸葛亮名联"淡泊以明志,宁静而致远"演化而来,下联由陶渊明《归去来兮辞》中一句"时矫首而遐观"引来。

这一联的意境都很美,赞扬了修身养性、宽厚平和的心态;同时桥上的美人靠和白玉栏杆有静坐凭栏的实物,没有无的放矢的空洞,正是对物抒情扬志、两点完美结合的结果。

桂溪水映团团月　桥榭人宜爽爽风

夏夜,人们在桂溪的廊桥漫步,看到圆圆的月亮倒映水中,在凉爽的晚风中,溪水被激起层层涟漪,溪面像是碎银一片,从视觉和触觉切景,点出这儿是宜游的好去处。

柱阔无帘堪赏月　楹联有偶定知音

此联双关,既写出楹柱联语的对应,双双对仗,也写出花好月圆时节,那对对青年男女背倚美人靠,心心相印的美好感情,像俞伯牙找到钟子期,可谓高山流水遇知音也。

雅座吹箫识弄玉　　长廊赛手弈楸枰

此联用典恰到好处，神话故事《列仙传》载，萧史善吹箫，能以箫作鸾凤之音，秦穆公有女名弄玉，也好吹箫。秦穆公将她嫁给萧史，并筑凤凰台给他俩居住，数年后，弄玉乘凤，萧史乘龙，升天而去。其美满生活的情景，令人遐思不绝。

楸枰，棋盘也。楸木甚坚，人以之作棋盘。唐诗人温庭筠有"闲对楸枰倾一壶"之句。在雅座，和长廊，有着多彩的活动，从中找到兴趣相投的朋友，真是乐趣无限。

壁上题诗光梓里　　廊中讲故赞文成

此联双关，今日，为建设美丽乡村，弘扬刘基文化，溪口村在桥头处已粉刷一墙壁，让人题诗，同时，在廊里讲述故事，赞美我们文成人的勤劳勇敢，也赞美文成谥号的刘伯温先生。

圯桥敬老三拾履　　驿站贻君一剪梅

又是用典，妙哉！上联取于西汉故事《圯桥进履》。张良在圯桥遇黄石公，打算跟随黄石公学兵法。黄石公故意把鞋子丢到桥下，张良下桥，三次拾还，黄石公被张良的诚心感动了，便把兵书授给他。下联取于宋陆游词《卜算子》中"驿外断桥边，寂寞开无主，已是黄昏独自愁，更着风和雨"词意。

同时，写男女情人、朋友在驿站分别，总是送上一枝梅花为礼。作者借用上述两个典故，让人触景生情，教育我们后代讲诚信，讲礼仪，养成良好的道德。

（驿站：溪口桥边有车辆停靠站）

百载功勋劳首事　千秋伟业仗乡贤

我一直认为,自古至今,凡是社会的进步,都是少数的热心人带动大多数人取得的。溪口廊桥,概莫能外。农村俗话云:饮水勿忘掘井人,吃茶要念茶根头。建成廊桥百载功勋,千秋伟业,其首事应该受到大家永远的敬仰,让后人效法其为公精神,也让后人学会感恩、感德。

2013 年 7 月 24 日

我眼中的《白芙蓉》

如果一部文学作品，能给读者引起感情上的共鸣，获得思想上的教益与艺术上的启示，那么这部作品是成功的。岚亮的中篇小说《白芙蓉》读后，我就有这样的感受。所以，阅读此文，既是欣赏，又是学习，感到快乐。

一、棱角分明的人物群像

小说描写20世纪60年代末期至80年代末期，年轻美丽的女青年白芙蓉前后四次从长沙郊区来到东江省东港市的贫困山村舟浦，与青年汪光荣、汪卫国相爱并共同打拼的故事，表现错综复杂的现实生活与令人唏嘘的爱情悲剧。

文学是人学，尤其是小说，以创造人物形象为职能。小说成败，取决于人物形象塑造的成败。全稿约10.86万字，有名有姓的人物50余个，轮廓分明的十来个，最鲜明的当然是白芙蓉与汪卫国夫妇。

主人公白芙蓉，一见名字就叫人喜爱。凡初次见面的都说她是"仙女"。她出生长沙郊区，在高尔基作品《海燕》的启示下，决心到社会的大风大浪中搏击。由于年轻，第一次被汪光荣哄骗到最贫困的山村舟浦。但从另一方面看，这也正是她壮志凌云的表现，有向往，有追求。再则，贫困山村的生活也是对她的考验。在残酷的现实面前，她没有倒下。一年之后，她第二次来到舟浦，决心做"展翅在群峰之巅的山鹰"。不料在新婚晚上，丈夫汪光荣被旧梁砸死，自己被木板压伤。七天后，她又只得惆怅地离开舟浦。

两年后的一个夏日,白芙蓉领着汪光荣的儿子汪海洋,第三次回到舟浦。时值"文革",败类秧地鸭,摇身一变成为舟浦革委会副主任。他凭手中权力,多次陷害白芙蓉及汪光荣之父。但她洁身自好,坚决反抗。在舟浦的14年中,她虽伤痕累累,但从逆境中奋起:冲上白云峰,在火场中转移七狗;发挥做裁缝的技艺,给村民做衣服;创办学习小组,辅导七狗等少年;反对不合理的招生制度,忍辱负重地帮助七狗升上高中;精心排练小演唱节目,在汇演中大获成功。后来,金钩一班人要砍舟浦古枫树,她挺身而出,聪明地用木板写字为宣传武器,削弱对方气焰。这,正是"巾帼不让须眉"的诠释,是发挥"半爿天"作用的注脚。

白芙蓉自从与汪卫国相爱之后,虽然一时不解他不结婚之谜,白芙蓉仍然一而再再而三地从精神上、物质上支持他创业发展,表现改革开放时期农村新一代女强人的形象。汪卫国办企业失败之后,她决然回老家芙蓉村办服装厂赚钱,以便给汪卫国治病,第三年邀汪卫国去芙蓉村共同办厂并与之结婚,表现夫妻同甘共苦、相濡以沫的真挚感情。

四年后,白芙蓉第四次回舟浦,也是最后一次。出人意料之外,不是双双回家享受天伦之乐,而是晴天霹雳般,竟是其端着汪卫国的骨灰盒怯生生进门。家人看了汪卫国的绝笔信,谜底昭然若揭,释去前嫌,大家倒怜悯起白芙蓉来了。

白芙蓉人生最后的一夜,她将与汪卫国办服装厂得到的100万元,分别送给老狸头与阿翠婶各一半,然后去白鹤寺衔毒花殉情。白芙蓉在临终前报恩的孝敬之心,又拔出一曲高亢的主旋律,令人肃敬。

作者跌宕起伏叙述白芙蓉"红颜薄命"的一生,是在讲述一个令人敬仰又令人同情的凄美故事。白芙蓉21年的婚姻历史,是一部失败的记录。仔细体会,白芙蓉在"舟浦"这个小社会,同样像祥林嫂一样,受着政权、族权、神权遗毒的影响,不过程度轻点罢了。然而,这又是一支奋斗的颂歌。从芙蓉村到舟浦的"四走四回"的坎坷经历中，正如作者所写的"像芙蓉一样美丽善良，勇敢坚强，圣洁无瑕"，是其外表美与内心美相统一的妇女形象。

剧本有三类：喜剧、悲剧、悲喜剧。小说同样如此，《白芙蓉》简直是一部悲情的浮世绘。文章尽管写了两次结婚，但情节急转直下，立即"死人"。"快乐"如火花般瞬息即逝。一个中篇，写了10个死人：长颈鹅第一任妻子跳楼死，汪光荣被压死，陈青莲悬梁死，汪光碌与大儿子汪光南被烧死，汪天勤跌死，张老夫人老死，汪卫国病死，白芙蓉殉情，阿翠婶气死。死人不会突兀，都是自然的结局。每死一人，都推动故事情节的发展。全文除了七狗们带给人间些许快乐，大部分人都给男女主人公的事业与爱情设置重重关卡，只有少数几个人力挽狂澜，帮助闯关。读下来，心情压抑、沉重、难堪。当我读到"她已成为一个永远的睡美人……"这一段，我的鼻子酸了，眼睛潮了。悲情的美在于故事人物内涵的反响：从批判假丑恶中吸取真善美的崇高。这就是悲情的审美价值。这，也许就是作者处心积虑的初衷。

读者看到文章最后，白芙蓉衔了血红的花殉情，也许有人会问，她为何要死？日后再改嫁嘛。这只是从所谓社会常规的理性逻辑推论出来的。初听，不是没有道理。但个人的情感逻辑却反其道而行之，一定要死！这就是所谓的"个性"，这也正是小说的审美价值所在。

先请看看法国小说家米兰·昆德拉写的一段话：

在历代的爱情诗中，女人总渴望承受一个男性身体的重量。于是，最沉重的负担同时也成了最强盛的生命力的影像。负担越重，我们的生命越贴近大地，它就越真切实在。

相反，当负担完全缺失，人就变得比空气还轻，就会飘起来，就会远离大地和地上的生命，人也就只是一个半真的存在，其运动也会变得自由而没有意义。

那么，到底选择什么？是重还是轻？

作者的最后回答，就是此书的反映的"不能承受生命之轻"。

白芙蓉选择什么？她选择重！她"不能承受生命之轻"。

她意识到婚姻的幸福是建立在夫妻真正的情感基石上的。她生命的20年是属于汪卫国的，他俩在茫茫人海中浮沉，忍受了一次又一次的屈辱与伤害，生死相依，可以说，没有汪卫国便没有白芙蓉，这正是爱情的维系点。汪卫国死了，她的精神支柱崩断了，再活下去就等于行尸走肉，所以她毅然决然跟着汪卫国"同归于尽"，像梁祝一样化蝶，这样她的爱情就美满了。可以这样说，白芙蓉第一次与汪光荣的结合发生于相对中的惊鸿一瞥，是偶然性、浅表性的。第二次与汪卫国的结合，发生于朝夕相处中的细水长流，是必然性的、实质性的。所以作者对小白结局的安排，像《傀儡家庭》中娜拉的出走、林黛玉死后贾宝玉出家，都是感情因果逻辑发展的结果。

作者写白芙蓉与汪卫国的爱情，让人们懂得：爱情不是公园邂逅，而是家庭中的生死相许，地久天长。

今天细读《白芙蓉》，我隐隐感到，生命中原本就有不朽的东西，它静静地流淌着，犹如远方的音乐、空中的花香。

男主角汪卫国，是族长老狸头最看重的儿子，他是一位退役军人。新婚仅一个月，他响应祖国号召赴东北服役，曾获军功章。退伍后，又任村民兵连长，积极做好民兵工作。

狱友金钩一伙破坏古枫树，大敌当前，汪卫国只能以牙还牙。他早作准备，带领百余号族兄族弟作后盾，冲在斗争最前线，宣传党的政策。最后，击退疯狂的破坏者。

自白芙蓉第二次来舟浦，汪卫国就默默爱慕她。当夜婚礼，白芙蓉被压，汪卫国闻讯前来抱她送诊所救治。一次在山路，白芙蓉穿红衣服，碰上一头水牛即将用角挑她，说时迟那时快，汪卫国冲过去，全力将水牛推往坎下救出了她。当三进屋与四面屋族人声嘶力竭讨伐草鞋店时，又是汪卫国迎难而上，说退乡亲。"文革"时期，流氓秧地鸭两次凌辱白芙蓉，汪卫国就像《水浒传》中的鲁智深在野猪林出手相救林冲，制服了他。汪卫国被"副主任"陷害坐牢三个月，出来后仍不气馁，正值改革开放时期，他雄心勃勃办竹木加工厂，办水电站，办养殖场，因天灾人祸，屡屡亏本。

后来，跟白芙蓉一起办服装厂赚钱。由于他因在黑龙江保卫祖国的小岛而伤了命根，完全失去了一个男人的尊严，默默忍受精神的长期折磨。这个"谜"人家迟迟不解。直至最后两人坦白隐私，白芙蓉支持他走南闯北就医。由于积劳成疾，雪上加霜，最终汪卫国在白芙蓉的怀中安然去世。汪卫国正直、善良、勇敢、坚强、聪明、能干，并具有深厚的家国情怀。他，正是现代农村青年的标杆。跟白芙蓉一样，值得敬仰，又值得同情。

老狸头的形象，也很鲜明。他有学识，有城府，处事老辣，一言九鼎，族长之职当之无愧。白芙蓉第三次回舟浦，由于迷信驱使，族群讨伐草鞋店，并要赶走白芙蓉。当晚，大队部争议未决，结果老狸头上场引经据典，摆事实，讲道理，最后敲定："白芙蓉不能走，必须留，她是咱舟浦的大恩人。"然后，白芙蓉留在舟浦，让她搬往蚕场，另送她稻米一百斤，安顿生活。这说明老狸头有顾大局、识大体的胸怀，并具有压强扶弱的怜悯之心。

此外，阿翠婶贤妻良母的形象、辣椒婶的辣椒般性格、秧地鸭的混蛋行为，都给读者留下难忘的印象。

七狗这个青少年群体，书中表现得淋漓尽致。通过婚礼上的唱歌、桃树垅偷水蜜桃、冲上白云峰灭火、在学习班认真学习、参加排练汇演、捐钱建亭、唱歌祭奠等场面，那活泼、天真、可爱的形象跃然纸上。而七狗与家长们抓阄的恐惧心理，更写得入木三分。

再说三进屋、四面屋的汪氏光字辈等群体，在封建迷信的毒害下，曾愚昧地充当"算账"打手，而后在保护属于集体的古枫树的斗争中，又成为勇敢斗士，说明在党的长期教育下，年轻一代的社会主义精神文明程度提高了一大步。

二、表现手法的亮点

小说的人物形象鲜明,给读者留下难以忘怀的印象。在表现手法上,展现出许多亮点。

(一)典型环境　塑造典型人物

小说中的人物群像之所以雕塑般立在读者面前,这得益于作者塑造人物的多种手法。典型人物形象的创造,离不开典型环境。作者以家乡王宅为原型,如三进屋、四面屋、文昌阁、圣旨门、天主教堂、白云峰、石鼓台等营造一个典型的舟浦村。在这个不大的村子里,作者写了50多个人物,让他们在近百年的历史舞台上表演,再现民国与新中国成立后的"文革""改革开放"时期的数十个场景,具有浓厚的乡土气息与时代气息。运用古典小说《水浒传》中的及时雨、智多星,赵树理小说《锻炼锻炼》中的"小腿痛""吃不饱""能不够"的起绰号手法,塑造草鞋佬、七狗、秧地鸭、长颈鹅、辣椒婶、老狸头、老摇头、八分头、赤发鬼等人物,形象有趣,褒贬分明,并且易记。一叫绰号,就呼出一个活生生的人物,如见其形,如闻其声,虽没有对号入座,但进行综合概括,让读者能记住那一类型人物。其手法平常,价值却宝贵。

(二)明暗线索　作品意义深刻

什么叫线索,线索指文章或作品中,把全部材料贯穿成一个有机整体的脉络。小说没有了线索,故事就没有中心,场景就成了文字碎片,人物就不可能从字里行间凸显出来。线索有明暗两条,明线,如《药》中的华老栓买夏瑜的人血馒头为药。暗线,就是辛亥革命前夕,群众的麻木愚昧。《白芙蓉》的明线,就是白芙蓉的两次婚姻,暗线则是新与旧、先进与落后、科学与迷信的斗争,即舟浦村交织的真善美与假丑恶的斗争。只有通过线索贯穿,主题才能突出,才能深刻挖掘作品的社会意义。

（三）运用对比　人物性格多样

对比，是小说惯用的手法。阿翠婶的豁达、宽容与丈夫汪天元的憨厚、老实，白芙蓉的美丽与长颈鹅的丑陋，秧地鸭的卑鄙无耻与汪卫国的正直善良，胡乌皮出国前后态度，胡乌皮记恩与肥猪婆娘欺贫，老狸头在酒宴上的封闭迂腐与年轻人的见多识广，七狗与家长们抓阄恐惧的神态，砍古木打手的凶相与保古木群众的善意，汪光荣汪卫国的结婚与死亡，即喜与悲，白芙蓉四回舟浦的不同遭遇等对比，大大增强了故事的丰富性、斗争的复杂性、人物性格的多样性。

（四）反复重现　突出人物形象

反复重现，文学作品类似情节、场景一而再再而三出现，旨在突出人物的形象。白芙蓉进舟浦重现四次，每一次的目的不同，但表现对爱情的忠贞是相同的。在不同时段，汪卫国前后相救白芙蓉与击退砍树者，作者在文中事先都没有交代，运用"省笔"手法，后都写出相救行动，给读者留下想象的空间，实际每次都是有备而来的。当改革大潮到来时，汪卫国先办竹木加工厂，再办水电厂，后办养殖场，由于天灾人祸，每次都亏了本。最后跟白芙蓉办服装厂，挣了钱去治病。反复出现办厂，表现汪卫国像《老人与海》中的老渔夫桑提亚哥一样，具有"人可以被打败，精神不可以被打败"的硬汉性格。

（五）"意外"手法　文章结尾新颖

"意外"手法，又称"欧·亨利"笔法。欧·亨利是美国批判现实主义作家，尤以描写纽约最为特出。他的作品结尾新颖、幽默，即出乎意料，却又在情理之中，合乎逻辑而令人信服。文学界常把这种手法称"欧·亨利"笔法。《白芙蓉》多处运用"意外"手法。白芙蓉第一次来舟浦，因汪光荣的家极其贫穷，甚至连一个像样的房间都没有，仅宿一夜便回家。读者认为，她是永远不会再来了。一年之后，结果又回舟浦，因为说通了父母，她认为贫穷可以改变，所以跟汪光荣结婚。结婚本是喜事，可是笔锋逆转，新郎竟然被旧梁砸死，真是冰火两重天！两年后，她竟然又带着汪光荣的儿子汪海洋第三次来到，是因为自己路遇水牛被汪卫国相救，要与救命恩人结为秦晋，厮守一生。第四次是她把生死相依20年的汪卫国的骨灰送回家。人们设想，一是在汪光荣或汪卫国家把孩子养大；二是再找一丈夫另立门户。殊不知，她在这最初又是最后的一晚，竟然在白鹤寺前含毒花香消玉殒。

白芙蓉每每遭难，由于汪卫国与白芙蓉相爱，由于汪卫国正直、无私、见义勇为而意外获救，于是，我就想起雨果的《巴黎圣母院》，他跟撞钟人加西莫多何其相似乃尔！他数次营救爱斯梅哈尔达，并最后抱住她的尸体死去。汪卫国跟加西莫多一样，其灵魂多么高洁！其精神何等高贵！

小说的写作亮点多多，如细节描写、个性化描写，不再赘述。

如果从更高的要求看，我以为白芙蓉第四次回舟浦的复杂心理似乎嫌单薄。一个人临终前的思想，是极其复杂的，此处有许多"金矿"——痛苦、悲伤、悔恨、恐惧——可挖。道士先生的《空叹词》过长，可适当缩短。"点"到全书结尾最后一段可删，点白了，反而少了韵味。文贵含蓄，点到就可。

作者把白芙蓉的"爱情现场"搬到《白芙蓉》的文学现场，耐人琢磨，这，需要多大的功力啊！大言不惭地说，我也已经用心了，但仍然看她不透，讲它不清。也许，这就是好小说的品质吧。

2019年3月

严东一与《砂石路上竞芳华》

一

最近,《温州文学》发表了严东一的报告文学《砂石路上竞芳华》(后简称《砂》),令我眼球一亮。作者严东一在20世纪八十、九十年代,曾是我市文学园地中好大的一棵树。自1986至1992年的6年间,连续在《温州日报》《浙江日报》发表《文明下的悲哀》《为了这块贫困的土地》《当代乡贤》《下林宅一号》《心地》等12篇报告文学,其中《光明使者》荣获华东六省地市报副刊作品比赛一等奖。这,让他头角峥嵘。1993年后,他一直服务官场,为国为民而走村进户,案牍劳形,无暇顾及文学。沉寂26年后,他重出江湖,把名不见经传的胡建立,让这位不起眼的交通战线的道班工人形象发出敬业奉献的光芒。在文学边缘化的当下,严东一再拾重器,站在精神文明的高地,坚守先进文化创作现场,反映时代主旋律,为社会提供正能量,他长期坚定文化自信,真是难能可贵。

二

近日,我在中央电视台看到一则"小罐茶"广告,之所以优质,有的人说是原料,有的人说是工艺,其实在于人心。文艺作品之所以成为精品,同样需要吹影镂尘的工匠精神。

南宋诗人陆游云:"汝果欲学诗,工夫在诗外。"(《剑南诗稿》)这也许包括写作前的调查,即亲自参加实际调查的脚勤、眼勤、脑勤、手勤。如果夏衍没有从1929年至1935年近7年的田野调查,如果没有从麦特赫斯德路（今泰兴路）离工房杨树浦10多里的行走，如果没有从凌晨三点到五点前的全程脚力，如果没有从4月到6月的详细观察，那么，报告文学《包身工》就不可能把女奴的地狱般生活反映出来，也就不可能产生巨大的社会影响。

我读完《砂》一文，对标自己的体验，打电话问作者："你写这篇文章，至少采访六次吧。""是的，已经10次。"真了得！严东一说，1988年上半年，因工作关系，曾到大垟培道班这个仅4人的文明班组采访，养路工那种实干精神感动了他。2000年，他调到温州工作，时常关注胡建立的敬业奉献精神，持续追踪人物动态的连续性与变化性。2018年8月才开始写作《砂》一文，除了一而再再而三地采访他本人，还再三再四地采访其爱人、女儿、同事、朋友、上级领导，终于再现主人公37年如一日，坚持在公路一线，为维护交通安全尽心尽责的优秀事迹。《砂》一文之所以让读者动情，首先在于作者以沙里淘金的精神，跟以往从"小人物"身上发现"大精神"一样，全面把握主人公的生活，终于走进胡建立的心里。正如巴金说的"我仰慕高尔基的英雄'勇士丹柯'，他掏出燃烧的心，给人们带路"。（《怀念鲁迅先生》）

三

严东一以往发表的报告文学，我大多读过。主人公有浙江省第一所私立学校校长李道銮、教育世家林成华、现代"武训"包学冠、筹资办学的爱国华侨胡越等，他们的形象栩栩如生，其中有一个共同的特色，就是恰如其分地运用蒙太奇手法。

蒙太奇，原是法国建筑学的一个名词，被借用到电影中来，意为镜头的剪辑。人们认为这只用于电影制作的特殊手段。诚然，自1895年在巴黎上映世界第一部电影的120多年来，蒙太奇手法不断发展，渐臻丰富，成为电影的专利。其实，蒙太奇手法在《诗经》中就随处可见，普希金和英国小说家狄更斯都普遍应用。夏衍认为，蒙太奇实际上就等于文章中的句法和章法，就是用镜头组成章节，一段一段连接起来。《砂》文同样有意无意地运用蒙太奇艺术，吸引读者，震撼人心。

一是情节叠加。 道班工人胡建立的人生，面临三次选择：第一次，是去学校，还是去道班？他考虑自身实际，便选择后者。第二次，交通事故后，领导安排他去办公室坐班，他还是选择艰苦的道班工作。第三次，1999年，56省道石垾段全部铺成柏油路，道班撤并，工人分流,此地需留一人守岗,他愿意留在山高林密、孤单寂寞的石垾道班，一留，就是12年。作者刻意写了三次选择，将情节叠加，"复现主题"，突出他一生对养路事业的执着，为社会作出令人瞩目的贡献。再如，在大垾培处理调皮小孩被撞、处理周南岭根垾房屋被震的事件中，表现不屈服于恶势力，坚持真理的精神，又在面对泥石流所表现的身先士卒、自我牺牲的品质，这样一次次的情景复现，就像勇敢的爆破兵，抱着炸药包或爆破筒，一往无前，最后成就他为"中国好人"。

二是场景对比。 作者在"初识胡建立"这一节，写主人公在大垾培没有公路前的偏僻荒凉、劫贼出没，与如今的"道宽路平，通衢朝天""风平浪静"作对比，衬托养路工当年的艰苦坚守，与他们有目共睹的不平凡的业绩。写三次选择单位的对比，胡建立"咬定青山不放松"，一如既往地扎根风吹雨打日晒的室外工作，表现他对维护交通的专一，犹如佛教徒对信仰一样的虔诚。

三是细节特写。 文艺通讯与报告文学的一个重要区别，就在于前者偏重叙述，后者偏重描写，尤其是细节描写。电影镜头常运用特写镜头表现细节。"囡，这人靠得住"这节倒数第二个自然段，写妈妈嘱咐小秀英拿剪刀，给小弟弟剪脐带，有声有色，形象、细腻。另一个镜头，特写"彭秀英怀着好奇心，走进卫生间一看，顿时呆住：极度疲劳的胡建立竟坐在抽水马桶靠着水箱睡着了"。还有，用锉刀锉脚指甲、用铁丝刮手上的污垢等，侧面表现胡建立忘我的劳动品质。再看描写胡建立的怀旧细节，生病期间，作者承诺驱车带他去看曾经养护过的公路：大垱培、大峃、百丈漈、西坑、石垟村，表现一个劳动者怀念劳动的深情，犹如美国前任总统克林顿卸任离开白宫，最后一次去办公室抚摸桌子、开抽屉、坐靠椅的情景一样，眷恋工作岗位之情，历历在目。

四是画外音。电影中常用画外音（旁白、独白、人声的闪回或写信者念信的声音），这种语言和画面组合在一起构成语画蒙太奇。如电影《天云山传奇》《生死恋》中就有许多成功的例子。

报告文学中的议论、抒情，就属于画外音。文章开头就写："一切的意义，只有离得足够远，才能看得真切；正如同所有的绚烂，只有走得足够近，才能感受震撼。"这经典的议论，预示后文经过调查访问，更能表现主人公的品质高尚。"囡，这人靠得住"开头："翻开中华人民共和国行政版图，那蜿蜒曲折的条条公路，就像大地母亲的动脉，流淌着的是道班工人的心血。"显然，这段抒情，点出道班工人劳动的崇高意义。"真正的'尾声'"开头写："37年来，胡建立虽没'惊天'的壮举，却有'动地'的业绩。有人曾为他做过粗略统计，他的养路生涯，穿破了400多双解放鞋，走过的路总里程可绕地球赤道12圈。什么叫坚韧？这就是坚韧。"这段叙述加议论，反映主人公一生劳动的艰辛与意志的坚韧不拔。实质上，这就是对胡建立人生的点赞。文中这一系列的画外音，升华了文章的主题，增强了文章的感染力量。

2019年11月4日

人生的真谛
——读杨奔的《外国小品精选》

最近,我读了散文作家杨奔编的由广东人民出版社出版的《外国小品精选》,觉得真是一本不可多得的佳作。

《外国小品精选》共收录24个国家83位作家的短篇小说、散文、寓言、故事、书信等107篇,计21万字,题材广泛,文字简练,手法圆熟,趣味隽永,阐明了人生真谛,能引起读者对家庭、人生、社会、自然等问题的思考,净化思想。

一个人活在世上,是像市侩那样尔虞我诈、唯利是图,还是和衷共济、互相帮助?苏联作家邦达列夫通过"猎人和渔夫"的故事,肯定了后者。这,正是今天社会主义文明建设所需要的。

一个人处在不为周围人们所知甚至受委屈的境地,该如何处置?世界大文豪列夫·托尔斯泰曾在一次徒步旅行中,被车上的一位太太讥为"老头儿",并使唤他,去候车室取来她遗忘的手提包,她给他一枚铜板。当她发现这是《战争与和平》的作者时,便惊叫起来:"托尔斯泰先生,看在上帝的面上,请别见怪。请把铜板还给我!"托尔斯泰诙谐地说:"你没做坏事,这个铜板是我赚来的,我得收下。"托尔斯泰的坦荡胸怀和幽默感,多么生动。

今天,仍有一些人说什么"西方的月亮比中国圆",以为西方就是天国,有的甚至偷越国境,为金钱而牺牲人格、国格。俄国陀思妥耶夫斯基在1862年夏天游历德、意、日等国后写的《冬天记的夏天印象》中,披露了饥饿、酗酒、赤贫、卖淫、赌博、抢劫、杀人等种种惊心怵目的现象,伦敦的"一个区几条街上,挤满了成千上百的妓女"。德国的《一个小偷和失主的通信》,就是对西方文明的有力批判。

德国作家加尔科的《卖花女郎》,用简练的几笔,勾勒出巴黎街头的社会生活，又以白描手法，生动地描绘出姑娘被侮辱的形象和那被扭曲了的灵魂。《德军剩下来的东西》这篇微型小说，不到200字，它是一出喜剧，还是一出悲剧？留给读者深深的思考。

《外国小品精选》的特点在于，各篇篇末都附有编者的注释和短评。短评或介绍作者，或分析思想内容，或赏析艺术特色，评价中肯、深刻，不同层次的读者可从中得到启迪。

1984年12月

《深红的野莓》的张力

作为散文家的杨奔，他的作品是有非凡生命力的！

他的作品几经筛选，承受了20多年的时光检验，方集成《深红的野莓》出版，虽简朴却厚重，读来令人遐思不绝。去年12月，此书荣获浙江省新时期散文优秀奖。

杨奔的散文从色彩纷呈的生活中，首先抓住抒发情感的触媒。何谓触媒？触媒就是感情有所依附的艺术。

在散文中，应当极力抓住生活感受中最能使自己激动的那一个感情"发射"点，如朱自清的"背影"，老舍的"小麻雀"，杨朔的"红叶"，袁鹰的"翠竹"，方纪的"挥手"，都是感情寄托的媒介。杨奔的"青枝""网""幕铭""敲门""指纹""雁唳"等，也是生活中最能感动作者的那一个"发射"点。"青枝"，是生命和青春的象征，也是美好生活的象征。在"青枝"中，作者写出自己病后的喜悦感受，钢笔画中小姑娘的思索和苏联英雄马特洛索夫的英勇牺牲。"网"这一触媒，通过多方引证，说出"自己想网住别人，别人也在网你"的道理。"敲门"，提出《复活》改编剧本里的卡丘莎历尽欺凌的沉痛控诉，写出唐人绝句中"风雪夜归人"的艰辛，和小鸡、小草、蚕蛾、婴儿的"敲门"，继而联想伟人们的敲门。

可见，杨奔散文的"触媒"，是客观事物与自我意识两极碰撞的火花。如果缺乏后者，即缺乏思想和灵魂，那样的作品只不过像琥珀里的昆虫，一个"买椟还珠"留下来的盒子。

杨奔散文成熟的标志，还在于他娴熟地驾驭抒情结构，激起情感的波澜。积累规律指在具有同种性质的材料，按照先弱后强的顺序，层层铺垫。《大罗山顶》开始写了和尚琅师父因婚姻的苦恼而与表妹出了家，两人都以禁欲的苦行出了名，后遁入大罗山隐居直至坐化。后来，写了"双枪女"的遭遇。她原是江湖卖艺女，自择对象，由于人品出众，官吏垂涎、迫害，夫妻只好下海杀人越货。她双手能开枪，而且百发百中。官府的天罗地网逼得这对夫妻走投无路，他们便躲到大罗山隐蔽，后参加游击队。在一次战斗中双双被捕：男的被砍头示众，女的以姿色迷惑牢头，从狱中逃出。从这两部同性质的传奇中，由弱到强，揭露了封建婚姻与封建官吏的罪恶，启发我们应该恨谁、爱谁与同情谁。《孤独树》中，用三个层次积累感情：第一棵树是在 50 年代记忆中的残留半死丑树，但夜里却散发出幽香的"磬口蜡梅"，爱她现出端绪；第二棵树是在 60 年代伴游南雁荡"半路遇见的被电火劈毁"长出唯一的一条孙枝的老樟树，写它"又是怎样的坚韧的性格"；第三棵树是劫后重逢的 80 年代闹市中的古榕，为人躲避暴雨与炎阳，从不"记仇"。最后，感情得到升华，歌颂出了主旋律："它再也不会感到孤独了。""树啊，是永远值得人们尊敬、爱护的。"

但是，情感不是直线流动的，往往会急转直下，于是作家杨奔也相应采用转化规律。《鸠摩罗什破戒》，描写了我国晋代翻译家鸠摩罗什的悲惨身世。他跟父亲一样，被迫破了色戒，虽使人怀念，但更使人惋惜。文章结尾插入另一不同情感的材料："玄奘的一生，是坚定的苦行者的一生，他战胜了重重的困难与诱惑，取得了最后的胜利；他的译文也全是直译，以严谨著称，跟鸠摩罗什的意译不同。"这样，读者对玄奘及其译品产生热爱、崇敬之情。《小武松》也是这样，开始写他抑强扶弱、嫉恶如仇的精神，令读者喜爱、敬佩，后被恶霸与竞争对手抓住他的弱点，利用巧言、女色、烈酒置他于死地，又令人同情、心酸。

杨奔的知识广博，信手拈来皆成文章，引经据典不乏警世之思。他的《葫芦和瓢》《镜史》《苏诗中的笑声》等篇，都是运用我国古诗文与典故的范文。《葫芦和瓢》引用《庄子》《诗经》《论语》《世说新语》《水浒传》《周礼》《农交》等有 13 处,便把葫芦的嫩果、叶、籽形容为美人之牙,干果作"腰舟"、玩具、行医标志、乐器,对开葫芦的可用来舀水等用处,写得淋漓尽致。《墓铭》是引用外国典据的典范,全文运用古希腊斯巴达诗人西摩尼得斯、意大利诗人但丁、法国启蒙思想家卢梭、《红与黑》的作者司汤达、英国诗人济慈等 9 处墓铭,说明欧洲的墓铭比中国的"异常简朴、深刻、往往在片言只语中概括了死者的一生和生死的哲理"。《贱品》《身后·托孤》《乳汁和汗》《敲门》等,又能十分自然地运用我国古代与外国典据,是"力透纸背"的范文。

1992 年 3 月

熔铸哲理的花树

1999年瑞安、文成两县召开"百丈漈之夏"笔会期间,文学刊物《江南》副总编谢鲁渤先生与我谈起,在他给作序的著者中,杨奔先生是他唯一不相识的。正如《霜红居夜话》的《序》中说的,"至今只有文字之交"。并对杨奔先生的散文谈了自己的感受。"他的写作除了生命的需求之外,很少有功利的意味。因此他的文章,便成了黄昏时分的一种散步","汪曾祺的'小品'已成经典,杨奔先生的小品也堪称此类花树的一枝"。这也许就是谢先生对《霜红居夜话》青睐的缘由吧!

中国著名科学家钱学森,1986年对文艺理论和美学发表过精辟的见解"在艺术里最高的层次是哲理性的艺术作品"。对《霜红居夜话》探微抉奥,我们会发现作者跟汪曾祺先生一样,善于把哲理熔铸于艺术之中。余秋雨指出:"艺术哲理的本质,在于对世界、人生的内在意蕴的整体性开发。"那么,杨奔先生是如何在艺术品中整体性地开发的呢?

一是运用点化法。点化法,即作者在叙述故事、描写风景与物件的同时,用议论手法,点出它的人生大义,让读者得到顿悟。《望鹤》开头说文人以鹤为高洁的象征未必准确,接着写日本作家江口焕在朝鲜的三月中旬"望鹤",他发现鹤群中有一只被苍鹰掠击而下落,于是鹤群互相发声报警,原单列纵队立即分为每十几只为一组,在空中围绕苍鹰左右上下展开搏击。结果苍鹰放下爪中的鹤落荒而逃。然后它们又列队前进。队列前头飞出两只大鹤,接近伤鹤,最后从左右两侧挟上自己的翅膀,各自奋力赶上前进队伍。江口氏感叹道:"该是多么辛苦啊!鹤群是多么友爱的集体啊!"作者从一系列形象中,点化出它们的精神,暗示人们也应该像鹤群一样地友爱。《女难》通过一连串的故事,警示人们:天生丽质不是罪过,罪过是人们贪婪美色而引起破家败国!经过层层铺叙在篇终点化的有《邻人》《蜂与蜜》《手》等。

有时因谋篇布局不同,往往边渲染,边点化,即夹叙夹议。《哺饲》是写作者在"三年困难时期"的一天去医院就诊回来,在狭巷见一位三四岁的男孩,坐在门口,将难吃到的蚕豆饭喂给比他大的女孩,女孩却两次羞涩地张望巷口是否有陌生人。作者这时歌颂:"而眼前这场面,又正如米勒名画《小鸟的哺饲》,充满着无私的奉献精神!""我"带着负疚的心情走过去,"又多么想再瞻仰一下这神圣的场面,平凡中的神圣"!写这篇文章已是30年后,作者仍然不忘那一对孩子。最后作者祝福:"好人一生平安!但愿如此。千万别再出现京剧《玉堂春》那样的场面"——曾经相爱、相亲,如今相见了却不敢相认!经过层层渲染,把"哺饲"这一细节升华到世间应多一点纯真感情的呼唤!像这样边叙边议的还有《导游》《孤竹》《弥留》等篇什。

二是运用直射法。直射法是不借助故事与景物,把理性的思考直接表达出来。如《天鹅》,作者劈头就给一"天鹅"定下"纯洁"的特性。接着,就写天鹅不轻易表现自己。"只在知道自己将死之际,才满怀悲痛地引吭出这一生中第一首也是最后一首歌,生命之歌。"文末说人类不断的戕害,使白天鹅越来越少。一次在电视荧屏上,作者看到东北嫩江边的孩子们照料一只受伤的天鹅,待冬去转暖,孩子又护送它返回路过的天鹅群。结尾作者概括出警句"保护了自然,也就是拯救了人类自己"!

在《三怪屿》中,总说南麂52个列岛中,有三个最为奇特:不长草木,赤条条,坦荡荡,真是植被褪尽。独具特色一开头就让人感伤。接着笔锋一转却令人高兴。写一怪屿蜡烛垄礁"它巍然保持着哲人的静穆";二怪屿破屿"它自成一格,很有鹤立鸡群的气概";三怪屿空心屿"胸无城府,使人能洞察其内"。"这空心屿啊,已经对自己的生死荣辱都无所住心了吗?"文章最后,又分别对三屿以"志士""女侠""疯僧"歌之,并抒发强烈的敬佩之情,奠烈酒,"有助于摧枯拉朽";献香茗,"有助于激浊扬清";献瓯柑,让荒唐人世知道"也还有严肃的劳绩,无私的奉献"。同样,《蟋蟀》《蚁文化》等篇,将叙、描、抒、议糅为一体,汪洋恣肆地表达了哲理的意蕴,笔调惊人之老辣!

三是运用渗透法。此法是将故事、象征物体现哲理,用理性的思考来构建故事与对应物,把哲理渗透在全文结构中,不像点化法与直射法那样,以议论获得哲理启示。《瓯江口》是此法的典型。一天"我"与几个男女急切地搭上瘦汉的一只小船,他两手操着二桨与三桨,摇得十分吃力。这时船舷开始有水,乘客惝惝不安,而这叶扁舟依然在江面扭着秧歌:进一步退两步。船上人开始嘀咕船老大太慢:"还埋怨这条破船竟敢载这么多的客,又嘲笑他赚钱心切,现在须怎样担保一船人平安无事。"这时,瘦汉只好赔着笑脸"摊牌":"这次洲上漫大水,十室九空,我家剩下老娘和小女儿,也病了,只好送到城里住院,还是队里出的钱。到如今半月了,也没个口信带回,我想去接他们回家,又没有余钱,奈何只好租船带几个客,也好贴补一下……"他抖动着嘴唇未说完,全船乘客沉默。一个年轻人便霍地站起脱下外衣、手表,对瘦汉说:"把二桨给我"这样双桨齐下,小船迅速向前。又过一阵子,另一个中年人也赤膊上阵说:"现在轮到我了!"就这样,乘客先后主动轮替打二桨,而那把二桨划水也更带劲,全船人个个满头大汗,再无怨言,小船比原先加快好几倍。晚上七时靠岸,已万家灯火。

情节并不复杂,很明显,乘客为什么从埋怨到沉默?为什么从乘船到划船?速度为什么从慢到快?关键在于瘦汉一席辛酸话引起大家的同情,继而大家帮助他,这就是平日所谓的"理解万岁"的最好注脚。全文没有一句议论,但形象的故事给人很深的启示:理解产生力量。《瓯江口》是一曲人性美的乐章。《贼》《乡亲们》《结亲》《讨茶》等都是运用"渗透法"提炼哲理的美文。

谢璞在《关于"灵气"》中说:"读散文,如同欣赏山涧流泉飞瀑,收入眼底,落在心头,自然有战栗或感叹回旋在'再创造者'心灵的回音壁。"事实正是这样。杨奔先生娴熟地运用多种手法,恰到好处地把艺术与哲理融为一体,艺术品刻画成功了,哲理的"胎儿"也就诞生了。散文集《霜红居夜话》,确是一枝熔铸哲理的花树。

1999 年 10 月

展看王维画　细品杜甫诗
——读杨奔国画集《桑下书》

最近,《温州日报》连续发表了杨奔先生的《午憩》《别董大》等美术遗作,这引起了我再一次欣赏国画集《桑下书》的兴趣。这是一册线条与语言结合的艺术精粹,即图画与文学结合的精粹。如果此画不是出于学者型的文学家之手,是无论如何难以达到展看王维画、细品杜甫诗的绝妙境界。

形式图文并茂。乍看画册,如同连环画,细看文字,不同于普通连环画仅作平实介绍,而是对画的来历、内容、意义,或叙述,或描写,或说明,或抒情,或议论,或多种表达方法兼有之,画龙点睛地传给读者。我感到自己不是在观画,而是身临其境地徜徉图中,咀嚼内核,领受其无穷魅力。《午憩》是作者借藤萝、斗笠、山羊、倚树吹箫儿童等具象,勾勒了午间休憩的画面。脚注:"据民间剪纸改画,保留了原作简朴的风格与自然情趣""这种田园情趣我小时曾经历过,现在只能求之于梦寐了"。这样的角度,便引起读者向往悠闲情态的共鸣。《生命在敲门》的画面是一个八九岁的女孩在两门的狭缝中,半露脸好奇地偷看;一只蛋黄色的雏鸡悠闲地蹒跚着,蹲着的花母鸡,是怎样担惊受怕地注视着三只半身尚在壳内挣扎欲出壳的小鸡,似乎听到吱吱的欢叫声与求援声。左上角是作者的补白:"小鸡啄破了蛋壳／解放自己的生命／女孩睁大眼睛／窥视这一场斗争。"画面下是五行文字,叙述二战中的几位苏联突击队员脱险后在一个农妇家过夜,听到不断的啄声。接着描写次早女主人对他们说明原委的对话,然后散文诗般地抒情与议论:"小鸡在蛋内敲门,草芽在地下敲门,胎儿在母腹中敲门。都要敲开这个世界的门、生命的门。"精辟地点出人生哲理:一切生命都在敲门。

题材大多取自古今中外的文学作品。《别董大》一画内容取自盛唐诗人高适的送别诗《别董大》。此画以"丈夫不作儿女别雪地"的豪放雄壮为基调，绘出天宝年间陇西出色琴手董庭兰，被株连后的凄楚雪地前行的悲凉景象，"突然转化为豪迈的排解"。

《鼠辈》一画，是作者从《诗经·魏风》中的《硕鼠》一首中演化而来的，把剥削者定性于大老鼠，下定决心从这里逃亡，找寻"乐土"。硕鼠在现实中不是一只，而是一群。不是嘛，贪污受贿者无处不在，投机倒把者无处不在，假冒者和骗子无处不在，故题为"鼠辈"。画面是一位农民痛心疾首地咒骂一群在啃食着玉米，稻谷的老鼠。《共饮长江水》《剪鹤图》《女吊》等共22幅，取自我国历代文学作品，整整占全册一半。有三分之一的取自苏联、法国、德国、印度等多个国家的文学作品。《伊索在构思》取自公元前6世纪古希腊的一位被释的奴隶之手的《伊索寓言》；《马里安娜》根据苏联高尔基的童话，画了四个场面的一幅组画；《纸船》画两个三四岁的孩子坐在溪边，把纸船放在溪中漂流的情景，这是根据诺贝尔文学奖获得者泰戈尔的诗意创作的一幅童趣盎然的作品。

主题健康向上，表现了作者热爱祖国、热爱社会、热爱人生的崇高信念，给读者传递出真善美。《苏李泣别图》根据江淹的《别赋》画的。汉武帝时，苏武出使匈奴被俘，卫律劝降，苏武宁死不屈，啮雪吞毡。后被流放北海（今贝加尔湖附近）牧羊19年，受尽人间苦难，但他始终以汉朝的节杖为精神支柱。汉昭帝时，两国和好，单于派李陵召苏武回国，画的就是苏武和李陵泣别这一情景。身材魁梧的苏武，大义凛然地操着汉节，李陵伏在苏武肩上哭泣，其怨恨、懊悔、痛恨、敬仰、自责之情难以言表，可谓百感交集。画面中苏武不屈的铮铮铁骨、冲霄汉的爱国浩气，怎不令人心旌摇动！《沙恭达罗向净修林告别》一画，含意深邃。远景是一泓碧水，几支红荷亭亭玉立；近景是少女沙恭达罗远嫁前，戴着璀璨的首饰，穿着华丽的衣服，跪蹲在树下，左手搂着墨色小鹿，右手手指夹着从树枝上垂下的藤萝,虔诚地要与它相吻。对面树枝上蹲着的一只凤凰,垂着长长的彩羽,低着头,注视着这一十分凄恻的告别场面。泰戈尔以为"在其他国度找不出这范例"。这种自然与人是一种水乳交融、血肉相连的关系。这一外国历史的画面,正对准人类工业化程度日益提高而环境污染日益加剧的境况,向人们大声疾呼:"救救自然!""救救人类!"《海之恋》《激流中的筏子》《晚窗》等,都是作者关注人生轨迹的反映。

艺术上运用现实主义与浪漫主义相结合的创作方法。《马雅可夫斯基到爱人家"作客"》与《十二月党人的妻子》,捕捉现实生活中真实而典型的细节,分别塑造了一男一女的艺术形象,画出了忠贞爱情为家庭带来温馨的内涵。《渴》放弃了"望梅止渴"的理智途径,而选择了"饮鸩止渴"的愚蠢做法,辛辣地讽刺了现实生活中杀鸡取卵,竭泽而渔的急功近利的可笑。《采药》流露作者对为了生计而不惧危险吊在悬崖峭壁的采药人的怜悯。《在候车室》是十分普通的一个场面,却酣畅淋漓地画出天涯沦落人、前途未卜的惆怅心情。

浪漫主义是与现实主义相对的一种创作方法,它提倡在现实生活的基础上,以丰富的幻想和热情表现生活的理想。画册中,主要采用象征的手法。它根据事物、现象间的相互关系,借助于联想作用,将抽象的精神、情感、事理寄托予某种具体事物或现象。《探索》一画的背景是一个仪器柜,主人公是一位正坐在两脚梯的第四级翻阅资料的青年。高尔基说:"书籍是人类进步的阶梯。"此梯象征科学,青年就是跋涉者。谁不畏惧艰难险阻,谁就能达到光辉的顶点。《早春》画中的主人公是一位病后睡醒的女学生,披着冬衣坐在案前看书,但她的眼神已专注于拿在手里的碧绿新枝。"新枝"象征健康,象征希望,象征朝气蓬勃的春天。《鱼鹰》《激流中的筏子》《飞笠》《蝴蝶》及来自《深红的野莓》的《孤独树》等,都是利用象征手法使画面的意境幽远。人们的理想表达得含蓄而又具体形象,从而获取鲜明的印象和强烈的感受。

由此可见，杨奔先生是一位博学多才的散文家兼风格独特的国画家。作家马骅曾经对诗人叶坪说："杨奔是一位了不起的画家。"《桑下书》是他线条与语言艺术内功修炼的外化。画集正像《霜红居夜话》散文集一样，意旨高远，艺术精湛，是画品中的精品。杨先生的人品、才情、思想、修养贯于画中，使艺术品始终羼入文学乃至哲学灵性，成为形神兼备以神为上、中西合璧以中为主、古今结合古为今用的艺术珍品。今天，观他的一幅幅画，犹如读他的一篇篇散文小品，那神形的慧美，那五彩的颜色，那线条的顿挫，为社会主义文明建设增添了一道可喜的风景。

　　不尽所怀，顺便说明迷恋丹青原是先生在那"非常时期"被错拘斗室以自遣。《自序》云"浮屠不三宿空桑之下"，意为和尚即使在无遮蔽的桑树下留宿，最多也不能超过三宿，否则，便对此地生留恋之情。自然，这是消极的讲法。先生反其意而用之，他从积极的方面考虑，偏偏用《桑下书》作为画集之名，我们就不难看出他对绘画的"空桑"是何等执着了，所获得的造诣之深也就可想而知了。大家知道，先生温文尔雅，冲淡平和。养志于清修，栖心于淡泊，所以他作品的德泽体现了"应时而不谋己，济物而不务功"。三十年前（"文革"）沉在箧底的画稿已遗失百余幅，居然时届八十大寿（2002年）重见天日，简直如出土文物般令人瞩目，终为大众的精神财产，这是作者的大幸，也是观者的大幸。抚今追昔，斯人已去，作品长存，难道我们不要感谢慷慨馈赠的历史老人吗？

2002 年 10 月

散发人性光芒的《描在青空》
——纪念杨奔诞辰100周年

一本书,一本20世纪40年代出版的书,一本令我寻找了一个甲子的书,总算连读两遍才释然。

这本书,叫《描在青空》,是我在瑞安师范读普师的文学(1956年,高中语文分《汉语》《文学》)老师杨奔的著作。他是用笔名"昧尼"在未央社出版的,发行1 000册。这书,是校友郑育友复印给我的。

杨奔,苍南人,少年聪颖,文学天赋很高。虚龄14,就有两篇习作被上海春明出版社收入《小学生范文》。《描在青空》是杨老师在鄞县师范任教时的民国三十六年(1947)8月出版的,他才25岁。他的全部作品,都是在抗日战争时期与解放战争初期写的,他是那个时期宁波文学团体发起人之一,是新中国成立初期浙江省第一批作家协会会员。此书是15首现代新诗和17篇散文的合集,虽不属大部头,字里行间却散发着人性的光芒。

1946年8月,在甬江之畔,他在题记里写:"从几个长长的荒岛似的岁月里我学会了从晶莹的泪光里看取悱恻的人生。"是的,在他的诗文中,处处流露出对旧社会统治阶级的厌恶与憎恨和对劳动大众的同情、怜悯与热爱。

1946年7月,蒋介石公然撕毁停战协定,向解放区发动全面进攻,开始把全国人民抛入苦难之中。杨老师在1947年4月29日写的《白燕》一诗里云:"只带着少许的羞涩／你看不惯这人类的污秽""在这浓黑的世纪／愿你跟我学一课'憎恨'／圣洁的白燕。因为／这里还只有屠杀,没有春天……在蔚蓝的太空／——给劳人的心里缀上一缕欢喜／一份希望。"在此诗中,既写"污秽""屠杀""憎恨",又写"欢喜""希望",到底恨谁,爱谁,不是很清楚吗?在《赌徒》

一诗里，更尖锐揭露旧社会的黑暗："在人生的赌场里／我是一个拙劣的赌徒／狂热地押下我的青春／我的梦／手下的牌却组成一连串的不幸／'欺骗'／'猜疑'／'诬陷'／'逮捕'／'流亡'／……"再看《探狱》："严冬过后谁说没有春天？／为着争取人类的明天／挥起战剑——／不管命运带来怎样的磨炼……"这简直是给"难友们"鼓一声希望！鼓一声勇气！

在散文篇里，我被《采棉妇》感动了。首先，作者描写采棉妇的可怜形象："炙热的大气里，连飞鸟的影子也不再看到。""从棺材后面转出一个老妇人来，披着深蓝的苎衫，在眉际覆着麦秆编成的斗笠，腰后挂着棉篓，身子佝偻成直角，让两颗乳房沉重坠着。正伸着龟裂的手在撷取一朵朵棉实……"

"于是，伊直立了，抚着棺材的脊背，从眼睛——被悲哀染成深黄的眼睛里放出勇猛的坚定的光辉。"

这，简直是一幅农妇在恶劣环境中辛勤劳动、勇敢挣扎、坚定向前的图画！

这幅画，跟《芜园小寄》一文里写的即《普式庚诗选》描述的"一个农夫挟着婴儿的棺材向墓地走去"的情景，何其相似乃尔！杨老师写劳动人民的苦难，真是入木三分！

结尾，作者面对这位"平凡的圣者"，便发出无情的嘲弄："我知道终有那么的一天，象牙塔里的学者、艺术家，戴白手套的绅士们，和那娇嫩得咽不下饭粒，施行着牛奶浴的女人，寄生在算盘上，把肚子里胀得无可如何的市侩们；沉迷于'鸳鸯蝴蝶'的公子，虚伪的、披着黑外套的道德家……都将在这世界绝了迹"，作者没有灰心，没有沉沦，反而坚信着、歌颂着他们。"代之而起的，却是这批克服了一切苦头，唱着新生之歌，笑着，工作着，收获着的人们，野性的人们——那么的一天。"

《爱字的疮》里，描写"在这世界的尽头，有两个孤儿——阿妹与阿弟，于冬天的夜，拥抱着睡在破屋之下"。文章接着写他们作出丑恶的勾当。未了"寒风振开半掩的破扉，两个身子紧拥在一起跨出去。……""破屋剩下了空虚，有河水碎裂的声音。响彻森严的夜……"，杨奔老师一针见血地揭示了旧社会因物质极其穷困而酿成精神极度扭曲的苦果。

《爱与复仇》中，作者大声疾呼："而每一次疯狂的战争中，人类不但毁灭了许多生命与文明，其实被毁得最厉害的还是'人性'，经过一次战争，人心也就比一次险恶。""为了实践爱，我们不能不有强烈的恨"，"而且该出于行动，以眼还眼，以牙还牙，在真理的战场上，只有同志，没有友人。"这些洪钟般的语言，是何等刻骨铭心！？

杨奔老师，在20世纪三四十年代，读了俄国十月革命的许多马列主义著作，也读了不少诸如高尔基的《童年》《在人间》《我的大学》、肖洛霍夫的《静静的顿河》、列夫·托尔斯泰的《安娜·卡列尼娜》、马雅可夫斯基的诗等进步作品，接受革命思想。新中国成立前，他曾是浙南游击纵队的一员，扛过枪，当时担任过浙南特委领导之一的郑嘉顺的秘书，在血与火的洗礼中成长。在正如鲁迅写的"忍看朋辈成新鬼"（《南腔北调集·为了忘却的记念》）的白色恐怖里，仍然运用另一种武器——手中的笔，"怒向刀丛觅小诗"。《描在青空》的诗文，简直是字字血，声声泪，像一把把利剑，插向敌人的胸膛。新中国成立后，又出版了散文集《深红的野莓》并获省新时期优秀作品奖，《霜红居夜话》和《外国小品精选》及其续集，为社会提供正能量。

杨奔老师，是一位诗人，是一位作家，更是一位勇猛的战士！

2023年7月27日

史志研究

刘基教育思想的继承与发展
——兼谈文成教育的历史与现状

刘基为元末明初卓越的政治家、杰出的军事家、著名的文学家。他的一生主要从政、从戎,从教时间极短,仅在元至正八年(1348),38岁任元江浙行省儒学副提举、行省考试官,相当于教育厅副厅长之职,七品之位。后因"建言监察御史失职事,为台宪所沮,遂移文决去"。至于传说刘基曾经在江苏丹徒设馆办学,生平中没有记载,仅清人欧阳苏在《蛟溪书屋怀青田刘先生并序》中道:"先生以元季弃官,隐于我里。居村西(丹徒巨村)蛟溪书屋。十二世祖太守公,遗子弟受学先生"。刘基也确曾作了一首《蛟溪诗》。传说家访欧阳苏时,刘基作诗一首:"去时三月三,来时九月九。半个鸡头一杯酒,乡亲情谊最长久。"实际上,他接触教育时间并不短,占了生命的三分之一。自幼"博通经史""神知迥绝,读书能七行俱下"。14岁入括城群庠,18岁在石门洞攻读,22岁中举人,23岁中进士,26岁才赴江西任高安县丞。求学就用了20年时间。其间,对教育深有洞察与体验。同时,他的祖辈出身饱学之士,曾祖刘濠为宋翰林掌书,祖父庭槐为元太学上舍,父刘爚曾为遂昌教谕。这样,家庭有关教育的思想对他有潜移默化作用。

更重要的一点是,刘基作为一位忧国忧民的政治家,势必重视教育。虽然,刘基没有对教育作过专论,但是,在他写的序、记、碑、铭等散文与诗歌中,明显流露了他的教育观点。刘基的教育思想是我们宝贵的文化遗产,至今仍有深刻的现实意义。今就刘基故乡文成县的教育历史与现状,谈谈刘基教育思想的继承与发展,从而更好地利用刘基文化,为我县创造教育品牌。

一、"教，政之本也"——教育须为政治服务

刘基在《杭州富阳县重修文庙学官记》中云："夫教，政之本也；知本，斯知教矣。"意为教育是推行政令的基础，只有懂得教育，才能懂得推行政令。《诸暨州重修州学记》里又详细论述办学的重要意义；"学校以教民明人伦""夫民之所以敢犯法者，以其不知人伦也。圣人之教行，则人伦明矣。人伦既明，则为民者莫不知爱其亲，而不敢为不义以自累，为士者莫不知敬其君，而不敢自私以偾国事，盗贼何由而生？亦何由而滋蔓哉？诸君子可谓能知治道之本矣。"此处，具体说明教育与治国的关系，"教，政之本"，教育是"治道之本"，一语中的。于是刘基又说："使教化之行，由一邑而达于远，上以副朝廷之委任，而下以发高贤之潜德，不亦伟哉！"

刘基的"教，政之本"，教化为"治道之本"，以今天的语言来说，教育必须为政治服务。教育，从来就有阶级性，封建社会如此，资本主义社会如此，社会主义社会莫不如此。书院、私塾，沿袭"修身齐家治国平天下"的孔孟之道。光绪三十二年（1906），清政府宣布以"忠君尊孔、尚公、尚武、尚实"为全国教育宗旨。规定以《四书》《五经》为教材，宣扬儒家思想，为封建统治者服务。民国初期，蔡元培提出学校以"军国民教育、实利主义教育、公民道德教育、世界观教育和美感教育"教育思想。民国十年（1921），国民政府推行"党化教育"，宣扬"一个党，一个主义，一个领袖"，提出"四维"（礼义廉耻）、"八德"（忠孝仁爱信义和平）为训育总纲。民国十八年（1929）后，以"三民主义"（民族、民权、民生）思想贯穿中小学教育。民国三十六年（1947）后，学校进一步施行以"管、教、养、卫"为训育目标的买办，奴化教育，为一小撮资产阶级寡头效劳。

新中国成立初期，遵照《中小学暂行规程》，对学生进行"五爱"（爱祖国、爱人民、爱劳动、爱科学、爱护公共财物）教育。1957年，毛泽东主席发表《关于正确处理人民内部矛盾的问题》，明确提出"我

们的教育方针,应该使受教育者在德育、智育、体育几方面都得到发展,成为有社会主义觉悟的有文化的劳动者"。此后,德、智、体全面发展成为各级学校培养学生的共同目标。1958年,又提出"教育为无产阶级政治服务,教育与生产劳动相结合",旗帜鲜明地提出教育为巩固无产阶级专政服务。新时期又提出教育为社会主义现代化建设服务。1995年3月18日,全国人大通过的《中华人民共和国教育法》第一条指出:"为了发展教育事业,提高全民族的素质,促进社会主义物质文明和精神文明建设,根据宪法,制定本法。"第四条规定:"教育是社会主义现代化建设的基础……国家保障教育事业优先发展"。第五条又明确规定:"教育必须为社会主义现代化建设服务、为人民服务,必须与生产劳动和社会实践相结合,培养德智体美劳全面发展的社会主义事业的建设者和接班人。"为了实现教育目标,1986年,文成县教育委员会成立思想政治工作组。全县有84所中小学相继建立德育领导小组。同年5月,县教委发出《文明学校评分标准》,进一步落实德育工作。1998年3月,县教委认真落实国家教育部颁发的《中小学德育工作规程》的通知,进一步完善德育管理机构,加强德育常规教育,对实施途径、评估办法等方面提出具体要求。且教委还重视法制教育,全县44所学校配备法制副校长。2002年1月,继续开展中小学第四轮行为达标检查活动,全县有12所学校被命名为县级行为达标学校,3所学校被命名为市级达标学校。综上所述,教育工作,首先围绕培养什么样的人展开。显而易见,任何时代的教育,始终把"德"摆在首位,始终把培养本阶级的接班人作为首要任务。由此印证"教,政之本"、教化为"治道之本"是千真万确的。

二、"为郡、县者注意治学事"——政府应该重视教育

刘基论述了教育与政治的关系之后,指出教育的责任在于政府,政府应该重视教育。《送常山县达嚕噶齐乐九成之官序》中云:"古

人以政弼教，教与政不相违，而其效都在化民为善""今天子始以六事责郡县，心兴举学校为之先务"。又指出："故兴办学校，责在守令，往往不暇顾而视为文具；至考满，不能备六事而阴其仕进者不少"（《海宁州贾希贤义塾诗序》）。同时，批判当权者轻视教育的现象。"为郡、县者往往以戎事供给告疲且怠，故学校多不举"（《诸暨州重修州学记》）。于是，刘基提出应严格选择教育干部，"慎择守令，非名实素加，才德兼美者，不与在列"。并且，落实办学责任，"学校兴替，居考绩之一，为守令者可不夙夜钦承之哉？夫为其事者，必有其功；华其外者，必实其中"。刘基看到社会当道者，不事教化，发出感叹："今为食其食，而能尽其职者，天下几人哉？"（《杭州富阳县重修文庙学官记》）

600多年前刘基提出的"为郡、县者""注意治学事"（《诸暨州重修州学记》）的观点，至今仍有指导意义。《中华人民共和国教育法》第一章总则第十四条指出："国务院和地方各级人民政府根据分级管理、分工负责的原则，领导和管理教育工作。中等及中等以下教育在国务院领导下，由地方人民政府管理。高等教育由国务院和省、自治区、直辖市人民政府管理。"

刘基的故乡文成县，在重视教育方面有优良传统。自元、明、清、民国至新中国建立的700多年来，学校教育发展迅速，据《文成县教育志》记载，元朝文成境内有10多个书院相继创办。明清以来，乡村遍设塾馆。民国时期有私塾80余所，新中国成立后，全县有202所小学，中学1所。实行"两条腿走路"方针，1978年达696所小学，1990年全县有独立中学11所，附设初中29所。1953年至1990年，县政府共拨款约12 437万元，平均每年约占总财政支出的22.2%，1991年至2001年，教育投资逐年增加，平均每年占县财政总支出的24.58%。另外，1991年至2001年县财政拨给城乡教育费附加征收共约2 834.6万元。由于各级政府领导的重视，1991年以来，全县共投入资金7 740多万元，改造和新建校舍177 600平方米，出现了"农村最好的房子是学校"的喜人现象。1977年,我县接受国家教委"两基"督导检查,被授予"基本普及九年义务教育,基本扫除青壮年文盲县"。实现"两基",这是今天文成"为郡、县者""注意治学事"最集中、最典型的表现。

三、"积而能散,散而得其道"——积极推崇民间办学

刘基在《海宁州贾希贤义塾诗序》中首先论述:"人有积货财而不能散者,君子谓之愚,知散之而不要诸道,其为一愚也。"然后记述海宁大家为乡里办学的业绩。贾氏"贪邑之子弟多不知学,或贫不能自至师以学,乃构宇买田,招名儒以为师,俾乡里之俊秀与闾巷之童儿,莫不来学,其食饮器用,咸取给于贾氏"。于是得出结论:"可谓积而能散,散而得其道者矣!"

刘基积极推崇民间办学。在《季氏湖山义塾之记》中,赞誉青田湖山有名谦字伯益者,"好学尚义"的精神。"愿制产以建读书之所,延名儒为师,以训子弟以及族姻之人,咸知所学"。赞叹"若季氏者,真知爱其子孙哉!由是达于一乡一邑,以播于天下,使人人闻而效其所为,则将见比屋,皆为贤士大夫,而愚不肖者寡矣"。道出民间办学的真正含义。在《海宁应氏墓庵记》里,赞扬海宁应和卿"弗竞弗求,惟田惟桑。教子弟以书,炳炳琅琅,肃肃跄跄,以不愆于义方"。在《沙班子中兴义塾诗序》里,记叙沙班子中在杭州"愿筑室以为义学,招子弟以教"。由于乡里为富者慷慨兴学,元末明初便出现"方今天下郡县无不有学,名山古迹又有书院,咸设学官。杭之城,郡县学及书院凡四处,生徒蚁集"的局面。

文成县古今民间办学,成绩斐然。书院始于宋代,盛行于明清,延到清末而废止。书院原为藏书、修业之所,以讲学、考课为主,兼藏书和祭祀。明朝时文成境内有书院10余处。刘基故居南田武阳中村水井后自元朝创办书院后,明洪武年间(1368—1398)首先在

武阳尖东十五里公坪，由刘仲璟创办易斋讲舍。永乐年间（1403—1424），蒋世泽在南田前堂创办义塾。正统十二年（1447），富雅敬在西坑浯溪村创办浯溪义塾。成化十年（1474），富孔英在西坑蒲源村创办蒲源义塾。清朝，有记载的书院有13所，其中南田张坳先后创办青云、储英、旭照、文武、育才等5所书院。

学塾有私塾、义塾、学馆等名称。义塾出宗族公产作塾师束脩，在祠堂、庙宇或殷富人家设账，贫寒子弟免费入学。明清学塾有记载的20余所。民国二十一年（1932），农村私塾改为初级小学。民国二十九年（1940），文成境内（原瑞安、青田、泰顺辖区内）共有乡中心国民学校16所，保国民学校59所。1958年，遵照"两条腿走路"的精神，大力发展民办小学。学校从1957年的243所增至419所。其中民办小学226所，占学校总数的53.9%，民办教师的工资由村集体支付一半或三分之二。

自十一届三中全会后，县委县政府积极鼓励社会力量办学。1986年，求知中学开了我省民办教育之先河，至2002年，相继办起东方武术、少林精武、育才、敬业、树人、宏志、育英、严处希望、石林公园、光明外国语、英才11所中小学。这是我县完成义务教育的重要力量。

目前在已完成九年义务教育的基础上，教育部又提出15年（幼儿3年，小学6年，初中3年，高中3年）义务教育，幼儿教育列入其中，这是国民义务教育的新发展。据1995年8月统计，全县有68所幼儿园，入园幼儿数5 070人，其中公办512人，民办的幼儿数约占十分之九。2001年，全县有72所（班）幼儿园，公办的只有2所，幼儿入园率59.32%，学前一年入园率87%。我县民办幼儿园蜂起，也是继承刘基民间办学主张的创新。

四、"学成而以措诸用"——注意理论与实际结合

《沙班子中兴义塾诗序》中道:"夫学也者,学为圣人之道也。学成而以措诸用,故师行而弟子法之。是故搜罗天花板,究极古今,旁通物情,达其智也,齐明盛服,非礼勿动……"刘基主张理论与实际结合,学以致用。同时,批判当时不正学风。"今之学,主以文墨为教,弟子上者华而鲜实,下者,习字画以资刀笔官司,应酬廪粟之外,无他用心"。号召"学者诵其言,求其义,必有以见于行"。如果"问之无不知也,言之无不通也,验之于事,则偭焉而背驰,揭揭焉不周与宜,则虽有班、马、杨、韩之文,其于世之轻重何如耶"!戳穿了学用相违的危害。

诚然,刘基在600年前提倡理论联系实际,学以致用。实际上,长期的科举制度,扼杀了学用结合的原则,"两耳不闻窗外事,一心只读圣贤书",就是旧学的症结所在。民国时期,中小学开始重视理论联系实际。新中国成立之后,理论联系实际的原则,列为教育学中的重要教学原则。半个世纪以来,文成的教育实践了刘基"学成而以措诸用"的观点。

(一)创办职业技术学校。1991年,国务院颁发《关于大力发展职业技术教育的决定》。1958年至1983年,文成县创办大南农中,南田鹤岸文成农高,在县城先后创办师范,在石垟林场创办文成林业初级学校,在龙川创办浙江省汽车驾驶学校温州分校,在珊门创办文成县技术学校,在黄坦创办文成县农业技术学校。1984年,峃口、玉壶、黄坦、石垟林场等中学,分别创办能源、电器、维修、英语、裁缝、种植、养殖、林业等专业的职业高中班,文成二中创办预备军人学校。1993年9月,创立文成县职业技术学校,开设幼师、财会、美术、文秘等专业,从而培养职业技术人才。

(二)开展短期职业技术培训。1992年,国务院发布《关于积极实行农科教结合推动农村经济发展的通知》,县教委根据通知精神,

创办二所成人文化技术学校和长毛兔良种场,举办水稻育秧、柑橘栽培培训班。全县创办和巩固成人培训中心9所。全县参加农函大学习的有1 017人,参加绿色证书培训的有2 470人,各类技术培训总计47 151人次。

(三)开辟劳动基地。1991年,全县42所中小学承包中小学水果小茶园、小果园、小林场等劳动基地。共208.7亩、2万多名师生参加基地劳动,积极制作名茶"半天香"。近年,全县开展特色学农基地建设,建立了三个基地,里阳西山小学的红柿基地,岳梅完小的葡萄移栽基地,稽垟小学的杨梅、杉木基地。

(四)配备教学仪器。新中国成立后,学校仪器设备不断完善,1978年,县文教局成立仪器站。1983年,文教局确定石垟林场、双桂公社等6所学校为农村初中实验中学。大峃镇小学、西坑镇小学、周南小学等12所为配备仪器的重点学校。1992年至1996年,教育局投资17万元增添中小学电化设备和其他教学仪器。2000年,全县先后投入教育技术装备资金1 000多万元。全县中小学建立了计算机房15个,语言室5个,校园通讯设备3个,从1992年至2001年统计,10年共投入资金约2 200万元,用于增添教学仪器、电器教材、音体美设备及图书资料,使中小学校教育装备配备的达标学校数达到64所。

(五)举办科技节活动。2000年8月,县教委制定《关于加强中小学劳动技术教育的若干意见》。10月,举办首届青少年科技节,并与县科协、团县委、县妇联联合举办"文成县青少年科技作品展览"活动,此后,每年照例举办。这样大大促进了广大青少年进行科技研究的积极性与主动性。

刘基在文章中只提出了理论联系实际、学以致用的必要性,而文成县教育工作者在长期的教育实践中,却创造性地解决了理论怎样联系实际、如何运用学用一致的问题,具体地提出了多种渠道与方法,从而真正落实了"学成而以措诸用"的思想。

五、"教学之官""跻大官、任宰辅者,非一人矣"——全社会应尊重教师

尊师重教,是我们中华民族几千年来的传统。"一日为师,终身为父。"刘基提倡尊师。在《送张山长序》中云:"方今教学之官,为职甚卑,而其出身为甚正,非他歧比也。由是而跻大官、位宰辅者,非一人矣。"他认为当时的教学之官,职位甚低,但其出身正,学问高,能当大官甚至宰相的,也不止一人。这说明刘基对当时书院、郡县学教师的德才有较高评价。《送胡生之定远教谕任(为陶中立参政作)》:"校官职敷教,位小任匪卑。栋梁自勾芒,翀霄起陂池。仕学犹两翅,对举不可遗。努力慎保爱,勋名以为期。"这是对胡生任教谕表示勉励。

封建社会,教师工作无保障,常有失业之虞。俗话说:"家有三斗粮,不做孩子王。"当教师视为知识分子的没落。新中国成立后,人民教师受到党和人民政府的尊重和关怀,得到广大人民群众的爱戴。在政治上,县历届中共党代表、人大代表、政协委员,均有一定教师的名额,更重要的是在"拨乱反正"后,知识分子成为中国工人阶级的一部分,彻底摘掉"小资产阶级分子""臭老九"的帽子,改变了长期被改造的可悲命运。1979年至1990年,文成教育系统的冤假错案、历史遗留案件,共纠正落实545件,其中右派改正104人,遗留案件落实政策的有281人。1985年党中央规定9月10日为"教师节",文成县每年开展一系列的庆祝活动。许多地区的车站、医院,还让教师与军人享受同等待遇,优先购票、看病。在经济上,教师工资相当于或略高于公务员。每年利用寒暑假、"五一"与"十一"两个长假,县工会组织教师到北京、上海、苏州等地参观旅游。在文化业务上,教师连续不断地学习,努力提高自己的水平,争取成为名副其实的教育工作者。

刘基在诗文中提出全社会应当尊重教师,并劝勉教师应当自重自

爱，而文成县的党政领导与人民，在党中央的领导下，长期以来，无论在政治上、经济上、文化业务上，处处创造条件，保障教师的合法权益，使之终身从教，为促进社会主义物质文明和精神文明建设做出贡献，从教育的理论与实践上，进一步拓展了刘基尊重教师的思想。

2004 年 6 月

试论刘基的孝道观

何谓孝道？孝道指奉养父母的准则。何谓孝道观？孝道观指人们对孝道的看法。刘基的孝道观如何？笔者学习了《刘基集》中的 37 篇"记"之后，认为刘基的孝道观表现如下四个方面。

孝道的历史地位：孝为一切德行中的首位

《孝经》为春秋时孔子所作，唐明皇李隆基为之作序。序云："子曰：'吾志在《春秋》，行在《孝经》。'是知孝者，德之本欤！"

孔子归纳"孝"的主要内容："始于事亲，中于事君，终于立身。""孝"首先从侍奉父母开始，其次侍奉君王，最后是修身立世实现志向。中国几千年的封建秩序和封建伦理关系，就是以孝道为基础建立起来的。汉代的"举孝廉"，就是由地方官向中央荐举孝顺父母、品行端正的人任以官职。这就是"孝"为"德"之本最好的注释。

刘基写的《养志斋记》，写华亭唐伯在书斋朝夕观书醒悟，对父母极尽孝道，于是刘基在记的开头指出："夫孝，百行之首也。"说明孝是所有德行中首要的，指出孝的重要地位。接着论述孝的重要性。"为人子而志于孝，夫奚为而不淑哉？"可是，"以孝称于圣人而扬天下后世"的弟子门徒，仅闵子、曾子而已。"而曾子亦不能以是传于子"，为什么？"甚哉孝之难也。"

正因为尽孝道不易，所以尽孝道的人自古以来就不是很多。元朝郭居敬编撰的《二十四孝》是一面镜子。周代剡子，父母瞽曰，想食鹿乳，剡子便穿鹿皮潜入鹿群取乳；汉郭巨，家贫。有子三岁，母尝减食与之。巨谓妻曰："贫乏不能供母，子又分母之食，盍埋此子？

儿可再有，母不可复得。"妻不敢违；晋朝孟宗，母老病重，冬天思笋煮羹。孟宗抱竹而泣，孝感大地，出笋数支，持回奉母。晋代李密，在《陈情表》中，托词祖母病老，奉养无人，愿先奉养祖母，再报答皇上。晋武帝终被"臣尽节于陛下之日长，报养刘之日短"一语所感动。一位位尽孝的贤人，岂不就是一面面"孝，为百行之首"的旗帜？

"百行"包括一切德行，勤、俭、温、恭、忠、诚等，而孝摆在第一位。"孝，以百行之首"的观点与唐明皇的"孝"为"德"之本的意义，本质上是相一致的。唐明皇只不过从理论上说，刘基是从实践中的行为上说，而后者说得更明白更具体。

孝道内容之一：既要在物质上照顾，又要在精神上安慰

刘基在《寿萱堂记》中，歌颂了会稽山阴余邦用的孝母之德。余有堂，作奉母之处，名曰寿萱堂。萱为草名，"萱"与"谖"同音，而谖之义为忘，故萱草忘忧。作为儿子，让母亲忘忧，长寿也。《尚书》称五福，寿、富、康宁排第三，康宁，即无忧。如果儿女让父母康宁，就是最大的幸福，所以刘基指出"人欲孝而亲不待，或厄穷而无以为孝，则皆抱终身之恨"，意为人想孝顺父母，但行动上没有照顾，或者借自己贫困而无法做到孝，那都会令你抱恨终身。

刘基孝养父母的观点直至今天，并继续证明是正确的。《中华人民共和国宪法》《中华人民共和国婚姻法》等一致指出，成年子女都有赡养父母的义务。在《中华人民共和国刑法》中，明确规定虐待父母长辈者，视情节轻重予以惩处。"孝，为百行之首"。目下，有人尚且连道德范畴中最基本的孝敬父母都做不到，遑论共产主义道德？诸如，某中医医师为一病人开处方，病人在座的三个儿子竟没有一个接过去撮药。东阳市离休干部韦思文亲聆一位老人向领导借1 000元钱去看病，三个儿媳一个女儿陪同，住院要再支付500元钱，可三个儿媳你看我，我看她，没有一个愿意出这笔钱。乐清一对老人惨

淡经营半生，盖了两间楼房，最后，两儿都不给住，父母只好冒死打通隔墙，把床横在中间。儿子行为不端，母亲厉声斥责，被儿子按在柴仓里打得头破血流，她只得将儿子告上法庭。前事已成"古世传"，此辈处罚已嫌太迟，早该火烧雷劈了。

面对古人，现代有人对薪火相传的传统观念显得式微。抚养远胜赡养：父母生日不记，而儿女生日，却记得清清楚楚，年年在家，或在酒店办酒宴；父母困难，做儿子的一声不吭，而"小皇帝"开口，犹如圣旨，千依百顺；父母健在，子女却不闻不问，而父母的丧葬，子女却虚张声势，铺排场面，表现的原是虚伪的"孝顺"的面子。羊有跪乳之恩，鸦有反哺之义。这些不孝的人，正如王中书在《劝孝歌》中所针砭的"若不尽孝道，何以分人畜"？

刘基在《养志斋记》中指出"今世之养亲者，以饮食供奉为至足，而不知戚其戚，欣其欣"。以铺陈手法，正面树立了养亲者的形象。松江华亭的唐伯"乌程之酿，巨口细鳞之鱼，秋菘春韭之菜，芳菰精稻，晨凫露鸡之臑，所以适口克腹者，无不有矣。其为室也，东望三泖九峰之山，西望具区，山光水色，远近辉映，翠霞晨飞，玄鹤宵警，松篁众木，花鸟靡曼，所以娱耳悦目者，无不备矣。白发坐于堂上，彩衣戏于庭下。欲有与，随所命；欲有适，仆夫版舆，观望颐指，不呼而集。"可见，唐伯提供让长辈满足物质上与精神上的必需品，刘基叙述唐伯的养亲，正是指出今天许多人仅仅奉温饱而不知父母的忧愁与欢乐的弊病，从中看出刘基的主张：尽孝道，既要在物质上予以照顾，又要在精神上予以安慰。做到前者，仅仅是为上辈创造生存条件；如果再做到后者，那就是让长辈过上真正的舒适生活了。现实中，物质生活固然重要，而精神生活更是不可缺的。为什么有相当多的乡村老人，在城镇不习惯住？为什么国内有相当多的老人，在国外住不久？不是吃、住、穿的问题，而是熟人少，言语不通，外出不便，缺乏情感交流，因而生活乏味、枯燥，精神上受到压抑。由此看来，政府提倡"老有所学，老有所乐"的口号是正确的，因此社会积极筹资，政府资助建老干部工作室、老人活动中心，办老年大学，让老年人在精神上得到满足。《中国青年报》发表作家莫怀戚的《散步》一文，写"我"在春天与家人到野外散步，背起老母亲走小路，让她享受时日不多的大自然。今年春节文艺联欢晚会上，那位孝顺的孙子，硬着头皮听爷爷讲了千百遍的那个"粮票的故事"。《常回家看看》一歌为什么得到全国男女老少的共鸣？就是因为回家看看，大家图个"团团圆圆"，这就是我国传统的春节人们为什么从天南地北"回家看看"的最好诠释。

孝道内容之二：既要爱父母之身，又要爱自己之身

刘基在《养志斋记》阐述了物质与精神上的尽孝之外，便接着继续阐述其精神上的安慰内容，"予之所求于唐君，则有大于此者"，这就是所谓的"人知爱其身、不爱其亲为不孝，而不知爱其亲，不爱其身为不孝。"

刘基在文章中论述，父母爱自己的子女是没有尽头的（正如农村俗话说的父母爱儿路样长，子女爱父母筷样长），子女的痛、痒、冷、热等疾病，就像自己身受一样难过；子女的好坏荣辱，忧愁欢喜与爱好，哪一样不记挂？如果人仅仅知道爱自己之身，而不爱父母之身，可以说是不孝；不知爱父母之身，又不知爱自己之身，同样也是不孝。诚然，世上有尽心尽力侍奉父母的人，但是，自己做事不谨慎，从而身陷囹圄受罚，这样的行为又怎样呢？所以，人要对自己的言行谨慎、检点，遵守法规，履行礼仪，让父母不因子女而劳心；尊敬贤人，友好对待善者，明辨是非，让父母的名声不因子女而遭到玷污；对兄弟相亲，对亲戚相爱，对乡邻和睦，让父母的优良传统不因子孙而堕落。刘基在这段文中表达了后辈要着重养志，而不辜负长辈的期望，让他们宽慰，所以得出尽孝，既要爱父母之身，又要爱自己之身。

在此，我举一现实事例，足以印证刘基观点的正确与深刻。《浙

江日报》发表的《死刑犯的生命告白》,写了在安徽省怀远县一个偏僻山村出生的顾金锁,没读完小学一年级就辍学去放牛,长大后到黄岩打工,因在九峰山连续8次抢劫、强奸而被判处死刑。临刑前,写了一封绝命信给父母,时间是1999年1月20日。信中回忆父母的心愿:"儿啊,您独自一个人出门在外,要好好照顾自己,更要堂堂正正做人,混出模样来。""如今,我身陷囹圄,但您并没有弃我而不顾,对我横加指责与埋怨,却是时时刻刻宽慰我,关爱着我,教我树立信心,吸取教训,争取立功,将功补过,这一份血浓于水的人间真情,我将何以面对?爸,您来信说妈因我被判了极刑,承受不了这巨大的打击,整天以泪洗面,神思恍惚,常常晕倒,每当我想到这些,便痛不欲生,真有一种撕心裂肺的感觉。爸,还有妈,你们一辈子历尽沧桑,饱经风霜,从没有过上一天安乐舒适的生活,而今在耄耋之年,却遭失子之痛,白发人送黑发人的悲哀,你们又将如何去面对,""苍天啊,我何以走到这种下场,爸,不肖儿辜负了你们的养育之恩。"显然,死囚这封信痛述因自己不肖而让父母之心劳,因自己不肖而玷污父母名誉,因自己不省而让父母优良传统断绝。由此可见,做儿子的安身立命,为仁为贤而使父母长辈宽慰,以至长寿,这是尽孝的重要内容,这又是刘基孝道观中的创见。

孝道内容之三:既要善待父母,又要善待兄弟

善待父母称孝,善待兄弟称友。刘基在《孝友堂记》中认为"孝友也者,所谓懿德之首与"。说孝友是美好道德中的首位。并进一步论述孝友的意义,孝友"以修身齐家,为治国平天下之本也"。

记写台州临海的陶君,8岁时母卒,继母没有疼爱他。陶君长大娶吴氏为妻。夫妻谨慎侍奉父母,但母亲没有容留他们,于是夫妻搬出,住在外面,勤苦耕织度日。父与继母自己管理产业,不让儿子与媳妇过问。后来,家庭经济一天比一天困难,父亲年迈,继母所生的

弟妹因没有钱财无法婚嫁。此时，陶君把父母与继母接到自家奉养，并以自己创业的资金为弟娶妇，为妹出嫁，各得其所。继母非常感动对陶君的孝顺行为惭愧，终于门庭和睦。吴氏早年丧父，其母没有依靠，陶君也接岳母到自家奉养，直至终老。

陶君的儿子凯读书有天资，因为贫困，常年外出，以经文教授弟子。弟子来自四面八方，以束脩（学费）收入，帮助父亲料理丧葬祭祀。上代的墓地被有权势人家占夺，陶凯能全部赎回。他无兄弟，只有一妹，嫁出去了，但过早地去世了，陶凯如对待自己的儿女一样养育妹妹的子女成人，所以，乡亲称孝友者，没有人超过陶氏父子。

对其事，刘基接着发表议论："若陶君者，真可以当孝友之名矣乎！方其家之富也，见弃于亲，甘远身而不失于礼。及其贫也，弟妹无所托，义竭力自任，而不贻父母忧。呜呼，难哉，若陶君，可谓能尽孝友之道矣！"刘基又进一步阐述陶君父子"孝"的意义："陶君无其位不得流其泽于民，而独行于家。至其子，又克类，天将昌陶氏乎？子类父，孙类子。绳绳焉而不绝，能无昌乎？"

古语云：兄弟情同手足，应友好相处。然而，兄弟往往因蝇头小利而刀戈相见。农村有的因一炭镡而不能相让，宁可打碎各取镡缶，竟愚昧到如此地步，更有怀疑父母偏心而互怀敌意，老死不相往来的。因此说孝难，友更难。能以孝又友，便是美好道德中的美好了。刘基在写"孝"的同时提出"友"的内容，又是创见。因为友好地对待兄弟姐妹，同样是让父母宽慰、使父母康宁的重要内容。所以，从这个意义上说，"友"是"孝"不可或缺的内容之一。刘基在此文强调"友"，同样是有现实意义的。所以在《怡怡山堂记》里，刘基借孔子之语作注："兄弟怡怡"。《诗经》：曰"兄弟既翕，和乐且湛。宜尔室家，乐尔妻帑。"孔子、举而赞之："父母其顺矣乎！宜兄宜弟，事亲之本也。"意即兄弟相爱，是孝顺父母长辈的根本。

值此物欲横流、人情都商业化的今天，提出刘基的孝道观，从纵横两线剖析孝道观的历史意义及内容，从而启迪人们继承我国优良的孝道是非常必要的。21世纪第一春,江泽民同志在中央召开的宣传部长会议上提出"以德治国"。"以法治国"与"以德治国"是社会主义精神文明建设的两翼。"法治"固然重要,"德治"更见功力,能防患于未然。古为今用,儒家学说的"仁爱"乃是我们的精神财富。只有修身,才能齐家、治国、平天下。修身就得从孝敬父母始。我奉劝对有悖于孝道的人,请实践清人郑板桥"难得糊涂"的话,像对待儿子那样对待老子。我奉劝有悖于孝道的人,请再次重温刘基的观点"孝,百行之首也"将大有裨益。

2004 年 11 月

独具创意　自成一说
——喜读张宏敏《刘基思想研究》

学术的腐败，首先是道德良知的堕落。相当长的一段时期，一部分人由于急功近利的驱动，从院士、博导等学术巨头至普通大学生、基层职员，学术研究腐败现象丛生：一是全部或部分抄袭；二是剽窃别人的论点、论据而改头换面据为己有；三是以职权或支付酬金托人"捉刀""你冠我戴"；四是买通编辑或评委，为我所用；五是全部"歌德"或"全盘否定"，等等，于是相继产生了不少学术垃圾。

部分学人关于刘基与刘基文化的学术研究也同样或多或少存在前述弊端。青年学者张宏敏却洁身自好，能够遵循当代著名历史学家翦伯赞先生倡导的"板凳要坐十年冷"的治学教诲，在中国哲学史这一"冷门"专业领域辛勤耕耘；尤其是近四年专攻刘基思想，稽古揆今，宵衣旰食，独立著成《刘基思想研究》（浙江人民出版社2011年版），在纪念刘基700年诞辰之际闪亮登场。在我看来，该书独具创意，自成一家之言，犹如一股强劲的东风，横扫阴霾，令人刮目相看。

创意之一：研究刘基的全面思想

刘基（1311—1375），字伯温，封诚意伯，谥文成，浙江温州文成南田武阳（旧属处州青田）人，系元末明初杰出的政治家、思想家、文学家、军事谋略家，以辅佐朱元璋完成帝业，开创大明王朝而驰名天下。据统计，自20世纪初（1910）到21世纪（2010）的近百年，有关刘基研究的学术论文达460余篇，各类专著120余部。专著主要是年谱、传记、评传、考论、传说、小说、文集，但缺有深度的全面研究刘基思想的专著。

温州学界资深社科专家洪振宁先生早在2006年召开的"中国·温州国际刘基文化学术研讨会"上，就大声呼吁并建议学者，"开展对刘基在治国安邦领域的哲学思想、政治思想、民本观念等进行深入而独创的研究"，《刘基思想研究》一书，就是对这位专家呼吁而作出的回应。

作者张宏敏在"引言"中指出："目前学界的刘基思想研究视域过于狭窄""方法论过于单调，囿于唯物主义、唯心主义哲学性质界定，基本上停留在20世纪五六十年代的水平，理论水平与研究深度欠缺。"鉴于刘基文化研究中的短板，张宏敏从传统哲学视域出发，以儒学、道学、佛教、哲学、政治五个章节，对刘基思想进行全面系统深入的研究。具体地说，儒学方面，从儒家定位论、教育学、春秋学、易学、礼学等角度切入；道学，从《老子》《庄子》、道教思想着眼；佛教，通过刘基与四面八方的僧人交往及儒佛交涉去探究；哲学，就理学、实学、历史哲学及《天说》《拟连珠》等哲学名篇去解读；政治，从民本、人才、廉政等角度进行研讨。据我所知，此书堪称目前国内学界关于刘基思想研究领域最全面的一部著作。

创意之二：纵述中国古代儒家对刘基的影响

张宏敏在《刘基思想研究》第一章"刘基儒学思想研究"中，就对刘基思想的定位予以明确的表述："刘基是一位古典的儒家与经世致用的儒家。"之所以得出这个结论，是缘于刘基对孔孟之道的推崇，对儒家君臣之道、孝道、交友之道的思考，以及对以民本思想为内核的德政理论梳理的结果。该章还将孔孟之道与刘基的思想有机联系起来。比如说作者提到孔子有"仁""智""勇"三达德的论述，刘基所论之"勇"是在"仁""智"，包括"中庸之道"指引下所体现的一种大无畏精神，"仁智驾勇，勇佐仁智"相互关联，不可分割。

同时指出，《孟子》学说对刘基的影响也是多方面的。《孟子·尽心上》的"穷则独善其身,达则兼济天下"的至理名言,也就成为刘基后来致仕的基本依据。《离娄上》:"欲为君,尽君道;欲为臣,尽臣道,二者皆法尧舜而已。"刘基辅佐明主定天下之时的忠心耿耿,任劳任怨,正是践行了"臣事君以忠"的臣道原则。

先秦诸子和儒家各派学说的集大成者荀子,提出了以"天行有常""天人相分""制天命而用之"的天道自然观。刘基的"天道"理论基本上继承荀子的天道自然论,比如《郁离子》中有"人能财成天地之道,辅相天地之宜,以育天下之物,则其夺诸物以自用也,亦弗过。"这其实是一种"天道自然"的理论表述。

"根深才能叶茂。"作者之所以纵说我国古代儒家对刘基的影响,旨在让刘基这位古典儒家与经世致用的儒家形象在书中毫不动摇地站立起来。

创意之三:将诸家刘基研究学说作横向比较

有比较才有鉴别。张宏敏在该书"附录"之中将近百年来学界关于刘基研究的学术成果进行了详细地梳理、综合、比较,可以让读者多角度、多层次去参阅、去思考,从而有助于我们全面系统地领会刘基的思想。

比如,关于刘基的历史功勋,各家相异。田澍指出:"汉之留侯张良、蜀之丞相诸葛亮、明之诚意伯刘基诸人,他们是中国传统知识分子修身、齐家、平天下的典型代表。其中刘基被世人称为立德、立功、立言的三不朽伟人。"邓建军认为刘基为朱元璋确立先灭陈友谅后取张士诚的战略,朱元璋采纳后,遂成帝业;建立明朝后,刘基"竭智尽虑,呕心沥血,作出卓越贡献"。

关于刘基出仕两朝,是否有"变节"之嫌。多数论者持儒教道统的观点,指认违反"忠臣不事二主"的儒教道统。郝兆矩认为刘基50岁出仕明朝,这是一个非同小可、大智大勇的行动。毕英春以为"从仕元到反元,从镇压'盗贼'"到投身其中,是一个很自然的发展过程。事实证明,"刘基的抉择是正确的,也是无可非议的"。

关于刘基投奔朱元璋的原因,众说纷纭。吴晗认为这是混入农民革命队伍,腐蚀革命;汪根年认为是满足个人政治野心;胡岩林认为是实现儒家经邦济世、治国安民的政治理想;江涛认为是当时形势所迫;王正平认为是主观因素互相影响的结果。这样一一剖析,有利读者结合元明时期的政治形势与刘基个人的政治理想,实事求是地分析,以便作出科学的判断。

创意之四:敢于向学术权威质疑

浙江儒学研究专家吴光教授在本书的"序言"中明确肯定:此书基于对刘基的"古典的儒家与经世致用的儒家""兼容佛老的儒者"的学术定位来详细梳理刘基的学术思想。他称:"在学术界首次论述了刘基的道学思想,儒佛之辩与实学思想,以及刘基的圣人史观、廉政思想等,从而把对刘基的学术思想研究推向了新的高度。"这就是本书的最大价值。还称,这部书稿在充分吸收目前学界关于刘基思想最新研究成果的基础上,提出作者的"一家之言",并敢于向学术权威的研究成果提出疑问。

该书认为,"刘基承继了浙东事功学派"的论点在学理上是根本无法成立的。刘基虽然家居青田,距永嘉不远,但属"处州—括苍文化圈,"这与"温州—永嘉文化圈"有别,刘基一生前往永嘉仅数次而已,永嘉学派的代表人物薛季宣、陈傅良、叶适等名不见于《诚意伯文集》,实际上刘基生活的时代,"永嘉学派"已经成为历史。因此说,"受到永嘉学派余绪的影响"是穿凿附会之说。

又有论者说饱学之士郑复初属永嘉学派,该书作者提出疑问。从《稿本宋元学案补遗》卷二一"艮斋学案补遗"条,发现下录斋门人之中未录郑复初,倒是在《稿本宋元学案补遗》条下"王讷斋先生毅"

目下发现王毅从原善（郑复初之字）。闻圣贤求仁之方，在永康、金华一带传承程朱理学。"无论如何推证，在学理上把郑复初强行划入'永嘉学派'之'艮斋学案'中的做法是不科学的。"关于刘基精通佛学、陆九渊心学的学界既有成果，该书作者也有确凿的论据予以驳斥。

关于刘基是不是理学家，学界早有争议。该书引经据典，用大量史实证明，刘明今指出"刘基不是理学家，而是经世致用的新一代的儒者"是正确的，认为史学家侯外庐的"刘基在理学史上享有较高的学术地位"的观点有拔高之嫌。

写到这儿，我记起300多年前英国的建筑设计师莱伊恩运用工程力学知识，根据自己多年的实践，给英国温泽市政府设计了只用一根柱子支撑天花板的大厅。一年以后，市政府权威人士进行工程验收时，认为太危险，要求多加几根柱子。他用巧妙方法糊弄官员，坚守自己的信念。300年后，大厅坚固如初，今天成为旅游景点。张宏敏敢于向学术权威挑战，对学界研究成果进行质疑，我认为，他的批评性意见是宝贵的，但更可贵的是他像莱伊恩一样，有崇尚科学、坚持真理、恪守自己原则的精神。

2011年8月28日

刘耀东与刘基文化

"五百年名世；三不朽伟人。"这是硕儒刘耀东于1931年写给青田县南田（现属文成县）诚意伯庙的一副对联，对刘基予以高度评价。

刘耀东，又名葆申，曾佑，字祝群，号疢顾居士，晚号启后亭长，青田县南田（现属文成县）人，系明诚意伯刘基第二十世孙，生于清光绪三年（1877）十月十九日，卒于1951年农历二月初八，终年75岁。自幼勤奋好学，7岁其父凤仪开始教授四书，11岁读经史，19岁举县庠生，不久进处州（今丽水）莲城书院，继而从学于瑞安经学大师孙诒让，28岁留学东瀛，入东京政法大学专读法学。1905年参加蔡元培为会长的资产阶级革命团体"光复会"。次年，拜见孙中山先生，加入"同盟会"。30岁回国，先后任教温州、金华、处州等地府学。辛亥革命后，任松阳、鄞县、江苏宜兴等地知县。民国八年（1919），调任江苏镇江海关道任统捐局局长，是年秋，弃官回乡，以读书著述自适。

刘耀东一生笃志于学，精于经史，与缙云赵明止、龙泉吴梓培、青田吴冠甫被誉于"括苍四皓"。民国三十年（1941），受聘任省通志馆续修《浙江通志稿》副总编。新中国成立后的1950年9月，被选为文成县首届人民代表。

刘耀东崇敬刘基，为研究、保护刘基文化作出了很大贡献。

一、旰食宵衣 编撰《刘文成公年谱》

刘基是我国元末明初著名的政治家、思想家、军事家、文学家，是与商伊尹、汉张良、蜀诸葛亮齐名的历史人物。刘耀东见如此"立德、立功、立言"的三不朽伟人,其生平事迹却所传甚少,于是在民国二十二年(1933)夏历闰五月,凭自家藏书,下乡搜集民间轶事,开始在老家编写《刘文成公年谱》(以下称《年谱》)。

编写的四年间,私事干扰不说,公共善事一桩接着一桩,事事离不开他。如为修理张德政祠(清康熙年间,山西长治人氏张皇辅,任青田知县。南田一年灾荒,民生凋敝,便派官员察访,据情免除田租地税,百姓为纪念他而建生祠,故取名"张德政祠")而发动32人集资买田祭祀,为保护丽水县城的文成公祠前的"帝师""王佐""贤节"三石坊不使他迁,为保护青田刘文成祠不被县府改为法院,为建造刘基之父上七代的"追远祠",为南田创办西医诊所,等等,不遗余力地舟车劳顿,日夜奔波,《年谱》只能席不暇暖,"拾零为整"地写成,其保护刘基文化之精神,殊可叹也!

全书共分三卷,上卷世表,中卷年谱,下卷附录,经平阳刘次饶审校后,交赵彦园带瑞安付印,后转放温州墨池坊,以"贰百金"印刷400部。

《年谱》出版之后,有关刘基的传、故事、小说、戏、电视、讲坛相继涌现,此书正为后人研究刘基文化立下骅骝开道之功。

二、手抄刊刻 传承刘氏三书

刘基哲嗣刘琏、刘璟、刘廌,著书立说,继承刘氏家族遗风。

刘琏(1348—1379),字孟藻,刘基长子。曾除考功监承,功试鉴察御史,后为江西布使右参政。著有《自怡集》,收诗歌94首,后人评价甚高。《四库全书总目提要》称:"惟七言律诗颇涉流利圆美,然仅三首""至于五言古体,居集中之大半,皆词旨高雅,而运思深挚,殆于驾两宋而上之。以继《犁眉》诸集,可谓不愧其父"。

次子刘璟(1350—1402),字仲璟,又字孟光,号易斋,为阁门使,左长史,并敕提调肃、辽、燕、赵、庆、宁六王府事,留下《易斋集》

上下两卷。其集不凡。明末杨文骢为《易斋集》作序云:"其诗小赋,情旨缠绵,言辞亢爽,恻恒而和平。序记之文,议论光伟,笔势雄健,斐然成章矣。"

刘琏长子刘廌(约1361—约1413),字士端,号约斋,又号闲闲子。袭封诚意伯,封为特进光禄大夫。洪武二十四年(1391),退隐南田西鸡山下的盘谷,著述《盘谷集》,诗文约8万余字。《易斋》《盘谷》两集,刘耀东之父刘凤仪早年已抄存。光绪辛丑年(1901),命耀东往瑞安孙籀庼(孙诒让)先生处付印。民国廿九年(1940)元月二十八日,刘耀东去信王欣夫"士礼居"所藏的《易斋集》本寄来,与家藏刊本互校。一月之后,写毕《跋》。不久,又在杭州文澜阁手抄《自怡集》。刘耀东将《自怡集》《易斋集》分别收入《括苍丛书》的第一、第二集。《盘谷集》续刻附在《诚意伯全集》之后。这样,刘耀东皓首穷经,将刘基及子孙三代四集,保存流传,功德无量。

三、踏破铁鞋 追觅《百战奇略》

刘基的军事思想,主要体现在兵书《百战奇略》之中,此书收集先秦到五代1680年间散见于史籍中之重要军事资料,涉及政治、经济、军事诸方面,集成百题,成为我国乃至世界的重要书籍。

此书内容丰富,有"谋战""让战""间战""不战""避战""声战""分战""合战""心战""围战"等《百战奇略》十卷,是上代刘淮公手抄的此本,至民国初,传到了南田名士刘耀东手上,他特监制一樟木小盒,将兵书装入,秘藏于南田启后亭的阁楼内。1936年冬,被国军罗卓英部队第十八军的一个副营长黄传琛得知,专程来到南田对刘耀东先礼后兵,硬软兼施,强行"借"去,刘心痛欲绝。此后一直没有消息。

刘耀东在其《疨庼日记》中纪述:民国二十六年(1937)五月十八日,为往年《百战奇略》被窃一事,刘耀东赴处州(现为丽水地区）向 19 师师长李云波查询。据李云波云：此事已托温处师管区司令黄国梁追查，仍无回音。午后，李云波师长邀刘耀东往万象山黄国梁司令处，黄国梁出示友人回信，说传琛将《百战奇略》抄毕，原本交军参谋长施某。后来去函查询在陆大学习的施某，尚无答复，只得辞归。

刘耀东穷追到底。次日，又偕专员许宗武往访闽浙皖赣四省边区主任刘建绪，询及此事，刘主任答应协查。

经过 6 年的追寻，经多次交涉，后经朱伯林将军追查，才归原籍，但已残破不堪。书已被烧一洞，损及十余页，刘氏甚感痛心。

新中国成立后，政治运动频频。1951 年土地改革前后，藏书又遭损失，《百战奇略》又不翼而飞。刘耀东之子刘天健一直念念不忘。1984 年，刘天健赴杭集资修理诚意伯庙，碰上姐夫周志珊，又谈及《百战奇略》遗失之憾事。周志珊说，在上海部队的浙江文成鳌里人周大海曾在旧书摊上买到一部《百战奇略》的手抄本，刘喜出望外，便拜托省政协常委的同乡刘劲持先生联系，周大海听说这是刘耀东家藏的珍本，便立即交刘劲持还给刘天健。两失两回，莫不是刘基显灵显圣？

20 世纪 80 年代，文成县研究刘基之风始盛，刘天健也参加了刘基研究会。1987 年，县里有人"借"他存的《百战奇略》一阅，结果又是泥牛入海，没有归还。悲哉！刘天健至今谈及此事，仍捶胸顿足，悲痛不已。

四、全力以赴 保护刘文成公祠

民国二十三年（1934）七月十三日，闻之丽水城内造路，县府下令拆除刘文成公祠前的"帝师""王佐""贤节"三座石坊，迁往他地。刘耀东认为，古迹，是历史文化的标识，况且是纪念三不朽伟人刘基的古建筑。于是急忙驰书丽水县长邱远雄，老友刘乙照、张应昌、毛子诚、端木梅邻等人，帮助其在可能范围内保存下来。最后，县府终于同意民情，依然保留。

民国三十二年（1943）三月十三日，又闻青田县政府，拟将在城关的刘文成公祠改造为法院。刘耀东又义愤填膺，认为这班"肉食者鄙"，数典忘祖，立即拟呈送县云："窃先文成公在城祠堂，明清两代，历经本族修葺崇祀迄今，诚以先文成公为明代革命元勋，功在国家。风教所击，非为其他私祠可比，既非军事必要之征用。法院随处可造，城内隙地甚多，何必毁此举国景仰及乡炳耀之专祠……"分别电至浙江省政府、高等法院、丽水专员公署，说明原委，据理力争。但是，三月十六日，县政府一意孤行，将以日内拆改。刘耀东闻之，甚感不安，为保护古迹，是日又寄呈文给省党部，省参议会，并寄函陈屺怀、郑笠生等，又致电重庆陈叔通，湖北陈辞修（陈诚），两电文由专人送往云和交朱伯林中将以军部军用电台发出，并嘱刘德隅往居县城，坐镇监视动向。

经过一个星期的书面交涉，终于取得胜利，三月二十日，刘德隅电告：县政府不敢擅自拆改文成公祠，改为借用，并保持原貌。

此外，刘耀东曾保护西陵夏山刘文成公墓山，三世祖照磨公刘貊的三源无为观之墓，景宁门潭刘基之母富氏太夫人之墓，查考刘文成公书云和汤民墓碑，等等。刘耀东为保护刘基文化遗产，作出长期不懈的努力，可谓鞠躬尽瘁。

五、慷慨解囊 修建一祠一亭一坊

南田诚意伯庙原有刘基塑像居中，而其父至上的七代神位置在左壁间，刘耀东认为"有子祀于堂，父侍其下，于礼不顺之"。于是，他独资买下庙后的230平方米土地建"追远祠"，以示后辈对上祖的尊崇。

民国二十二年（1933）七月八日举行奠基仪式。九月之后，刘耀东将备买的木料置放庙内，以自家盖茶亭的木工检点材料，族叔子俊代为管理。刘耀东独家耗资"五百金"（包括买地皮、购木料砖瓦、付工钱），经过一年半建设，终于在民国二十四年（1935）二月初五立春之时，奉七世神主入祠，并开始祭祀。

同年8月24日，撰书一联曰："宋元两朝，文学武功昭国史；祖孙七代，深仁厚德大家声。"刘耀东还首事建"辞岭亭"。亭坐落文成县南田镇北的岭头上。明建文四年（1402），燕王朱棣篡位，惜刘基次子刘璟才望，召其入京，璟称疾拒赴，被械逮入都，家族饯行于此故名"辞岭"。民国十一年（1922），刘耀东为纪念先祖，带头筹资建亭。民国期间的青田县县长魏在田、《文汇报》编辑刘文锋、书法家林剑丹均在此题写联匾，刘耀东缅怀600多年前刘璟的高风亮节，于是自撰书一联："到此者应抗心怀古；坐定后试放眼看山。"此亭现为刘基故里的重要景点。

刘耀东还两次捐助修理"联簪坊"。明英宗正统四年（1439）十月，处州知府郭阴、武金，同知曹宏，通判黄聪，青田知县林川、张乐等立"联簪坊"，旨在纪念开国太师刘基、谷王府左长史刘璟、行在刑部照磨刘貊祖孙三代，为官清正，为国建功。坊木质制，原有八柱，36斗，72星，造型宏伟。清光绪辛丑年（1901），刘耀东其父刘凤仪集资于坊东建造石门以蔽风雨（各"联簪门"，后于1966年夏在"文革"中被毁）。

民国二十三年（1934）5月12日，刘耀东助银圆4块修"联簪坊"外道路一段，又资助法币50元，修造两边后墙。

2012年5月

从刘基庙楹联看刘基

笔者曾在2011年、2015年分别由人民出版社、线装书局出版《刘基故里楹联评注》《刘基庙楹联评注》，其中各收集39副楹联并进行评注。其初衷，就是让参观者理解每副对联的作者、背景、词义、思想与艺术，从中进一步认识刘基的生平与功绩，从而更好地弘扬刘基精神，为社会主义新时代的建设作贡献。

一、从明正德的"占事运筹"联，看刘基"帝师""王佐"的崇高地位

> 占事考祥，明有征验，开国文臣第一；
> 运筹画计，动中机宜，渡江策士无双。

此联挂在正殿刘基塑像的两边，首先给观者有提纲挈领的印象。联语摘自正德九年（1514）十月十九日的《赠谥太师文成诰》。正德，为明朝开国皇帝朱元璋的第十一代皇帝武宗朱厚照的年号，朱厚照在位16年。刘基死后的第139年，被追赠太师，谥号"文成"，因而后人又称他为文成公。1948年设立的文成县，就是以他的谥号命名的。72年来，文成人及从国内外来文成旅游者，无不知晓"刘基"的名字，也从刘基庙对联中知道他的伟大功绩。

联语属修辞中的引用格，集诰中前后两句，不仅对仗工整，合乎规律，而且十分贴切自然。

联意：他推测事物的凶吉预兆，很快就有应验，为推翻元朝、建立明朝的开国文臣。他是制定策略，筹谋计策，常常能抓住要害问题

的重要谋士。显然,楹联演绎了庙门两边木牌坊的题为"帝师""王佐"的褒额,500余年来,也给观者刻下最简练也最深刻的印象。

二、从国民政府主席林森的"出处事业"联,看国民政府与广大人民对刘基的无比敬仰

出处进退与任圣冥符,运会启风云,旷代勋华民族史;
事业文章有姚江继武,桑梓崇俎豆,千秋祠宇栝苍山。

林森,福建旧闽侯(今福建人),早年跟随孙中山致力于革命。民国二十一年(1932),以年高德劭而选为国民政府主席。次年中秋题联。他高瞻远瞩,从"民族史"上俯视刘基,回首"出处进退",跟商相伊尹一样,开启时代风云,其功勋与荣华同尧舜,是当时无人能比的。作者借刘基庙地处"栝苍山",鸟瞰刘基庙,追忆继者明朝余姚学派盟主王阳明,送目"事业文章"彰显"千秋"。

代表全国人民对刘基无比敬仰。显然,由于林森是巅峰人物,地位与阅历不同寻常,如毛泽东一样,落笔就是秦皇汉武、唐宗宋祖、成吉思汗,犹如享有"中华第一高瀑"的我县百丈漈一样,大有"飞流直下三千尺,疑似银河落九天"的气势。

三、从教育总长蔡元培的"时势庙党"联看刘基故里群瞻盛况

时势造英雄,惟握奇谋,功冠有明一代;
庙堂馨俎豆,枌榆故里,群瞻遗像千秋。

蔡元培,浙江绍兴人,教育家,曾任民国时期的教育总长,后为北京大学校长。民国二十四年(1935),自撰自书,此联隶体。语言气势磅礴,意境宏阔,笔法峻拔,"撰书"兼具,可谓"一人擎

双璧"。

刘基50岁时应朱元璋盛情之邀,毅然出山,前赴应天(今南京),进献《时务十八策》,后著《百战奇略》,辅佐朱元璋而讨陈友谅,东征张士诚,北伐中原,取胜龙江之役,鄱阳湖大战,剪灭群雄,统一全国,可谓"功冠有明一代"。正因为刘基军事谋略卓越,便有"三分天下诸葛亮,一统江山刘伯温"之誉。

于是乎,刘基后裔首先提出,政府支持,建造庙堂纪念。诚意伯庙最早建于南田盘谷新宅祠堂垟,后被毁。现在的刘基庙,是明天顺二年(1458)七世孙翰林五经博士刘禄,奏请易地于华盖山南麓重建,2001年6月25日列为全国重点文物保护单位。560年来,相继落成许多刘基宗祠。如青田太鹤山刘诚意伯庙(青田二中内)、青田石门洞刘文成公祠,刘伯温纪念馆、永嘉县碧莲镇上村永嘉郡祠、苍南莒溪南山刘文成公庙、文成大峃石坟垟的文成公祠、西坑村的诚意伯庙,等等。农历六月十五日刘基诞辰日,各祠都举行盛大祭祀活动,实谓"群瞻遗像千秋"。

四、从黎鲁等的"承需开朱"联,看刘基的伟大功绩

承儒臣楷模,立功立得立言三不朽;
开朱明基地,定越定楚定吴六合匡。

联中的"六合",指天、地、东、南、西、北,泛指四方。全句指朱元璋自今安徽渡长江后,以刘基为"帝师""王佐",得以势力大发展的几个阶段:先而定越,向元朝及方国珍夺得今浙江及周边地区;而后定楚,向陈友谅夺取今湖北、湖南、江西等地;而后定吴,向张士诚夺取以今苏州为中心的苏南、苏北等地区;最后,使"六匡"——天下归正。这样开创了大明的基业。

1983年,由《文汇报》编辑刘文峰征集,永玲资立。上海人民

出版社的黎鲁、朱石基、范志民共撰写，草体。1993年，黎鲁等人又光临南田，景仰诚意伯庙。

联中的"三立"与"三定"，概括刘基一生的文功武业，直接、明确。"三不朽"语出《左传·襄公二十四年》：太上有立德，其次有立功，其次有立言，虽久不废，此之谓三不朽。

立德。一是民本思想。他在"官箴"中告诫自己，为官要"视民如儿"无反厥好，"治民奚先，字之以慈。有顽弗迪，警之以威。振惰奖勤，拯艰自疲。疾病颠连，我扶我持"。《郁离子》中，刘基指出："欲取于民，必先养民、富民，才能使江山稳固，兴国安民"。二是为官清廉，秉公执法。明朝建立后，他行使御史中丞职责，不顾丞相李善长情面，按律法奏斩了他的义子中书省都事李彬。三是不搞拉帮结派。在朱元璋选择丞相之时，刘基不避前嫌，指出胡惟庸的短处，最后还认为他最合适。后来朱元璋满口称赞："满朝都是党，唯刘基不从"。

立功。刘基审时度势，在政治上劝朱元璋废小明王，自树旗帜。在战略上提出先西后东的正确策略。经过鄱阳湖大战一举歼灭强敌陈友谅，然后除江苏苏州的张士诚，然后才南下击方国珍，在南京建都。再是提醒朱元璋"居安思危"。指出"凤阳虽帝乡，非建都地"，若在此大兴土木，劳民伤财，耗费国力，不是上策。由于刘基极力扶明，为明朝276年的江山奠下基础。

立言，刘基是一位杰出的文学家。他的作品甚多，有《郁离子》《覆瓿集》《犁眉公集》《写情集》《春秋明经》等。他的文章，在其身后获得很高的评价。《明史·刘基传》："（基）所为文章，气昌而奇！与宋濂并为一代之宗。"《四库全书总目·诚意伯文集》提要曰：其诗沉郁顿挫，自成一家，足与高启相抗。其文闳深肃括，亦宋濂、王祎之亚。

五、从民国宿儒刘耀东的"勋名出处"联看刘基的超人智慧

勋名微管垺；出处有莘如。

此联刘耀东写于丁卯（1927）年冬，"文革"时被毁，1984年，温州著名画家（乐清市人）吴思雷重书。联语字少，意蕴却丰。用字简约，用典深奥。

春秋时，齐相管仲实施流通货物，积累财富的举措，因而国殷民足兵强。处理国事，区分缓急，权衡利弊，善于逢凶化吉，将颓势化为成功，是历史上的一位名相。此句之意，是刘基的功勋与名气，非齐相管仲能相比，远比管仲要高。下联的"莘"，指商贤相伊尹，曾退耕于有莘之野。刘基出仕元明两朝，他在"天下已非元氏有矣"的情况下，不得已而"择真主自辅"，为朱元璋"运筹决策，取天下于群雄之手，非取于元氏也"。伊尹呢，"五就桀不用，退而耕于有莘之野，及遇成汤，翻然起而成佐商之功"。刘基跟伊尹一样，"诚以畏天命。悲人穷，不得已而然也"。伊尹无愧于桀，刘基无愧于元氏，故"无愧于出处之节"。（姚夔《敕建诚意伯刘公祠堂记》）句意为刘基的进与退，比得上伊尹，顾大局，识大体，是有大节的。

刘基庙楹联，还有许多出自古今官员与文士，如清康熙年间的知县王觐光，雍正年间进士、任青田县教谕的章楷，闻人郑新命，山西长治籍的康熙年间的青田知县、监生张皇辅，广西郁林举人、青田县令唐敬，当今华东师范大学教授苏渊雷等20多位，曾被刘基的"三不朽"精神所感动而激情澎湃，秉笔直书，永远留给后人。总之，从刘基庙的楹联看出，刘基是一位智慧的"三不朽"伟人，是一位受人无比敬仰的帝师王佐。

2020年11月3日

试论浙南徐氏光荣的斗争传统
——读《浙江省姓氏志·浙南徐氏》

一

2004年9月，由中华书局出版的《浙江省姓氏志·浙南徐氏》中记述徐氏的渊源：徐姓源于古代东夷首领伯爵，即伯益，助舜治水有功，又因"佐舜调训鸟兽，鸟兽多训服"，被"舜赐姓嬴氏"。伯益子若木，入夏以后封为徐（今江苏宿迁市泗洪县及安徽泗县一带），建徐国。

西周时，徐偃王南迁会稽太末（今浙江龙游）隐之。公元前512年，至宋的十一世孙章禹时，吴国出大军伐徐，毁坝引水灌徐国都城，灭掉徐国。

徐国历经夏、商、周、战国、春秋，传四十三世，延时1600多年。亡国后的王室和黎民百姓为纪念故国，并纷纷以国名为姓氏。

徐姓在历史上不同的时期均有发展。汉桓帝时，徐氏在东海郡郯县（今属山东省），已发展为一大势力。汉末遭乱，开始外迁。三十七世元洎（宗为一世纪算）迁浙江姑篾（龙游），成为过江始祖。唐宋时，由于人口众多，再迁江西福建等地，后复迁浙南各地者众。后裔垦地耕耘，支系蔓延，繁盛发展。以浙南的平阳、苍南、永嘉、乐清、瑞安、泰顺、文成、洞头、鹿城、瓯海、龙湾、青田与闽北的福鼎共13个县区，据目前初步统计，有徐氏聚居的村庄有300多个，人口30多万，为浙南之一大姓氏。

二

自唐天宝年间（705年左右）福建泉州徐益迁入永嘉开始，至今的一千余年间，徐氏后裔开山辟地，改造自然，辛勤劳动，建立家园，发展了农业、渔业、手工业、商业等。同时，徐氏村庄耕读成风，人才辈出，文化教育发展成绩卓然。

在此着重指出的是，在长期的生产、生活过程中，为了维护自身利益，为了中华民族的生存，为了国家的安全，徐氏跟全国其他姓氏一道，前仆后继，具有反封建、反侵略、反压迫的光荣斗争传统，在我国历史上，作出不可磨灭的贡献。

宋德祐二年（1276年），元兵入楠溪，屯兵枫林赤岸（今茶亭一带），枫林徐氏与陈氏、刘氏族人共同奋起反抗。明朝倭患频发，金乡卫、蒲壮所、乐清蒲岐等地抗倭风起云涌，金乡卫指挥使徐海在抗倭中为国捐躯。中日甲午战争，金乡世代徐氏后裔徐邦道时任旅顺总兵，在管带（舰长）邓世昌中弹牺牲后，孤军迎敌打击日军，后在刘公岛、日岛、黄岛拼死与日军战斗英勇牺牲。

民国十六年（1927）土地革命时，平阳县第一个基层农协组织——环川农协（今东社徐氏）在协天庙成立，委员200余人，开展反对土豪劣绅、废除苛捐杂税、减租减息和粮食平粜斗争；民国十九年（1930）反对国民党当局实行"土地陈报"增加田赋，饥民揭竿而起，在徐氏后裔居住最集中的平阳山门，爆发了武装起义。

永嘉县碧莲镇降下村徐宝星、徐定金两人，参加胡公冕所领导的中国工农红军第十三军。1936年8月，刘英率红军挺进师从中共平阳省委机关驻地来到平阳西部的穹山，沿青山横穿大头地、黄鹿山、沙帽岩，向文成的石角（当时属青田）进发。途经黄洋坑村（现属文成），深夜，徐氏后裔协助掩护到达目的地。

抗日战争爆发后，红军挺进师和中共闽浙临时省委于民国二十七年（1938）在平阳畴溪小学创办抗日救亡干部学校，徐氏后裔踊跃参加学习，尔后奔赴各个抗日战场。永嘉县碧莲镇降下村的徐玉清参加了余龙贵、周丕振领导的永乐人民抗日自卫游击总队。

抗日战争胜利后，蒋介石发动内战，浙南徐氏后裔同全国人民一道，直接或间接地先后参加解放战争。如民国三十四年（1945）永嘉屿北的武装斗争，三十六年（1947）为游击队准备粮食的"曹门抢粮"斗争，次年的穹岭和晓坑岭战斗及三十八年（1949）温州解放前夕的最后一场战斗中，瓯海泽雅天长村徐氏村民积极参加。各市县几乎所有徐姓都加入了解放全国的人民战争，他们用火枪、大刀，协助中国人民解放军打败国民党的"王牌军"，夺取了人民政权。

新中国成立后，各县徐姓又投入巩固人民政权的战斗，与土匪、七星会作不屈的斗争。1950年，徐姓青年又参加中国人民志愿军抗美援朝。

从北伐战争、九·一八事变、抗日战争、解放战争和社会主义时期的历次战斗中，据不完全统计，为国牺牲的浙南徐氏青年共160人。

三

一千余年来，浙南一带的徐氏后裔在长期的斗争中，具有四个明显的特点。

1. 徐氏高举反封建、反侵略、反压迫的旗帜。哪里有剥削，哪里就有反抗；哪里有压迫，哪里就有斗争。这就是被剥削、被压迫人民的骨气。宋朝的元兵入侵、明朝倭寇入侵、清朝的中日甲午战争，浙南徐氏后裔积极投身抵抗。

1926年9月1日，毛泽东在《国民革命与农民运动》一文中明确指出："农民问题乃是国民革命的中心问题，农民不起来参加护并拥国民革命，国民革命不会成功。""农村封建阶级，乃其国内统治阶段国外帝国主义唯一坚实的基础，不动摇这个基础，便万万不能动摇这个基础的上层建筑。""这是现时中国农民运动的一个最大的特点。"11月14日，毛泽东起草的《红军第四军司令部布告》指出红军的宗旨："民权革命，打倒列强，打倒军阀，统一中华"。民国时期的抗日战争，永嘉枫林、乐清蒲岐的徐姓奋起反抗，就是这种精神的发扬光大。在新民主主义革命斗争中，浙南徐姓后裔继续接过反封建、反侵略、反压迫的大旗，进行不屈不挠的斗争。

2. 徐氏是在中国共产党领导下进行民主革命的。中国历史上的多次革命斗争之所以失败，就在于没有马列主义思想武装的中国共产党的领导。早在1928年11月，毛泽东代表中共红四军前委给中央写的报告中，全面地总结井冈山工农武装的经验，指出"党的领导正确是进行武装斗争、土地革命和革命根据地建设的保障"。歌曲《没有中国共产党就没有新中国》正说明了这个问题。1930年3月9日，攻打永嘉重镇枫林，就是在胡公冕领导的浙南红军游击总指挥部指挥的。自5月9日后，农民暴动自卫队称作"浙南红十三军"。从此，浙南各地的革命斗争，便在中国工农红军第十三军领导下进行。1935年秋，以刘英为政委、粟裕为师长的红军挺进师进入浙南，在永嘉、平阳、泰顺、文成一带山区发展中国共产党组织，发展游击队，进行武装斗争。解放战争期间，各地徐氏后裔在浙南游击纵队的指挥下，跟国民党反动派作不屈不挠的斗争，为建立新民主主义革命政权作出巨大的贡献。

3. 徐氏以农村为革命根据地进行游击战争。毛泽东同志在1929年4月5日总结了红军的游击战争："过去全国暴动，各地蓬勃一时，一旦敌人反攻，则如水洗河，一败涂地。此皆不求基础巩固，只求声势浩大之故""分兵以发动群众，集中以应付敌人""敌进我退，敌驻我扰，敌疲我打，敌退我追"。毛泽东同志明确指出以往斗争的弊端，对往后的战术又作了英明的指示。浙南徐氏后裔的革命斗争正是根据毛泽东同志的战略思想为指导的。徐氏聚居的300个村庄90%分散在农村，交通阻塞，反动统治势力相对薄弱，但受地主阶级压迫最深，群众生活贫困，反抗意识浓厚，这正是发展革命力量，进行游击战争的最有利的条件。无论从人力还是物力，都极大地支持反帝反封建的革命。1949年春，浙南县市国民党政权的迅速崩溃，正是毛泽东同志关于"农村包围城市"战略思想的胜利。

4. 徐姓斗争的另一显著特点，便是以武术为基础的。这以永嘉枫林为最突出。枫林武术源远流长，始于宋朝，盛于明朝，此后，枫林人习武渐成风尚。枫林徐氏九世祖徐文辉曾于洪武二年（1369）率乡丁前往乐清蒲岐平倭寇。贼上千人自乐清经孤山天井头古道而进攻枫林，受到当地乡兵猛烈抗击，只得夺船数十艘循楠溪逃窜。

枫林人习武之风久盛不衰，拳棒相间，以南拳为主。谦益堂徐贤考授徒数百人，多数从事革命活动。十份房徐凤楼擅长武术，为国民党陆军第九军中将军长。抗战期间，曾多次参加大战役，曾击毙日军第109联队队长泷寺保三郎，敌联队全部被歼灭，无一漏网。

此外，平阳、乐清等地少数的徐姓，也有习武传统，强者不在少数，曾在历次革命斗争活动中立下功劳。

2005年12月

显忠尚德的北宋名相富弼

编者按：

富弼（1004—1083），字彦国，河南洛阳（今河南洛阳东）人，祖籍文成。富弼祖先富韬曾于文成南田定居，是早期杰出开拓者，且葬于此，《南田山志》称其为剌史山。富弼部分孙子在北宋灭亡（公元1126年）后回到南田，对当地经济文化发展作出贡献。元朝末年，南田富弼后裔家族遭遇几近毁灭性打击，今丽水、福建、上海浦东都有富姓家谱证明其祖先是从南田迁出。目前，文成西坑畲族镇梧溪村，仍为国内最大的富弼后裔聚居的自然村落。2014年是富弼诞辰1010周年。

11世纪的北宋时期，当时有位名闻中外、孺妇皆知的历史风云人物——富弼。他死后谥号"文忠"。宋哲宗亲篆御碑曰："显忠尚德"。宋神宗召见他时曰："莫拜、坐语。"宋英宗同称富弼、韩琦为贤相。宋仁宗时，他与文彦博并相，朝野相庆，至于民安物阜，夷夏安宁。《宋史》论他在北宋时期所起的历史作用曰："富弼再盟契丹，能使南北之民数十年不见兵革。仁人之言，其利博哉！……弼、彦博相继衰老，憸人无忌，善类沦胥，而宋业衰矣！"他一生为国为民鞠躬尽瘁，死而后已。目睹如今太平盛世的治国之道，追溯千年前富弼处世思想，贤人所起的历史作用，令人感叹。

富弼（1004—1083），北宋名相，字彦国，河南洛阳人。宋仁宗天圣八年（1030）以茂才异等科及第，授将作监丞（从八品）历任知县、签书河阳节度判官厅公事，通判绛州、郓州，召为开封推官、知谏院。庆历二年（1042）为知制诰。次年，升任枢密副使。至和二年（1055）与文彦博同时任为宰相。嘉祐六年（1061），以母丧罢相。宋英宗即位，授为枢密使，同中书门下平章事（宰相），后封祁国公。宋神宗即位，进封郑国公。熙宁二年（1069），任以左仆射、门下侍郎同平章事。宋英宗治平二年(1065)封祁国公。宋神宗元丰六年（1083）病亡，年八十。同年十一月，安葬于河南金谷乡南张里。平生著作颇丰，有文集八十卷。富弼历真宗、仁宗、英宗、神宗四朝（十六个年号），致仕四十载，两度入相，是北宋著名的政治家、军事、外交家、文学家。

一、笃学机敏被誉为"王佐之才"

富弼少年，天赋甚高。4岁时，小儿们在庭院玩耍，忽闻雷声大作，同戏儿皆逃，独富弼神情自若，大家觉得奇怪。少时，弼行走洛阳大街，一次，有人过来悄声说："某某在背后骂你！"弼答："大概是骂别人吧。""人家真的指名道姓骂你呢！""怕是在骂与我同名同姓的人吧。"骂他的人"闻之大惭"，赶紧向他道歉。

富弼七八岁入书院习读。《富郑公行状》记载："少笃学，自刻寓于僧舍，不就寝榻，冬夜以冰雪沃面。邻居僧有持苦行者，犹服公之勤。"弼才提笔能文，胸有大度。满腹经纶，对如何治理家国胸有成竹。但是，对诗赋之类的科举考试内容则未到用功之处，所以20岁还是茂才（秀才）一个。弼所处的时代，人才辈出，群星灿烂。文人们常常聚会作诗，但弼与会，坐在角落听人诵诗。最后，他才稳稳站起，将自己的诗文念给大家听，常常成为压轴之作。

富弼少有大志，他以圣贤为榜样。他认为"圣贤得其时，则假富贵之位，以所学之道施于当世之民。不得其时，则甘贫喜贱，亦以所学之道著于书，以教后世"。

范仲淹认识富弼，称这位"洛阳才子"具有"王佐之才"。于是推荐给20未出头就中进士并能写出"无可奈何花落去，似曾相识燕归来"名句的宰相晏殊。他一眼看出富弼有万里鹏程志，便招为"东床快婿"。

二、庆历新政旨在强国富民

庆历三年（1043），富弼拜枢密副使。在宋仁宗的支持下，他与范仲淹等人开始了以整顿吏治为中心的政治改革，即"庆历新政"。

富弼纵观历史，针砭时弊。他认为造成"夷狄骄盛，寇盗横炽"的局面原因有七：一是号令不严明；二是威令不震赫；三是执政者不主断；四是民心不团结；五是财用不丰足；六是将帅无谋勇；七是士卒不肃政。因此，富弼的改革主张涉及政治、军事、财政。

政治方面。宋朝初年，中央集权的弊端首先表现在机构重叠、人浮于事、官员素质低劣。富弼认为，政治改革应从革科举、选人才开始。他认为，为国家者，得人则安，失人则危；得人则重，失人则轻。建议继续沿用隋唐以来的科举取士制度，为什么朝廷"欲选一二良吏而终未能得"，原因就在于士人"入仕之初，但取空文，不求实才实行之所致也"。于是他主张"今后科场考试，以策论为先"。用现在的话来说，就是以理论联系实际，了解他们对于当政的对策，达到选取"真实才学之士"的目的。同时，主张考试与举荐相结合的方法，从而"取士之数则不加，而得人之实则多矣"。

提到举荐，会使我们想到弊病百出，当权者往往会占便宜，难免出现腐败现象。而富弼提出的举荐方法，根本上杜绝了不良举荐的产生。其规定为：1.举荐者必须由才识、公望、卓然为人所称者。官大无德、位高无才者没有资格举荐。2.若举荐不当，举荐者要受处罚；若举荐得人，举荐者给予酬赏。这种选拔人才推荐的方法，如今仍被西方许多国家所采用。

军事方面。宋太祖初年，为防止唐末以来武将跋扈之教训，便大多以文臣领兵。重文轻武，以致军队战斗力减弱。富弼认为，为提高国力，必须改变轻视武臣的观念，应复武举，重武臣，择良将，这样就可以"御之有备，救之有术"，建议"诏近位及藩镇大臣，于文武官中""不限品秩，不责罪过""举明兵法，有威仪、习武略、堪任将帅者一二人"。为长远利益，又建议立武学，设科目，教养选求将帅之才，及不当禁孙、吴之书。同时，提出废除在军人脸上刺字的军队管理制度，并使"将专其权"的用兵主张。再则，富弼看到宋初招募来的大多是"骄而不知战"的"老爷兵"，战斗力弱，认为"河朔士卒精悍"，因为"边侥之人，士俗懻忮，便骑射，能寒苦，与戎人习一同。寇或暴至，皆能全保聚，有斗心"。所以主张多用此兵。

财政方面。冗官、冗兵、冗费使财政匮乏，人民生存艰难。富弼要求仁宗"以宗社为忧，以生民为念，裁制私欲，损节横费"，宽恤民力，"此无疆之基也"。北宋初年全国只有20余万军队，太宗时代增至66万，仁宗时猛增到125余万。富弼曾说："自来天下财货所入，十中八九赡军。"主张减少冗兵，裁除"无技勇者""弱朽迈者"，裁除"驽下"的骑兵，可以"赡步兵数人矣"。还主张"屯田"。宋统一后，由于"慢于农政，不复修举"。江南之米，比于当时贵10倍，而民不得不困。富弼上疏，主张屯田以救民。建议流民耕种，军队屯田，以使军民丰衣足食。

庆历新政是在"天下多敝事，且有西鄙之患"的情况下推行的。当时，新政主要主持者当推范仲淹与富弼。富弼的主张与范仲淹的《十事疏》（一曰明黜陟，二曰抑侥幸，三曰精贡举，四曰择官长，五曰均公田，六曰厚农桑，七曰修武备，八曰减徭役，九曰覃恩信，十曰重命令）内容大同小异，大多从改革政治、军事体制入手，兴利除弊，解决国家面临的危机，为大宋江山起到强国富民的巨大作用。

有史学家认为自秦始皇至辛亥革命之前，两千多年来曾有五次较大的政治改革事件。东汉的整顿吏治，晚唐的永贞革新，北宋范仲淹、富弼的庆历新政，北宋王安石的熙宁变法，明朝杨涟、左光斗东林党倡导的政治改革。其中四次以"朋党"加罪而失败。一次以民怨沸腾而告终（王安石变法）。在这五次改革案例中，唯有范仲淹、富弼领导的"庆历新政"是唯一的质变性政治改革。所谓质变性改革，就是把不以民利为准的社会制度改变成以民利为准的社会制度。范仲淹、富弼在为新政改革所上的纲领性奏疏《答手诏条陈十事》中，明确提出了"愿陛下顺天下之心，力行此事"，提出了"政为民设""政在顺民心""因民之利而利之""士当先忧后与民同乐，但不求于独乐"，这和中国共产党提出的"把人民拥护不拥护，赞成不赞成，高兴不高兴，答应不答应作为制定各项方针政策和作出决断的出发点和归宿"非常相契，同具科学性。

自庆历三年（1043）至四年（1044），推行新政历时两年。由于触动官僚贵族的既得利益，因而受到激烈的反对与打击。"小人忌怨日至，朋党亦起"，庆历新政推行最后受挫。范仲淹、富弼分别被排斥出京，范仲淹"宣抚陕西、河北"，后又"知邓州"，富弼"知郓州"。

三、外交策略　通好北辽西夏

辽是契丹族建立的政权。契丹族原住辽河一带。公元916年，首领耶律阿保机统一各部落建契丹国，后改称辽。最强盛时，疆域东至于海，西至金山（今阿尔泰山），北至胪朐河（今蒙古国克鲁伦河），南至白沟（今河北雄县），幅员万里。兼并渤海国与幽云十六州之后，由于吸取大量的封建成分，于是由奴隶制向封建制转变。

太平兴国四年（979）六月，宋太宗赵光义在灭北汉之后，亲征伐辽，后因准备不足，在高梁河畔（约在今北京城东南）被辽击溃。雍熙三年（986），宋军兵分三路北伐并节节胜利，后因各军配合不力，结果大败。

"高梁河之役"与"雍熙北伐"失败，统治者失去了收复幽云诸州的信心。景德元年（1004）九月，辽20万大军南下入侵北宋，宋真宗亲征，辽军退兵议和，在澶州（今河南濮阳）签约，宋每年给辽岁币银10万两，绢20万匹。宋辽边境保持原状，仍以白沟河为边界，史称"澶渊之盟"。此后，"不复盗边者三十有九年"。

正当富弼39岁时，即宋仁宗庆历二年（1024），契丹瞅准宋夏交战之际，趁火打劫，契丹挑起边界争端，屯兵北境，遣使来言关南十县。当时因敌诡谲，北宋朝臣多不敢出使。"国家有急，惟命是从。"富弼两次遣往，不辱使命。说"本朝皇帝言，朕为祖宗守国，岂敢妄以土地与人。"又说"北朝（辽）既以得地为荣，南朝（宋）必以失地为辱，兄弟之国，岂可使一荣一辱哉"？后又以"婚姻易生嫌隙，本朝长公主出嫁，赍送不过十万缗，岂若岁币无穷之利哉"？后来，辽主放弃割地与求婚的预谋，仅以增币和好，同时经过激烈的争辩，拒用有辱国威的"献""纳"二字。《辽史》卷《兴宗二》中云："富弼为上言，大意谓辽与宋和，坐获岁币，则利在国家，臣下无与；与宋交兵，则利在臣下，害在国家。上感其言，和好始定。"胡寅在《斐然集》中云："昔富弼之使也，以一言息南北百万之兵，可谓伟矣。"

西夏国为党项族所建。国王李德明，定都兴州。宋明道元年（1032），西夏统治的领域"东尽黄河，西界玉门，南接萧关，北控大漠"，包括夏、银、甘、凉等十几州，到夏仁宗时约有22个州，富饶的河西走廊和河套地区均在其控制之下，党项族的经济由以牧业为主逐步转向以农业为主。西夏的政治制度基本上模仿北宋，国力日益强大，对外采用附强攻弱、以战求和的外交策略。军事手段十分灵活，配合沙漠地形采取有利则进、不利则退、诱敌埋伏、断敌粮道的战术。宋宝元元年（1038）脱离宋朝，正式称皇帝，国号大夏，史称西夏，这也是西夏武力巅峰的时候。西夏开国皇帝李元昊连年发动对宋战争，北宋连遭失败。

宋庆历元年（1041），宋主动出击西夏而败于好水川（今宁夏隆德西北），阵亡将领16人，损伤士卒万余。这时，富弼两次使辽，签订合约，瓦解辽夏同盟。西夏在对宋战争中损耗也颇严重，又因双方停止互市，西夏国内物资日见匮乏，为避免两面受敌，也愿与宋讲和，于是在庆历四年（1044）双方达成协议，李元昊取消帝号，对宋称臣，由宋册封为夏国主；宋每年赐予西夏银、绢与茶，重开沿边榷场贸易。

为什么敌国日益强盛？富弼认为自"澶渊之盟"后，朝廷没有好好利用"和盟"换来的和平日子。"以久安自恃，不悟边鄙之防，以无战为常，不求将帅之具，士卒骄惰，器用凋零，无谋臣策士以经营四方，无宏纲大纪以控制万国，"边防虚弱，无法力敌。相反地，敌国"得中国土地，役中国人民，称中国位号，仿中国官属，任中国贤才，读中国书籍，用中国车服，行中国法令。是二敌所为，皆与中国等，而又劲兵骁将长于中国。中国所有，彼尽得之；彼之所长，中国不及"。由于宋神宗听从王安石之言，结果"只管好用兵，用得又不著，费了无限财谷，杀了无限人，残民蠹物之政，皆从此起"。

针对积贫积弱的北宋，富弼讲守御之策，主张通好辽夏，免起战端，再富国强民，以雪国耻，为时未晚。因此当宋熙宁元年（1068）宋神宗问以边事，富弼直言："愿二十年口不言兵。"宋神宗元丰三年（1080），富弼年高77岁。此时，王安石变法已近失败，朝野混乱，西夏趁机以扰陕西，宋神宗倚任宦官李宪，不设主帅，急攻西夏，结果溃败而归。宋元丰五年（1082），永乐城（今陕西米脂西）被攻陷，宋军"死者将校数百人，士卒、役夫二十余万"。

宋元丰六年（1083）闰六月，富弼这位先贤正如范仲淹在《岳阳楼记》中说的"居庙堂之高，则忧其民；处江湖之远，则忧其君"。他在弥留之时，仍担忧国事，写下遗奏，托子绍庭上送："今久戍未解，百姓困穷，岂与其讳过耻，败不思救祸之时？天地至仁，宁与羌夷校曲直胜负！"宋神宗阅后，感动之极，恢复西夏的"岁赐"。宋哲宗于元祐五年（1090），继续采纳遗奏，将米脂、葭芦、浮图、安疆四寨还给西夏。西夏便将关押9年之久的永乐之战的俘虏149人遣返宋，西夏日平。

富弼与辽通好，朝野均有微词。殊不知，面对"敌夷难灭宋朝，宋朝也难统敌夷"之历史实际，采取修内政、处主和的政策确是符合当时国情的。根据实践是检验真理的唯一标准。事实业已并证明，富弼的策略是正确的。自富弼亡后，由于后来的宋帝没有继续采取和好的民族政策，反而助金灭辽。公元1126年，金又乘虚侵宋，次年，徽、钦宗二帝被俘，北宋灭亡。钦宗之弟赵构仓皇南渡苟安临安（杭州），遂成南宋。

四、淡泊名利 重在社稷庶民

富弼为官清正，颇有廉声。《宋裨类钞品行》记载，富弼出任枢密使时，宋英宗赵曙登上天子宝座。赵曙刚一上台，就将其父宋仁宗皇帝的金银宝物赐给朝廷重臣。当其他臣子感谢领赏之后，赵曙又单独留下富弼，在惯例之外又特别赏赐他几件器物。富弼先叩头谢恩后推辞不受："大臣接受额外的赏赐不谢绝，万一将来皇上做出什么例外的事，凭什么劝谏呢？"富弼婉言推辞这份赏赐。

宋庆历二年（1042）三月，富弼毅然出使辽谈判。出京前向宋仁宗拜谢"主忧臣辱，臣怎敢爱死，此去除增岁币外，决不妄允一事。倘契丹意外苛索，臣誓死以拒便了。"宋仁宗闻言，不禁流下眼泪，即面授他为枢密直学士。富弼跪拜："国家有急，义不惮劳，奈何逆以官爵赂之。"随后，便随辽使北上。

谈判期间，在外"闻一女卒"，毫不理会。七月又使契丹辩和，又"闻一男生，皆不顾。得家书，未尝发，辄焚之，曰'徒乱人意'"。这种忘家为国的行为，为世代所传颂。

同年九月，和议成功，宋仁宗再次要授他为枢密使，迁翰林学士，富弼又坚辞："增岁币非臣本志，特以方讨元昊，未暇与角，故不敢以死争，其敢受乎！"

宋庆历八年（1048）元月丙子，黄河在澶州商胡埽决口，泛滥河南、河北一带，淹没范围不仅广，而且时间长。他采取多种措施，"凡活五十余万人，募为兵者万计"。宋仁宗闻讯，立即"遣使襃劳，拜礼部郎。弼曰：'此守臣职也。'辞不受。"

第二年三月，宋仁宗又要授他枢密副使，因富弼不受，后只得改授为资政殿学士兼侍读学士。七月，宋仁宗又要为他授枢密副使，并遣宰相谕之说："此乃朝廷特用，非以使辽故也。"富弼这才接受。

富弼一生虽然多次拒受名利，但因政绩卓著，仍被朝廷三次受封为祁、郑、韩三国公，死后谥号"文忠"。富弼后在元祐元年，配享神宗庙庭，又以明堂恩加赐太师，宋哲宗亲书其碑首为"显忠尚德"，确是当之无愧的。

五、著作等身 纪方略抒情怀

富弼作为北宋的一位政治家、军事家、外交家，著作宏富。据苏轼撰的《富郑公神道碑》中写：有《天圣诏集》11卷，《谏垣集》2卷，《制草》5卷，《奏议》13卷，《表章》30卷，《河北安边策》1卷，《奉使录》4卷，《青州赈济策》3卷等，共80卷。上述等身著作，可谓是爱国救民的方略集大成，为当时朝廷及后人治国指出方向，并表达了自己的宏愿。时人对其文章评价很高，如苏东坡说是"辩而不华，质而不俚。"

宋庆历三年（1043）七月，宋仁宗任命富弼为枢密副使，范仲淹任命参知政事。九月三日，宋仁宗要求范仲淹、富弼条陈事务。他们退朝之后，在"上仁宗乞编《三朝故典》"中指出："自古帝王理天下，未有不以法制为首务。法制立，然后万事有经，而治道可必"。然后具体针砭时弊："赏罚无准，邪正未分，夷狄交侵，寇盗充斥，师出无律而战必败，令下无信而民不从。如此百端，不可悉数。其所以然者，盖法制不立而沦胥至此也。"范仲淹便向宋仁宗上奏"明黜陟、抑侥幸、精贡举"等十事。19天后，即二十二日，富弼便上书编纂《三朝政要》，把太祖、太宗、真宗三朝政治生活中处理得好的事例汇编成书,针对当今社会中存在的问题,从中找出解决办法。

富弼的建议得到仁宗的支持,由富弼总负责,命史官校勘王洙,集贤校理余靖,秘阁校理孙甫,集贤校理欧阳修等同修,历时一年编成,共二十卷。此书按门类编纂,分为96门,第一门为"赏罚",最后一门是"延谏臣"。此书虽佚,价值无限:一是对北宋前期历史的认识很有帮助;二是富弼等人对于史为朝廷政治服务的功能有深切的体会;三是使人对庆历新政、祖宗之法有了更新的认识。

富弼辅国可谓至死不渝。临终前,还手交奏文"论治乱之道在谀佞谠直之人"。其中道出用人之利弊:"谀佞者进,则人主不闻有过惟恶是为,所以致乱;谠直者进,则人主日有开益,惟善是为,所以致治""此乃人主致治乱之大略也焉。"文章开头就一针见血道出必须启用谠直之人为国服务。

宋庆历八年(1048)夏,河北洪水泛滥,哀鸿遍野。时任知青州兼京东路安抚使的富弼,访闻青、淄、登、潍、莱五州地方,大批灾民逐向五州流动,"大都暴露,并无居处",且时下渐向冬寒,饥冻死伤日多,便出"擘画屋舍安泊流民事指挥"榜文,解决灾民住房问题,根据当地城乡居民拥有住房的实际情况,采取了按主户户等分摊的办法:州县城郭人户虽有房屋,出赁与人户居住,难得空闲屋室。今逐等合那口房屋间数如后:州县的"第一等五间,第二等三间,第三等两间,第四、五等一间。"乡村人户,甚有空闲房屋,易得小可屋。合逐等合那口间数如后:"第一等七间,第二等五间,第三等三间,第四、五等两间。"

十月,又出"晓示流民许令诸般授取营运事"榜文,遇到受灾流民,便令五州乡村人户量出口食,以济急难。"今具逐家均定所出斛米数目如后:第一等二石,第二等一石五斗,第三等一石,第四等七斗,第五等四斗,客户三斗。已上并米豆中半送纳。"同时,又出"支散流民斛豆斗画——指挥"榜文:"指挥差委官员,须是于十二月二十五日已前抄劄。集定流民家口数给散,历子了当须管自皇祐元年正月一日起,首一齐支给,不得拖延有误至日支散,不得日数前后不齐。"明确规定:穷困之流民"所支米豆,十五岁以上,每日支一升;十五岁以下,每日给五合;五岁以下男女,不在支给。"

宋元丰六年闰六月,富弼已近临终,仍然在遗奏的开头沉重地说:"今虽老疲惫,待尽朝夕,家事世虑,不复萦心,惟是爱国爱君,愈深意切。"说明遗奏写作的苦心。

同月,又在"论治乱之要疏"中启奏皇上:"惟愿陛下开忠正之路,杜儡枉之门,讲求善政,变祸为福,俾天下受赐,坐致太平。"

富弼指出:"上自辅臣,下及庶士,畏祸图利,习成弊风,忠词谠论,无复上达,致陛下聪明蔽塞。"如何办?应是"放逐邪佞,招延公正,则万事之正,由此出矣"。后来又论及官、吏、流民、民兵、民夫等弊端,并一一指出补救措施。

奏中,陈述当时危急的军事形势,彼其得以我叛卒,取我兵械,取我金帛救食不可胜数。彼将以其所获,遗邻国,借兵求援,以为边患。为此,提出"择忠信仁厚之将,使镇抚边部,严数备守,以固疆场""修治教场,将聚之教习,州县奉行,急于星火"。富弼又见陕西一带连年歉收,兵祸不息,逃溃之民,日望安息,朝廷应当厚加以存恤,霈以德泽。卒与阻饥之民渐成群党。最后,"伏望陛下详览臣奏,特留圣念,则天下幸甚"。

富弼不仅精通"疏"、属散文类的"奏""令"等行政文书,而且文学成就很高。如选自《全宋文》中的"书",《与欧阳修书》《与陈都官书》《与张隐之书》《答颢公书》《与圆照禅师书》;"帖",如《与孙元规大资帖》《出身贴》《修建坟院帖》;"序",如《太祖太宗真宗故事序》《定州阅古堂序》;"记",如《燕堂记》《郓州使厅题名记》;"赞",如《太祖爱民赞》;传记中的三类"行状",如《王文正公曾行状》;"碑铭",如《富秦公言墓志铭》《范文正公仲淹墓志铭》《范张佑墓志铭》;"神道碑铭",如《韩公神道碑铭》。此外,"祭文",如《祭范文正公文》等,其散文特点除言简意赅、情深词切外,更是见地独到,力重千钧,条分缕析,极具阅读性。

富弼的诗词成就,次于散文。一生留下的诗词并不多见,目前,仍不见富弼诗集出版,从《全宋诗》《梧溪富氏宗谱》《富弼及其祖裔》找到的仅存26首。主要是富弼69岁归居河南之后写的。时人邵雍谓"其间字字敌阳春"。《秦和十月二十四日初见雪呈相国元老》曰:"壬子初逢雪,未多仍却晴。人间都变白,林下不胜青。寒士痛遭恐,穷民恶看惊。杯觞限新法,何故便能倾。"此诗是北宋熙宁五年壬子(1072)十月二十四日后几日,邵雍给朋友文彦博的和诗。作者以雪寄托不满王安石新法的感慨。富弼诗大多为应酬诗、写景诗。内容为忧国忧民,其基调沉郁。

六、纪念先贤 弘扬精神文明

刘基,是元末明初著名的政治家、军事家、文学家。不仅文成、青田两县,而且丽水、温州两市各成立刘基文化研究会。全国、国际的刘基文化研讨会在我市、我县召开,来自美国、荷兰、西班牙、韩国、意大利等多个国家,中国香港、中国台湾等地区的专家学者前来与会。20余年来,发表的论文数以千计,出版的刘基年谱、传记小说、文集、诗集数十部。刘基不仅仅是属于南田、文成的,更是属于全市、全省、全国、全世界的。至于物质的,如刘基祠堂、庙宇,更是遍地开花,数不胜数。

同样,富弼是北宋著名的相国,是著名的政治家、军事家、外交家。富弼于元丰六年(1083)间六月二十二日薨于河南洛阳。当朝与后人纪念富相之事频频:

1.皇帝致奠。宋神宗缀朝三日,出祭文致奠,赠太尉,谥文忠。随后,富弼配享神宗庙宇,宋哲宗上台后,又亲篆碑额"显忠尚德"四字。

2.辽主送衣。辽主闻到噩耗,不计前嫌,目睹通好现状,兴盛不衰，便将富弼送给他的衣服作为冢衣以志纪念。

3. 建筑坟墓。2008年2月至6月，洛阳市第二文物工作从在配合洛阳中迈置业有限公司"王城之珠"经济适用房住宅小区建设，发现富弼家族的墓群规模之大，属全国罕见。出土的墓志14方，可分为三大房：富弼房由富弼墓志、富弼妻晏氏墓志；富绍京（富弼次子）墓志、富绍京妻张氏墓志；富直方（富绍京长子）墓志、富直方妻范氏墓志这三代人三对夫妇的6方墓志组成。富鼎房（富弼之弟）由富鼎墓志、富鼎妻侯氏墓志；富绍宁（富鼎长子）及妻侯氏墓志；富绍荣（富鼎第四子）墓志、富绍荣妻范氏墓志；富直英（富绍荣之子）墓志，这三代人的两对夫妇4方墓志，一方夫妇合葬墓志和一方单葬墓志组成。富弼兄弟房（除富鼎之外，其余名字佚失），由富弼一位兄弟的儿子夫妇即富绍修墓志、富绍修妻李氏墓志组成。

这次发掘的富弼家族的11座墓，均具墓道、甬道、墓宝三部分。其中富弼夫妇墓，坐北朝南，总长24.6米，为最大者。在14方墓志中，富弼墓志1.41平方米，厚35厘米，计6595字，也居中原出土墓志之冠。其志有"四名"：名人撰、名人书、名人篆、名人志。即由宋神宗钦定资政殿学士、通仪大夫，著有传世的《南阳集》的韩维撰，由端明殿学士、太中大夫孙永书，由端明殿学士、太中大夫《资治通鉴》著者司马光篆盖。由此可见这位经天纬地的人物之崇高的历史地位。

4. 载入史册。有关富弼的传记、碑铭、奏疏、诗文等，曾记录在我国的200余种文献之中。具体说来，有《四库全书》《宋史》《全宋文》《全宋诗》《中华大典》《长编》《宋会要辑稿》《欧阳修全集》《苏轼文集》《辽史》《山西通志》《钦定大清一统志》等。光绪三十年（1904）十二月由上海商务印书馆出版的《高等小学中国历史教科书》的第七课"宋与夏辽和战"中说："辽主宗真乘宋人备西夏，遣使求关南地，且责宋修边备，聚兵于燕，声言南下，仁宗不欲与地，欲增岁赂，择报聘者，吕夷简不悦，富弼因荐之。"

富弼至辽。反覆辨难,力拒割地,且辨和战之列。第八课"仁宗宋文"一课,曰:"时仲淹参政,衍在枢密,富弼副之。帝方锐意求治。仲淹与弼日夜谋虑,欲革弊政。"第九课"宋臣争濮议"说:"仁宗问置相于王素。"帝曰:"如是则富弼耳。遂召弼,与文彦博并相,朝野相庆。"

5.引入试卷。2012年春,苏锡常镇四市节选《富郑公神道碑》,为高三语文调研测试题(占19分),分析其思想内容与艺术特点。由此可见,这位彪炳青史的名相,其影响之深远绵长。

6.寻根问祖。2008年6月6日河南《洛阳晚报》报道了《北宋名相富弼墓葬在洛发现》,定居台湾的81岁老人富醒愚在互联网上得此消息,连夜打来电话,希望祖地文成西坑梧溪的宗亲去洛阳寻找富弼后人。同年8月18日,上海大学退休教授富知愚带着梧溪村父老乡亲的重托,去洛阳寻根。2009年7月,"富弼家族墓地学术研讨会"在洛阳召开,县文化部门9人应邀参加,大家颇有启发,温籍富弼后裔学者富晓春在《温州晚报》《今日文成》相继发表《北宋名相富弼魂归文成》《刘基与富弼后裔的三代姻缘》,反响很大。据史料记载,明代开国元勋刘基与富弼后裔有着三代的姻亲关系,即刘基的母亲、夫人、儿媳皆为富姓,刘基不仅是富弼后裔的外甥,而且还是其女婿和姻翁。

《梧溪富氏宗谱》载:"唐松州刺史富滔公,唐末自豫迁南田泉谷,是为语溪(梧溪)富氏一世祖。再传宦居河南。五世祖富弼公系北宋名相。七世祖直清,偕从兄曼贤返归南田。十二世祖应高,咸谆进士,雅爱语溪林泉之胜,筑室家焉。"

河南科技大学教授王东洋,在《从新出富氏墓志看北宋大族的迁徙与兴衰》一文中认为,富弼家族的迁徙路径:由江浙迁至齐,由齐迁至汴,由汴迁至洛阳。由此可见,富弼祖籍在江浙一带,已成不争之事实。

浙江文成梧溪与河南洛阳,因为富弼家族的迁徙而连结在一起,也因为共同纪念北宋名相富弼而连结在一起。所以2009年7月16日，梧溪村的5位富弼后裔千里迢迢特地赶到河南洛阳，将从富弼墓的一抔黄土接回文成老家，全村1 000余人夹道迎接，虔诚地将富弼的灵位奉在已建两百余年的富相国祠的祭坛上。

7. 著书立说。目前，关于富弼的研究，虽然说不上轰轰烈烈，但也不至于冷冷落落，其研究成果可观。20世纪80年末期，浙江文成的朱志玲、郭瑞德就着手研究，在1991年出版了《富弼及其祖裔》一书，内容丰富，通俗简明为研究富弼打响第一炮。其后沉寂多年。自2008年上半年，洛阳市第二文物工作队发掘富弼家族墓地之后，理论研究以围绕"墓地出土"为契机，全国各地研究鹊起。洛阳市第二文物工作队出版《富弼家族墓地》一书，由中州古籍出版社出版。赵振华、史家珍发表《洛阳北宋富弼家族墓地研究》，四川大学的曹德华发表硕士学位论文《富弼年谱》，《宁夏社会科学》的《富弼与北宋的御夏政策》，《中州学刊》的《范仲淹与富弼关系》，王东洋的《富弼外交思想探讨》，富智愚、王传珊的《从家谱看富弼家族祖裔的迁徙》，陈胜华的《揭密富弼家族史：梧溪〈古齐富氏族谱〉的史料价值》，富晓春的《刘基与富弼后裔的三代姻缘》《千年前的亲戚》等，都从多角度、多层次地挖掘富弼文化，他们可谓研究富弼文化的先行者。

8. 创建平台。自洛阳研讨会之后，中国宋史研究会理事、上海历史学家李伟国教授专程赶到文成，对富弼祖籍后裔居住地进行实地考察。他认为："文成拥有丰富的自然风景与深厚的文化底蕴，刘基文化就做得相当不错。富弼是值得颂扬的。'富弼文化'也是文成人文化底蕴的一部分。如果富弼墓葬移葬成功，可为文成增加一处有分量的人文古迹。我们应当利用好这个资源，把它做成一张金名片。"

亦言在《文化，需要乡土的传承》中说得好："作为宋代名相富弼，他的文化传承不仅仅局限于富姓后裔，在更广泛的范围内，甚至在人类的范围，都有着积极的意义。"他俩的真知灼见，正是今天我们挖掘富弼文化的理由。

　　洛阳会议四年来，文成县委宣传部、县文化局多次召开文化座谈会，群众强烈提出要创建富弼文化研究的平台。一是要组织全国第一个富弼文化研究会——文成县富弼文化研究会；二是要建造富弼公园。其中将建衣冠冢与纪念馆，建标志性的纪念物，供人瞻仰参观。

　　目前，梧溪村党支部与村委会、群众及富弼文化研究工作者满怀热情，积极创造条件，实现愿望。我们深信，在各级党委、政府的领导下，富弼文化研究一定会像刘基文化研究一样，越做越大，越做越强。

（与富锡金合作）

2014 年 1 月 22 日

当村志主编的六点体会

文成县《西坑畲族镇村志》即将出版，值此村志付之梨枣之际，作为主编既有如释重负之快，又有遗珠弃璧之忧。在此，谈几点粗浅体会，就正于大家。

一、掌握方向要明

当前，为什么要提倡写村志？首先要明确编修村志的意义，主要是基于三个需要。

一是留住根脉的需要。2016年，中国有261.7万个自然村。随着城镇化进度的加快，自然村消失也随之加快，2000年至2010年，就有近90万个村落消失，平均每天消失80到100个，这是多么触目惊心的数字！就拿西坑畲族镇范围来说，2011年有90个自然村，至2020年，就只剩63个了。假若不予以及时抢救编志留存，那传统农耕文明的实物载体也将消散在茫茫历史中。为了留住自然村这条根，留住乡愁，就必须抢修村志。

二是治村安民的需要。明嘉靖《山西通志·序》称："治天下者，以史为鉴。治郡国者，以志为鉴。"清《吏治悬镜》规定，新任官吏就任，奉行二十三条中第三条，即系"览志书"。说明当时的统治者或者地方管理者对志书的重视。

三是传承文化的需要。对村民爱村爱乡事迹的记载，是乡土教育和社会主义思想教育不可或缺的素材。这些素材将激励广大群众"见贤思齐，见不贤而自省"，更加热爱祖国，热爱家乡，坚定不移地为建设中国特色的社会主义而努力奋斗。

其次，明确编志的指导思想。政府编志，属于官方修志，我们必须以习近平新时代中国特色社会主义思想为指导。中国从站起来到富起来，再到强起来，其过程是波浪式前进、螺旋式上升的，其中有胜利的喜悦，也有失败的痛苦。我们编修村志，必须正确对待前进过程中的挫折与困难，认真总结经验教训，避免日后再走弯路。

二、遴选用人要准

村志不同于县志、部门志，在遴选村志编辑人员的时候要求会更加严格。当前，农村大量青壮年外出务工经商，留在村里的大都是老弱病残，即使是一些单位的离退休人员，大都也有年纪偏大或健康状况不佳等局限，更多的是在县城区镇给下一代带娃，或是根本不愿意干这个"爬格子"的苦差事。物色编辑，可谓是"求三姑拜四嫂"，是编修队伍组建工作中最令人头疼的事。经多方努力，我的编修队伍共挑选到7位编辑和1位资料员。8位同志中，有6位是教师（其中4位是退休教师，2位是在岗教师），1位干部，1位农民。其中3人有编志经历，1人有校史编写经历，其他4位都未曾有修志写史经验。我觉得村志编辑人员最重要的是要有以下5点：一是热情，二是健康，三是能写，四是谦虚，五是公正。

三、调查资料要实

内容翔实准确是志书的生命所在。就像写新闻，凡涉及的人物、事件、时间、地点、原因、结果和过程都要真实，不能夸大或缩小，更不能凭空臆想。我们多渠道收集资料，既有官方的，也有民间的。官方材料主要是村、乡镇、县的档案资料，市县报纸、文史资料、年鉴等书刊资料。民间材料主要来自宗谱、老干部留下来的笔记资料、百姓口头资料以及碑记、匾额等文物资料。在资料征集过程中，我们要正视资料无处可找的问题。如征求干部资料不顺当；因档案意识不强，许多村庄几乎没有档案；村干部、乡镇干部因工作疏于交接等各种原因没有留下工作记录资料；个别乡镇即使有档案室，也因没有专门人员管理，档案资料无从查找。面对资料员、编辑收集材料困难重重的状况，我们千方百计克服。例如每一个村的地域面积、耕地面积、山林面积，总户数、总人口、自然村数、人均收入，必须写，而且要真实，但统计口径不一样，数字出入很大。如西坑畲族镇总面积有两个数字，一个是 48.29 平方千米，一个是 47.53 平方千米，相差 0.76 平方千米。如叶岸村总户数一个数字是 721 户，人口 1 334 人，每户平均 1.8 人；另一个数字是 465 户，1 315 人，每户平均 2.8 人。为什么两次调查人口相差 19 人，总户数相差 256 户？针对这个问题，县志办领导、村志编修负责人专程到西坑畲族镇政府与镇副书记、民政员和一个原管普查的公务员，7 人合作办公。经与西坑派出所、县自然资源和规划局的分管同志讨论研究，才最后确定数据。

四、村庄特色要浓

我看过数十部志书，感到全面有余，而特色不足。外地来的游客曾对我说过，若看《文成县志》，只要记住百丈漈、刘基庙两个景点就行了。这也从一个侧面说明了，地方特色在志书中的重要性。温州人说，若到西坑旅游，只要去看看安福寺、敖里的周定文化广场、田寮的翰墨园，尝尝长桌宴就够了。因此，这次编修村志，我决心要写出各村的特色。县志办领导特别强调，要遵照省市专家的意见，写好各村有关自然与人文的特色。我们在拟订纲目的时候，就和编辑们进行了多次讨论，除了上面说的 4 个村外，叶岸的平民英雄主题馆，南坑垟的"五水共治"，凤鸣村的畲话、畲歌、畲风、畲俗，梧溪的龙麒源、富相国祠、文昌阁等，都应该设专章叙述。文字形成后，还需研究如何进一步突出特色，如塘垟村原来分散的四部分内容集中在一起，突出了廉政教育基地的内容。

五、辅导督促要勤

村志"麻雀虽小"，但"五脏俱全"。山区村庄编辑水平普遍较低，就必须及时辅导督促。省市专家曾5次前来指导：如何编写提纲，如何组织材料，最后评审初稿。县志办也曾召开3次会议：部署编写、典型引路、编写推进。修志的10个月中，主编与每位编辑，至少交流8次以上。我和县志办的刘国平曾经3次到梧溪，与编辑富锡金共同改稿；与刘国平2次到南坑垟与干部核对材料。我先后12次到让川与资料员叶高侯研究编写，他也2次到我老家叶岸村核对资料，每隔十天或半个月，打电话询问各村进度，了解编写困难。

六、业务修养要先

俗话说："打铁先要自身硬。"作为村志主编，我虽是中学教师退休，但并没有专门学过修志的知识，可谓半路出家。我先后主编过《叶胜林场志》《石垟林场志》《文成县教育志》《文成县教育续志》《西坑畲族镇志》等，共约180万字，都是摸着石头过河，一本一本去积累经验。2017年，瓯海、龙湾的乡镇领导经常到《温州日报社》请编辑修志，大部分编辑都没有写志的经验。后来，报社领导邀请我给年轻的13位编辑作了"如何写乡镇志"的专题讲座。我以编写地方志的理论书籍为纲，结合自己写志的实践，将自己的一些心得分享给大家。2020年11月15日，文成县志办与西坑畲族镇领导聘请我担任《西坑畲族镇村志》主编，我就邮购《中国农村发展史》《中国传统民俗文化：中国城市发展史》《中国古代地方志》等书籍，进行充分学习，以期在编辑业务上更进一步。

在实际工作中，我体会到村志主编应是一位多面手。在编拟提纲时，他是一位设计师；在组织部署时，他是一位指挥员；在指导编写时，他是一位辅导员；在督促进度时，他是一位监督员。我兼任《西坑畲族镇村志》（中心村）的主编，又是第一线的战斗员。

屈原《卜居》中有云："物有所不足，智有所不明，数有所不逮，神有所不通。"上述 6 个方面仅是我担任《西坑畲族镇村志》主编的管窥蠡测，请指教。

2020 年 3 月

从周必大的成功谈人生发展的因素

周必大（1126—1204），字子充，又字洪道，晚号平园老叟，吉州庐陵（今江西吉安）人，南宋前期著名的政治家、文学家和学者。从周必大的一生中，我们看到一位少孤多难者，成长为一人之下、万人之上的丞相，被选定为顾命大臣，参与孝宗禅位之事。其中给后人启发颇多。现主要谈环境、习惯、机遇三个方面：

一、良好的家族环境，为人成长奠定基础

周必大出身于富贵人家，从小就生活在优渥的家族环境。他的曾祖父周衎（kān 刊），官至朝奉郎，注重教育，"力以诗书教子孙，相继登进士第"。祖父周诜（shēn 申），为哲宗元符三年进士，官至五品左朝散大夫。父亲周利建（1092—1129），登进士第，"以文学早冠多士，声誉震于四方"，拜太学博士。从祖代的女辈看，曾祖母出身名门，颇为贤良。祖母潘氏也系出身名门，是著名北宋宰相富弼外甥的女儿。母亲王氏家世显赫。周必大年纪稍大，母亲便亲自督促其诗书，教以属对赋诗，并延聘名师专门教其举业。由于家族多代的富贵积累，为他的日后辉煌打下基础。

天有不测风云，周必大四岁（1129），因金兵入侵父亡。十三岁（1138），母亲秦国夫人王氏去世。伯父周利见时任广东转运判官，途经上饶，姊弟随之南行。伯父罢官北归，寓赣州，跟从陆府先生读书。"竹多翻障月，木老只啼乌。"梦中作诗，此两句为最早。

显而易见，家族条件优越，不用为生存的物质条件担忧，不像贫困家族为生计奔波，根本来不及从精神层面——如读书等去追求。尽

管周必大父母早逝，但他的伯父仍然如父母一样照顾他的物质生活，使其能够继续去追求高层面的生活，即教育。

由此可见，现代的家庭也同样存在差别，工薪阶层及老板的子弟，因为经济宽绰，有机会送省市名校，或出国留学。反之，一般打工者或低保户，农民的子弟往往接受学校或社会救助，遑论以重金入名校？作家杨绛说得好：贫穷是会埋没天才的。根据1998年温州市教育局统计考上985、211学校的大学生，70%出身为知识分子、干部的家族；广大农民工人的子弟，仅占30%，从这一比例看，说明良好的家族环境，能为人成长奠定良好的基础。

二、勤奋的学习习惯，是走向成功的关键

周必大在朝廷任职，焚膏继晷、案牍劳形，因而平步青云。这也是他勤奋的结果。固然，其天赋，即高智商是不可否认的。据科学推测，他的智商属天才型，至少在130以上（一般人是70—100、60—30属于低能型）。但是，如果后天不勤奋的话，即使是天才，也流于普通人，宋朝的仲永就是一例。

周必大为官45年，著作宏富，有《省斋文稿》《平园续稿》《玉堂类稿》《二老堂诗话》等27种著作传世，共计200卷。其著作宏富，自杨万里、陆游以外，未有能及之者。他刻意追慕欧阳修，在南宋中叶的词臣中居于领袖地位。

就其巨大的成就来说，勤奋的学习习惯是他走向成功的关键。笔不离手，用现在的话说"业余"写诗，已习以为常。周必大仅36岁那年，被《全宋诗》选上的就有30首：正月12首，二月1首，二、三月间3首、三月2首、五月2首、八月6首，九月3首，冬月1首。他为官近半个世纪，"业余"写了数千首，且质量上乘，是一位著名的文学家。对照古今中外的名人，对我们教育子女大有启示。囊萤映雪，凿壁偷光，悬梁刺股的故事，早已家喻户晓。《红楼梦》作者曹雪芹，

最终过着"茅椽蓬牖，绳床瓦灶"贫病交加的生活，"披阅十载，增删五次"，临死无药医治。明朝医学家李时珍，寻找2 000多种草药，用了30余年，写成名闻中外的医著《本草纲目》。俄国的文学大师托尔斯泰，修改了90多次，才出版120余万字的鸿篇巨制《战争与和平》。波兰女诗人辛波斯卡在一首诗里说："清晨4点没有人感觉舒畅。"可是美国洛杉矶湖人队的"篮球天才"科比·布莱恩特，却在清晨4点起床，坚持到6点，上午继续练习，直到当天投中1 000个球才罢休，天天如此。由此看出，我们应该教育子女，养成勤劳刻苦的习惯。

目前，老师、家长最头痛的一件事，就是孩子手不离手机。课余看，走路看，睡前看，甚至吃饭都叫不来。以致近视率高，成绩低下。我们教育孩子，应节省时间，专攻学业。瑞安蔡笑晚医师，在1995年告诉我们，他的六个儿女其中五个蔡天文、蔡天武、蔡天思、蔡天润、蔡天西，都留美成了博士，成为我国家庭教育的一面旗帜。他每天只准儿女看半小时的"新闻联播"，让孩子了解国内外大事，培养爱国主义、国际主义精神，树立建设祖国、保卫世界和平的信念。等节目播完，孩子自觉地进房间，静静地做作业。但现实生活中，有的家长还悄悄地买新手机给孩子，满足他们对物质的欲望，把旧手机长期留在学校骗老师，这荒谬透顶！结果孩子厌学。有的家长，吃饭时，还将平板电脑放在桌上，一边吃饭，一边玩，时常大笑喷饭，这种"以身作则"，难道对子女限制看手机的教育，不是绝妙的讽刺吗？另则，父母教育如放羊式，只管自己打牌自娱，如搓麻将，打扑克，不仅不辅导，不督促，反而大声喊叫，干扰学习。上述家庭教育中存在的误区，应迅速纠正。

17世纪，英国大哲学家洛克曾提出："教育的手段不是教训，而是从小培养孩子的良好习惯。"其中培养勤奋的习惯最重要。有效利用时间，便于终生自学。

三、贵人的有力提携，是获得成就的翅膀

从人生演化的思考与研究来分析，按照陈虎平博士的理论也能推出，人生是深度修炼的函数。客观的价值观应该是，你应得到你应得的，你得不到你不应得的，努力够了，就能得到，得不到，那是你努力得还不够。例如教师，你没有达到一定的学历，你在业务上没有得到一定的成绩，例如公开课失败了，没有在一定的刊物发表论文，等等，那么，你的高级职称就难评上。如果评不上，不要杞人忧天，请继续努力。时间的积累、行为的积累，都是时间的函数，都是努力的函数，都是成长的函数。

在人的成长中，还有一点，许多人不大注意，那就是人们常说的"贵人相助"。所谓的成功定律，一般是：天才 + 勤奋 + 机遇 = 成功。大家所熟知的，三国时期，如果蜀国的刘玄德不"三请诸葛亮"他就不可能在西川（四川）取成都，自成一国，独霸一方；诸葛孔明的才华就淹没草莽中，不会有"火烧赤壁""空城计""三气周公瑾""七擒孟获""木牛流马"的佳话；如果朱元璋不下令召青田的刘基、丽水的叶琛、金华的章溢三人去南京，那么刘基的智慧就不能更好地发挥。也许就没有"先灭陈友谅，后灭张士诚"的谋略，也许朱元璋就在鄱阳湖大战中死去，也许就没有南京城、北京城的建筑设计，等等。

曾在绍兴三十年（1160）二月，周必大"除太学录"。是年宋高宗召试馆职，命丞相汤思退（景宁人），选上周必大与程大昌。九月，二人应诏试策，高宗见周必大对策甚喜，预"除校书郎"。直到绍兴三十二年（1162）五月才"除监察御史"。如果当年没有汤思退的举荐，就不可能有这个职位。宋淳熙时期（1163—1189），周必大仕途畅达，入相之路颇为平顺。宋淳熙十四年（1187），周必大"迁右丞相"和左相王淮在政见上存在分歧，如在遣使礼节、遣送高宗陵寝、高宗庙号事上，两人针锋相对，宋高宗认为周必大的主张可行。最终，周必大得到宋高宗的支持而胜出，拜为左丞相。在关键时刻，得到最高

领导者的赞许与提携，这就是机遇。后来，在政治上、军事上、文学上取得令人瞩目的成就。

  我们常说，跟自己的上级来往密切，就被说是"拍马屁"，我们不能一概而论。有的人学识谫陋、能力平平，但一心往上爬，照我们文成话讲，"寻丝挖缕"地取得高一级职位，把握更大一点的权柄，便不惜金钱、酒肉去"跑官""买官"，背后还打小报告，诋毁人家，这实是一种阴险、卑鄙的行为，完全失去人格，这是地道的"拍马屁"，确实不屑一顾。用人也不该以"感情"代替"政策"，无原则提拔，虽谈不上"结党营私"，但可谓拉拢亲信，沆瀣一气。这是组织上的腐败行为，政治上的腐败风气，于公于己都不利，必须除去。

  反之，出于公心，不存在私欲，在工作上汇报，交流多一点，以期后来的成绩突出一些，就不能说是拍马屁。殊不知，人脉关系，利用的正当，则是一个人的财富，能够给工作带来进步，千万不能不屑地看待。

2022 年 9 月 5 日

举贤不避仇雠

《左传》中有这样一个故事：解狐与荆伯柳结成冤家。赵简子问解狐："谁可以担任上党守？"解狐回答："荆伯柳可以。"赵简子说："他不是你的仇人吗？"解狐爽朗地回答："我听说凡是忠臣，选拔贤士不排除仇人，罢黜也不偏袒亲友。"赵简子说："讲得很对。"于是，把荆伯柳提为上党守。

解狐与荆伯柳原有私仇。当赵简子与解狐商议用贤之时，解狐推荐其他人，或者赵简子提出荆伯柳而解狐表示反对，这也是不足怪的。恰恰相反，解狐顾全大局，看荆伯柳很有才能，为民民会富，辅国国必强，便主动把他推上去了。解狐这种"举贤不避仇雠，其废也不阿亲近"的公而忘私的精神，是多么难能可贵啊！

"举贤不避仇雠"的精神很值得借鉴。今天，进行社会主义建设，各条战线都需要行家，尤其需要既有真才实学，又年富力强的领导干部。前一阶段，各地都有一批基本符合"四化"要求的同志提到专业单位或领导岗位上来，工作很有起色。然而，也有一些同志，对确实有才干的但是不亲近自己的人一律不用。所谓"不亲近"的原因，不外于"公仇"和"私冤"。"公仇"指在"文革"期间，你不同意"我"的观点，并反对过自己而产生的怨恨。领导者应用发展的眼光看待该同志。我们既要看他的成绩，又要看他改正缺点的态度。一个同志，具有一定的知识水平，积极地为"四化"建设服务，为什么不可使用、不可发挥他的技术优势呢？"私冤"是指平日在共同的工作或生活中，因某些方面不统一而造成的隔阂。领导者应用全面的角度去对待。意见和分歧，可能是自己正确的也可能是人家正确的。假若是前者，应主动团结曾经反对过自己而实践证明反对错了的同志；假若是后者，更应虚心思过,吸取教训,不能怕"丢面子"而"老死不相往来",更不能因为自己握有实权而压制人家才能的发挥,压制人家建设"四化"的积极性。总之,在用人的问题上,应以国家为重,做到人尽其才,调动一切积极因素,同心同德搞"四化","举贤不避仇雠"。封建时代的解狐尚且如此,何况社会主义时代的人呢!

1980 年 8 月 20 日

要"忍所私以行大义"

报载，北京三个高干子弟，因结伙进行非法拘禁他人，敲诈勒索和盗窃等犯罪活动，被依法判刑。犯罪分子徐宇莞、徐宇奇的母亲王涌，不但了解儿子犯罪的全部过程，而且还积极支持这些犯罪活动。她所在单位的党组织已决定让她停职检查。

在这里，我记起《吕氏春秋·去私》篇的一个故事：秦国秦惠王时，有一个墨子学派的学者，名叫腹䵍，其子杀人。惠王对他说："先生年纪大又无别的儿子，孤家已命令官吏不杀他了。先生可要在这件事上听从孤家啊。"腹䵍回答："墨家的法律规定：'杀了人的处死，伤了人的受刑。'这是用来禁止杀人伤人的。"最后，他不同意惠王的安排而按照自己的意见杀掉了儿子。

同是作为犯罪分子父母的王涌，而且是个身居要职的干部，用"忍所私以行大义"这一点来衡量，尚不如两千多年前的腹䵍。当儿子的罪行败露后，王涌不但不检举揭发，反而四处奔走，为儿子开脱罪责。殊不知，社会主义的法律，代表了广大劳动人民的意志，是实现无产阶级专政的工具。司法机关坚持"在法律面前人人平等"的原则，给敢于以身试法的干部子弟坚决予以惩处。

有少数领导干部还认为"法律是管老百姓的""有权就有法""自己说的话就是法"，谁不听他的话就是"违法"，因而滥用职权，千方百计为自己为亲属谋私利，谋特权，甚至在犯罪子女被公安机关逮捕以后，还串门子、托人情，妄图包庇子女过关。"上梁不正下梁歪"，干部无法无天，怎么去"治"老百姓？

党风正，民心顺，干部必须带头遵纪守法。要遵纪守法，就要"忍所私以行大义"。广大的党员、干部都这样做了，民主才会得到发扬，法纪才会得到维护。

1980 年 11 月 4 日

市井漫笔

此父之心"狠"得好

浙江省文成县 21 岁的王某，因侮辱少女涉嫌触犯法律。他自知会被公安机关惩处，去年 5 月 2 日便悄悄逃走。其父王老师，便四处找寻。8 月 25 日，儿子终于来信，王老师立即向公安机关报告，并去信给躲在福建三明市砂石公司打工的儿子，劝说他主动投案自首。父亲亲自送子入狱。前月，已被判刑三年半。王老师，这是一位常人所说的"狠心"之父！

此父之心"狠"得好！

送子投案，好在"去私"。人非草木，父母哪有不爱亲生子女之心？但是，既然儿子涉嫌触犯法律，就该"忍所私以行大义"，给以惩罚。秦国的墨家学派领袖腹䵍，其独生儿子犯罪，他拒绝秦惠王的恩遇，而按墨家的法律规定，亲口同意杀掉儿子。今天的人民教师王老师亦然。他知道儿子的行为涉嫌犯法，该拘捕的应千方百计找到；找到后又忍痛割爱地送去受罚。这种高尚的"去私"精神，可敬可佩矣！

送子投案，好在坚信共产党的政策。共产党对犯罪者的政策，一贯是"坦白从宽，抗拒从严"。王老师教育儿子投案时，排除周围群众这样那样的错误议论。在顽固的习惯势力面前，绝不是"少数服从多数"，而是站在共产党的立场上，坚信地维护共产党的政策，作出了果断的措施。

送子投案，好在严格要求子女。诚然，一个人犯罪，因素是多方面的。然而，其中总有一个因素是主要的。据我们了解，王老师儿子的违法行为，其主要根源是被社会歪风"污染"的。当儿子的违法行为败露后，作为父亲，还是以"流窜在外，继续作案，于己、于人、于国无利"的广阔胸怀，战胜了"影响家庭声誉，丧失儿子前途"的狭隘偏见，多方开导他投案自首。他把送子投案自首跟平日的批评一样，视为教育的义务。可以说，这是严格要求子女的独到之见！

恰恰相反，在现实生活中，有许多"老子"，了解子女严重违法和犯罪的全过程后，不但不检举揭发，反而四处奔走，为儿子开脱罪责。当子女被绳之以法之际，还串门子、托人情，妄图帮助子女蒙混过关。这种"宽以待子"的行为，尚不如两千年前的腹䵍的万分之一。

敬请广大父母，都要向今天的"狠心"之父王老师看齐，争做遵纪守法的模范。

1983 年 6 月 20 日

"一万"与"万一"

常言道:"事情不怕一万,只怕万一!"

这是什么意思?"一万",这不是数学上的"一万",是虚指事物之多,也可引申理解为"全部""整体""天天""时时"等;"万一",这也不是数学上的"万分之一",同样是虚指可能性极小的意外情况,也可引申理解为事物的"偶然""凑巧"等。最近,报纸上出现频率较高的名词是"酒驾",一提及此词儿,自然就会想到"一万"与"万一"。

10月10日《温州商报》的一篇报道,正是"一万"与"万一"的最好注脚。10月2日晚,瑞安交警大队塘下中队交警在104国道三都路口设卡检查,9时许,余某驾驶轿车碰上,检测结果,酒精在血液中的含量为149.2mg/100ml,属醉酒驾驶。40天前,因同样问题被拘留15天,扣机动车驾驶证6个月,罚款2 000元。40天后,又被警方处以罚款3 600元,拘留19日,驾驶证被吊销,两年内不得重新报考驾驶证。警方的处罚好得很!

查问酒驾经过,余某交代当晚在塘下某宾馆与朋友聚餐,刚开始,余某以开车为由拒酒,可经不起朋友的相劝,而喝了三瓶啤酒。朋友劝他在宾馆留宿,待酒醒开车回家。余某寻思,节假日交警可能不会"查酒驾",于是坚持自己开车返回。没想到才开出来几百米,就被逮个正着。

对这一醉驾被罚事件,我感触多多。对余某来说,要学会自制,学会律己,学会拒绝,学会改过,等等。对劝酒者来说,要学会理解,学会谅解,学会关心,学会待人,学会聆听,等等。每一"学会"都可洋洋洒洒写一篇文章,讲一通大道理,让人振聋发聩,教人会做人。

但是,今天,我们还是要回到开头的事情来说。仔细想来,如果余某把"我要开车"此话坚持到底,主观上相信交警"一万"要检查的,也就是说百分之百要检查的,尽管朋友劝酒,对客观的引诱作"万分之一万"的拒绝,不被消极的行为所左右,就不会惹此大祸,可是,被朋友的"面子"动摇了,向"可能"的"万一"不查酒驾屈服了,于是喝了三瓶啤酒。违法的症结是侥幸心理作祟。如果往"可能"好的方向想,"万一"检查呢?警惕的弦绷紧就不会出事了,这样,相抗衡的"万一"就被统一在"一万"之中,唯物辩证法就是如此巧妙。

再退一步想,如果后来朋友劝告待留宿"酒醒"后再驾车,事情还是来得及补救。可是,余某还是往"可能"的坏处想,"万一"没有"查酒驾"的心态占上风。堂堂的七尺男儿却栽在2寸的酒杯之中。哀哉!

一念之差,云泥之别。余某在铁窗里一定省悟到,但已经迟了。"赚来"不到10元,却要"蚀本"成千上万。自然,这个代价不是完全可以用物质计量的。精神的损失更可观!

在这里,我要批评对开车者劝喝酒的朋友。你劝的是什么话?常听到的是"喝一点吧,意思意思""我们难得聚会一次!""查酒驾没有那么凑巧"。朋友啊!你为什么对"开车不喝酒,喝酒不开车"的话充耳不闻?你为什么对"司机一杯酒,亲人两行泪"的悲剧结果视而不见?硬要朋友喝下几杯"毒酒"而后快。你的"盛情"不是"狠心"吗?不自觉的"笑里藏刀",可真的险恶!所谓劝喝酒的朋友中,相当一部分也是开车的,甚至也有喝过"处罚"这杯"苦酒"的,你怎么又"好了疮疤忘了痛"啦?你为什么不"忆苦思甜"?你为什么还"笑里藏刀"地把朋友往火坑里推?你们也早知今日下场,何必当初劝他喝酒?应该劝他禁酒才是啊!

《荀子·修身》中道:"非我而当者,吾师也。""谄谀我者,吾贼也。"意思是批评我而且正确的人,是我的老师。巴结奉承我的人,是我的盗贼。在现实生活中,常常需要更多的是逆耳的忠言,需要更多的是开诚布公的老师,这样才有利于行。

说到这儿，我又想起我儿子前天说的一句话。10月8日晚，我的孙子过生日，一家人在新城凯悦富豪酒店聚餐。我儿子平日里一餐喝一瓶啤酒是不过瘾的，并也因饮酒被处罚过。为了回文成，次日上班，他主动拿来"王老吉"与他儿子分享。我们几个大人不是喝啤酒就是喝葡萄酒。这时，他说了一句："今晚很高兴，但最想喝酒的人却没有酒喝！"这是自我解嘲，听起来真无奈，确有点令人同情，但我却很快乐，为他强大的"痛定思痛"的自制力、"改过自新"的律己精神而欣慰，也是为亲人朋友没有劝他喝酒的举动而欢呼！这是法律约束人的胜利！

　　我儿是相信查酒驾的"一万"，而不相信侥幸不查酒驾的"万一"的；余某是相信侥幸不查酒驾的"万一"，而不相信查酒驾的"一万"的。

　　律己是良好的道德品质。开车者要律己，朋友们要律己，一切人都要律己。"持己当从无过中求有过"，如果每个人时时处处体现自律的原则，那么，文明社会的形成指日可待。

1984年12月

要奋进，不要沉沦

张海迪失去了双腿，从某些人的冷眼中她感到痛苦。"沉沦吗？我不甘心，奋进吗？我该怎样铺设一条金光大道？"

何谓沉沦？沉沦，《辞海》注，即陷入罪恶的境地。在此，我自然而然地记起作家郁达夫在1921年写的小说《沉沦》。主人公"他"，21岁赴日留学，虽然反对自己的民族被凌辱，但对祖国还是一往情深，然而，"他"并没有像鲁迅先生留日那样"我以我血荐轩辕"，而是站在小资产阶级立场上，一味地追求个人利益，学习怠惰，"我所要求的就是异性的爱情"。最后，他终于成了一个玩物丧志、悲观厌世的"沉沦者"。

"她"跟"他"相反，张海迪是一个"奋进者"。奋进者，奋力前进也。她双腿残疾后，克服种种难以想象的困难，自学完小学至大学的课程，翻译16万多字的外文著作，并苦钻医药书籍，为群众治病一万余人次。她也曾经在自杀的边缘徘徊，但最终战胜死亡，成为一个强者。

她为什么这样做？伟大的理想产生巨大的动力。她在日记中说："活着就要做个对社会有益的人，就要为创造美好的新生活而奋斗。"因为她具有崇高的共产主义人生观，所以，她百折不挠地学习和掌握现代科学文化知识，忘我无私、全心全意为人民服务。

生活在同样的时代，可是有的青年却跟张海迪截然不同。他们"志残身不残"：学习散漫，纪律松弛，工作疲沓，专讲享受，一天不离酒、色、舞、赌，制造不和谐的因素。为了填满个人的欲壑，以致盗窃、行凶、触犯刑律。这么一些人，不是去做80年代的"她"，20世纪的"她"，而是倒退近一个世纪，去当20年代的"他"，其根本问题就是没有树立正确的人生观与世界观，没有树立正确的价值观。

　　胡乔木同志的《念奴娇·重读雷锋日记》中，有这么一句话："真理一归群众手，多少奇姿壮采！"我看，在新世纪的伟大征程中，重读张海迪的日记，继续学习"优秀共青团员"张海迪的精神，去创造今天的知识经济就是真理，广大人民群众，尤其是"铁肩担道义"的青年，一旦学习到并运用张海迪的精神，社会主义现代化建设事业必将出现"奇姿壮采"。

　　要奋进，不要沉沦！

1985 年 5 月 19 日

女性·道德·法律·教育

女性，从某种意义上说，是一个民族、一个国家的灵魂母亲。女性，不仅有繁衍后代的本能，更重要的是直接参加物质文明与精神文明的建设。原始社会，就是以母系氏族开始的。据说，能补天的女娲，同时初步创建了婚姻制度。东汉时期有著名的文学家蔡琰、班昭，唐朝出现中国历史上唯一的女皇武则天，宋朝有诗人李清照，元朝有传授黎族棉纺技术并改革棉纺工具的黄道婆。清朝有抗清而壮烈牺牲的女侠秋瑾，在新民主主义革命时期有抗日英烈赵一曼，在日本鬼子铡刀下宁死不屈的刘胡兰，社会主义的今天还有获得五连冠的中国女排，等等。历史以来，多少女政治家、女革命家、女英雄、女科学家、女艺术家、女运动员，为维护祖国的尊严作出伟大的贡献。在"四化"建设中，她们仍然发挥"半边天"的作用。女性，理应受到整个社会的尊重。

但是，现实恰恰相反，女性普遍受到男性的歧视。这就不能不涉及社会的道德。刊载一位福建省同安县乡村教师的女儿，妙龄美貌，得到一个回乡插队青年的钟情，两人开始真诚相爱，她尽力支持他考上大学。然后，插队青年另有新欢，便反目为仇。到此，她为他五次怀孕、五次人流，经历了五次"地狱之灾"。如今，她已30多岁，青春、爱情、生活全给毁了。另一位是渔民的女儿，芳名叫珍。卢某是因使某姑娘怀孕五个月而被处分的大学生，是情场的老手。他与她邂逅，并马上同居。1989年，珍就为卢某做了三次人流。卢某取得硕士学位进入××国际贸易公司工作，便倾心另外一位"白雪公主"。后来，珍跳楼，致终身残疾。当前，在开放的城市中，多少外来打工妹被老板骗取感情，如此等等，现实生活中，如此之例，不一而足。

李大钊说:"两性相爱,是人生最重要的部分。应该保持他的自由、神圣、纯洁、崇高,不可强制他,侮辱他,屈仰他,使他在人间社会丧失了优美的价值。"这就是我们应遵循的两性道德。上述两位女性的不幸遭遇,应归咎于这两个男性的不道德行为。这些衣冠禽兽,不是以女性为恋爱对象,而是作为发泄情欲的工具。这,较猿猴进步多少呢?我们认为,女性,首先是人,无论是名人,还是村姑,无论有否文化,容貌如何,才能怎样,无论是童贞,还是浪女,作为女性,跟男性一样,本该都要受到社会的尊重。即使是一个失去贞节的女子,饱尝过人生风霜的心灵,应该得到更多更及时的关爱和抚慰。至于极少数行为不检、大逆不道的女犯,她们受到国法制裁,完全是理所当然的了。

恕我直言,许多悬梁自尽、服毒自尽的女人,究其原因,跟执法不严不无关系。现实生活中,有一位喝醉酒的丈夫,半夜跟跄回家,一把拉住妻子按倒强行无礼;一位刚结婚三天的丈夫,便"用手抠……"她躺在门诊室里呻吟,简直成了血人儿。奇怪的是,如此丈夫居然逍遥法外。只要是"合法"婚姻,无论多么残暴的行为都是"合法"的。某县,在一次扫黄中,从失足妇女口中与名片上查询,牵涉到局级副职以上的男性,公务员有70余人,可曝光的是"失足妇女",而对这些"官官儿"却视而不见、充耳不闻。这是"个人隐私",不可泄露。执法系统这些"刑不上大夫"的做法,也可真能"视而不见"。

英国谚语:"爱情的王国不能用刀剑来统治。"有些部门,对握着"刀剑"的刽子手、扼杀爱情的魔王置之不理,或轻描淡写地过问一下。这种践踏法律的行为,再也不能容忍下去了。

我呼吁,学校必须进行性、恋爱、婚姻、家庭等知识的教育。我国的学校,尤其是农村,长期受封建思想影响,教师在生理卫生课上讲述两性知识时,尚且吞吞吐吐,好不腼腆,何况打破"性与爱情"的禁区?当前,上海部分中学着手进行性的教育,这是十分可喜的。在大中学校读书的青年,正值人生的"春天",将接近爱情的王国,驻足爱河的岸边,十分需要前述知识的开导。不然,他们对这避而不谈的事情倒感到神秘,便产生好奇心理,继而萌发的行动也就带有很大的盲目性。例如,青年分不清恋爱与结婚的关系。恋爱是爱情的萌芽阶段,是男女双方相互了解、逐步建立感情的过程。恋爱期间,双方都仅仅是朋友的关系,绝不能产生任何越规的行为。结婚是必须履行法律手续的。男女双方只有结为夫妻关系,才能取得过性生活的权利。倘若混淆不清,置道德于不顾,把贞操献给人家,万一恋爱半途分手,带来痛苦的首先是女方。同时,女青年要在受教育中,培养自信、自净、自制、自爱能力,避免日后酿出苦果。"夫妻的爱,使人类繁殖。朋友的爱,给人以帮助。但那种荒淫纵欲的爱,却只会使人堕落毁灭。"青年朋友,假若你们切实理解并牢牢记住培根的话,那么,你们的爱情和婚姻将会充满灿烂的阳光。

尊重女性,是我国社会主义人道主义的一个方面,也是当前精神文明建设的重要内容之一。无论是已婚的还是未婚的女性,如果受到男性的凌辱,其源头出于道德的不高尚、法律上的不完善、教育上的不科学。目前,尊重女性,首先是中国的男人,然后是整个社会的事。

让我重复一次:尊重女性!

1994 年 2 月

"孝"为"德"之本

《孝经》为圣人孔子所作,唐明皇李隆基为之作序。序云:"子曰:'吾志在《春秋》,行在《孝经》。是知孝者,德之本欤!'"

孔子归纳"孝"的主要内容:"始于事亲,中于事君,终于立身。""孝"首先从侍奉父母开始,其次是侍奉君王,最后是修身立世实现志向。中国几千年的封建社会秩序和封建伦理关系,就是以孝道为基础建立起来的。汉代的"举孝廉",就是由地方官向中央举荐孝顺父母、品行端正的人任以官职。这就是"孝"为"德"之本的最好注脚。

在社会主义精神文明建设的今天,尊老爱幼、热爱祖国、心怀抱负等新的道德要求,可以说是孝道的发展和完善。

可惜目下,有人尚且连道德范畴中最基本的孝敬父母都做不到,遑论共产主义道德?诸如,某中医师为一病父处方,在座三个儿子竟没有一个接去撮药;父母惨淡经营半生,盖了两间楼房,最后,两儿都不给住,父母只好冒死打通墙壁,把床横在中间;儿子行为不端,母亲厉声斥责,被儿按在柴仓打得头破血流,逼得她将儿子告上法庭。前事已成"古世传",此辈处罚已经太迟,早该严加惩处!

元朝郭居敬撰的《二十四孝》是一面镜子。周代剡子,父母瞽目,想食鹿乳,剡子便穿鹿皮潜入鹿群取乳。汉朝郭巨有子3岁,郭巨对妻说:"贫乏不能供母,子又分母之食,盍埋此子?儿可再有,母不可复得。"妻不敢违。晋朝孟宗,母老病重,冬天思笋煮羹,孟宗抱竹而泣,孝感天地,出笋数支,持回奉母。晋代李密,在《陈情表》中,托辞祖母病老,奉养无人,延缓赴任,晋武帝终被"臣尽节于陛下之日长,报养刘之日短"一语所感动。一位位孝敬的贤人,岂不就是一面面孝敬的旗帜?

　　面对古人,现代有人对薪火相传的传统观念显得式微。扶养远胜赡养:父母生日不记,而儿女生日,却年年给办酒宴;父母困难,做儿女的一声不吭,而小皇帝开口,犹如圣旨,千依百顺;父母健在,子女却不闻不问,而丧葬,却虚张声势,铺排场面。羊有跪乳之恩,鸟有反哺之义。这些人,正如王中书在《劝孝歌》中所针砭的"若不尽孝道,何以分人畜?"

　　21世纪第一春,江泽民在全国宣传部长会议上提出"以德治国。""以法治国"与"以德治国"是社会主义精神文明建设的两翼。"法治"固然重要,"德治"更见功力,能防患于未然。古为今用,儒家学说的"仁爱"乃是我们的精神财富。只有修身,才能齐家、治国、平天下。

2001年2月

要把握做官为人的底线

人活着为了什么？

这个人生的永恒话题，冰心女士早在1921年写的《繁星》中就给我们做了明确而形象的回答："嫩绿的芽儿，和青年说：'发展你自己！'／淡白的花儿，和青年说：'贡献你自己！'／深红的果儿，和青年说：'牺牲你自己！'。"吴美角就是这样一位发展自己、牺牲自己、做出过突出贡献的光辉典范。

今年3月上旬，正当我省与河南省热烈开展学习农民工的好代表李学生的时候，泰顺又出现一位扑火献身的巾帼英雄吴美角。她是筱村镇东垟村的妇代会主任，中共党员，村党支部委员。3月7日，正在参加镇人代会的吴美角得知村里发生森林大火，立马与镇干部组织村民上山救火，她手持柴刀，带领村民开辟防火带，在扑灭大火时被火吞噬，英勇献身。吴美角为保护国家和人民群众生命财产安全献出了年轻的生命。吴美角，虽死犹生。

与此同时，我又想到我们温州的另一位"女名人"贪官杨秀珠。她原是温州市副市长、省建设厅副厅长，因贪污受贿巨款而被国际刑警抓捕。她与吴美角比，判若云泥：杨秀珠是国家公务员，是地方大官，吴美角是农民，是穷困山村最基层的干部。杨秀珠的地位不能说不高，权力不能说不大，能力不能说不强，受教育的时间不能说不长，但结果呢？却成为祸国殃民的罪人。她活着，但已经死了。

这里引出一个值得人们思考的问题：官大未必觉悟高，位卑未必觉悟低。症结何在？在于是否树立正确的人生观、价值观。再具体点，在于有没有正确把握做官为人的底线。

《三国志·蜀书·许靖传》载，许靖给曹操上书说，自古到今，任何一个臣子的尊严都比不上你,然而"爵高者忧深,禄厚者责重"。意思是爵位高的人其忧患也深,俸禄重的人其责任也重。我们党的好干部焦裕禄、孔繁森、任长霞等,正是意识到这一点,因而"为官一任,造福一方",成为百姓心中的丰碑。相反地,杨秀珠等一伙腐败分子,就是没有记取毛泽东同志"贪污和浪费是极大的犯罪"的教导,没有履行共产党员"全心全意为人民服务"的根本宗旨,越过"廉洁奉公""遵守纪律"的道德底线,因而越走越远,陷入腐败的泥淖不能自拔,成了不齿于人民的败类。

南宋爱国诗人陆游写道:"位卑未敢忘忧国。"清朝鉴湖女侠秋瑾、东北抗联英雄赵一曼、山西云周西村"生的伟大,死的光荣"的刘胡兰,原来都是"位卑"的女性,但时值国难当头,却挺身而出,牺牲自我,就在于心中贯穿一条"天下兴亡,匹夫有责"的爱国"红线"。

吴美角地位卑微,却表现了崇高的共产主义精神,平日,关心群众,乐于助人,忠于职守,敬业奉献;危难时刻,奋不顾身,舍己奉公。为什么这样做?在于她在党的教育下,在生活工作实践中,把握了"心怀国家,心怀集体,心怀他人"的思想底线。

我们的地位可能很卑微,我们的身份可能很渺小,我们的献身不可能都像吴美角那样壮烈,但这丝毫不意味着我们不重要。在社会主义物质与精神文明建设中,在共产党员先进性教育的今天,我们每一个人,尤其是共产党员,都应该勇敢地说:我很重要。

但更重要的是,我们学习吴美角正确把握做官为人的底线。

2005 年 4 月 8 日

跋

一部作品的诞生，犹如一个孩子的出生，是需要多人帮助的。《水明楼论稿》付梓之前，学者、作家富晓春和县作家协会主席周玉潭是我的第一读者，提出几点高见。研究刘基、王阳明的专家张宏敏先生，在席不暇暖中，屈尊为我写序。又，东南大学教授蒋维洲为我指点迷津，责任编辑胡炼老师悉心裒辑。追叙初稿，世纪图文社的潘丹，赶稿宵衣旰食，在此，一并表示深深的感谢。

我的职业生涯，从学校门至学校门。从教40余年，长期任教语文，兼"执铎庠序"。退休后的23年，在县社科联旗下领衔。由于我的天性患"多动症"，因而看到"海边粒沙，飞鸟片羽"，都会不禁描述几句；又看到人们的举动，事物的纹理，都要议论一二。于是乎，除写散文、报告文学，还留下百余篇议论文，择其65篇，编成四辑。

何谓"水明楼"？30年前，我请散文家杨奔，我的文学老师，给县城的藏书楼取名。他斟酌再三，以杜甫的诗《月》这篇中的"四更山吐月，残夜水明楼"的"水明楼"作名，我想也恰当。在文成县潘玉花常务副县长主持环境整治以来，我家边上的凤溪水变清洁了，我喜欢在此读书、写作，常至"残夜"，可谓循名责实。去年，书房移至西坑畲族镇叶岸村新兴路106-108号的五楼，藏书万余册。窗外50多米，又是一条明洁如镜的叶岸溪，于是，我请温州大学副院长毛政敏先生以行书题匾，悬其二楼窗下，黑底金字，熠熠生辉，两边衬以中国近现代出版家张元济的"数百年旧家无非积德；第一件好事还是读书"的木质对联，褐底绿字，显得格外醒目。均系温州市鹿城区沧河巷陈时权老师镌刻。我的集子，大都在两地"水明楼"写就，故名。获诺贝尔文学奖的莫言说："一个作家读另一个作家的书，实际上是一次对话,甚至是一次恋爱"。在《因为被看见,所以我存在》一文中,澳门作家李宗樑云:"写作的一个重要意义,是作者通过作品和读者对话"。我写的,就是冒昧与广大读者朋友交流。此书虽算不上"圭臬",至少是一块"砖头"。

由于学识谫陋,踌误之处,在所难免,欢迎广大读者不吝赐教。

作者 识

2023 年 8 月 1 日 写于叶岸水明楼

参加读书会人员在叶岸水明楼前合影　　　　　　　　　　　　周光禹／摄

徐世槐在水明楼读书会上介绍自己的创作情况　　　　　　　　胡晓亚／摄

徐世槐在水明楼书房阅读　　　　　　　　　　　　　　　　　周光禹/摄

读书会与会人员在水明楼大厅合影　　　　　　　　　　　　　周光禹/摄

泰隆银行职工在水明楼大厅合影　　　　　　　　　　　　　　　　　　　富文月／摄

徐世槐饰微电影与院线电影角色海报　　　　　　　　　　　　　　　　　周光禹／摄

1981届石垟林场中学初中毕业生毕业32周年同学会在猴王谷合影　　周玉潭 / 供图

徐世槐公开出版的10部图书作品　　周好 / 摄